श्री महाकालेश्वर

श्री महाकालेश्वर

उज्जैन

मांगेराम गर्ग

ज्ञान बुक्स प्राईवेट लिमिटेड

ज्ञान-कुंज, 23, मैन अंसारी रोड, दरियागंज, नई दिल्ली-110002
दूरभाष: 23261060, 23282060 फैक्स : 91-11-23285914
ई-मेल: books@gyanbooks.com

मेडिकामेन बायोटेक लि.

10 कंम्युनिटी सेंटर-2, अशोक विहार-II, दिल्ली-110052
दूरभाष : 47589580 (30 लाइन्स) फैक्स : 91-11-27138171
ई-मेल : info@medicamen.com

श्री महाकालेश्वर : उज्जैन

ISBN: 978-81-212-1192-5

प्रकाशन वर्ष 2012

ज्ञान पब्लिशिंग हाउस
ज्ञान-कुंज, 23, मेन अंसारी रोड,
दरियागंज, नई दिल्ली-110002

अक्षर टंकण: लक्की ग्राफिक्स, नई दिल्ली
मुद्रित: जी प्रिंट प्रोसेस, नई दिल्ली

अनुक्रम

ॐ

भूमिका

श्री महाकाल क्षेत्र सभी प्रकार के पापों का नाश करने के कारण आदि-क्षेत्र के नाम से विख्यात है। मार्तृकाओं के यहाँ निवास होने से इसे 'पीठ' भी कहते हैं। यह क्षेत्र श्री महाकाल का प्रिय व नित्य निवास होने के कारण क्षेत्र को श्मशान, महाकालवन व विमुक्ति क्षेत्र भी कहा जाता है। इस सिद्ध क्षेत्र में भगवान शिव नित्य क्रीड़ा करते हैं। अपने देश के पुण्य क्षेत्रों में श्री महाकाल के इस प्रिय क्षेत्र को श्रेष्ठता प्राप्त है।

जब भगवान शिव विभिन्न स्थानों से घूमते हुए इस क्षेत्र में पधारे तो यह वन घना तथा जीव-जंतुओं से युक्त था। वृक्षों ने विनम्रता पूर्वक अपने पुष्प शिव के चरणों में समर्पित किये तो भगवान ने प्रसन्न होकर उन्हें वर मांगने को कहा। तब वृक्षों ने प्रार्थना पूर्वक निवेदन किया कि यदि आप हम पर प्रसन्न हैं तो आप यहीं सदा निवास करने की कृपा करें। शिव ने वृक्षों के निवेदन को स्वीकार करते हुए वृक्षों को आशीर्वाद दिया कि वर्षा, ताप, जल, अग्नि, वज्रपात, शीत आदि किसी से भी तुम्हें रोग नहीं होगा।

भगवान शिव महाकाल क्षेत्र में विद्यमान हैं, यह जानकर देवता भगवान शंकर के दर्शन की मनोकामना लेकर महाकाल क्षेत्र में आये परन्तु उन्हें शिव दर्शन नहीं हुये। देवताओं ने इसका कारण ब्रह्मदेव से पूछा, ब्रह्मदेव ने भगवत् दर्शन करने हेतु देवताओं को दीक्षित होकर तप

करने को कहा। देवताओं ने ब्रह्मदेव से दीक्षा लेकर तप किया, तब श्री महाकाल रूप शिव के दर्शन उन्हें प्राप्त हुये। देवताओं ने दर्शनीय प्रभु शिव की अनेक प्रकार से प्रार्थना की।

देवताओं की प्रार्थना से प्रसन्न होकर भगवान ने कहा कि जैसे ही मैंने महाकाल क्षेत्र में प्रवेश किया मेरे हाथ में जो कपाल रहता था वह मैंने आप लोगों के कल्याण के लिये फेंक दिया। फेंकने का एक महत्त्वपूर्ण कारण था। देवताओं! तुम तपस्या में रत थे, उस समय 'हय' नामक दैत्य के निशाचर तुम देवताओं का तप भंग करने हेतु सक्रिय थे परन्तु मेरे द्वारा फेंके कपाल से भयंकर विस्फोट हुआ, इससे पृथ्वी भी कांप उठी और 'हय' दैत्य के सभी निशाचर मृत्यु को प्राप्त हो गये।

ब्रह्मदेव सहित सभी देवताओं ने भगवान शिव की वन्दना की, इस पर सदाशिव ने उन्हें वर मांगने को कहा। तब देवताओं ने ऐश्वर्य मांगा और मरे हुए निशाचरों के लिये अक्षय धाम की मांग की। प्रभु शिव ने देवताओं से कहा कि मेरे द्वारा मारे गयों की कभी भी दुर्गति नहीं होती है। देवताओं! वृक्षों के आग्रह से मैं यहाँ नित्य निवासी बना और तुम सभी की तपस्या के कारण इस महाकाल वन को दो नाम प्राप्त होंगे, एक तो गुह्यवन व दूसरा श्मशान।

भगवान शंकर ने इस क्षेत्र को बसाया। श्रेष्ठ मुनिगण के लिये श्मशान क्षेत्र है। भगवान शिव के नित्य निवास के कारण यह क्षेत्र महाकाल वन के नाम से विख्यात हुआ है। ऐसे महाकाल क्षेत्र में शिव नित्य क्रीड़ा करते रहते हैं। यह क्षेत्र तपस्थली होने के कारण बिना तप के शिव का साक्षात्कार संभव नहीं है।

सत्ययुग में मानव-देवता तप साधना में रत थे, इसलिए सभी को भगवान के प्रत्यक्ष दर्शन होते थे। त्रेता में धर्मपरायण, तपस्वी, ब्रह्मचारी ही भगवान शिव के दर्शन करते थे। कलियुग में ज्ञान-विज्ञान सम्पन्न, नित्य तपस्वी पुरुषों को ही देवाधिदेव महादेव के दर्शनों का लाभ मिल पाता है। इस महाकाल क्षेत्र का निर्माण भगवान ने भगवत् भक्त मरणशील प्राणियों पर अनुग्रह करने के लिये किया है।

अव्यक्त प्रकृति नित्य (अनादि) एवं अजन्मा है तथा पुरूष उसका अधिष्ठाता है। पुरूष व्यक्ति और नित्य है। शिव सबके कारण हैं, प्रधान या प्रकृति त्रिगुणात्मक हैं। भगवान रूद्र का पुरूष के साथ साधर्म्य है। चैतन्य रूप-धर्म दोनों में समान रूप से है, परन्तु प्रधान तत्त्व जड़ होने के कारण उनसे विपरीत धर्मवाला है। वह रूद्र की इच्छा (संकल्प-शक्ति) के अनुसार भौतिक जगत का कारण होता है। सर्वत्र रूद्र में ही कर्तृत्व है, पुरूष में कर्तृत्व का अभाव है और प्रधान प्रकृति में अचेतनता है। इन तीनों का विवेक तत्त्व-ज्ञान कहा गया है। कार्य और कारण दोनों तत्त्वान्तर से मुक्त होते हैं। प्रेरक तत्त्व में जो विलक्षणता है, उसको जानकर रूद्रतत्त्वार्थ का विचार करने वाले पुरूष तत्त्वों की संख्या निश्चित करते हैं।

सांख्य मत में रूद्र के स्वरूप का यह चिन्तन ही विद्वानों द्वारा आध्यात्मिक सांख्य भक्ति बतायी गयी है। इसी प्रकार योगी संयम धारण कर कल्पना में प्रभु की मूर्त्ति को हृदय में धारण करके भक्तिपूर्वक ध्यान करता है तो उस योगी के द्वारा किये जाने वाले इस ध्यान को भगवान रूद्र की 'पराभक्ति' कहते हैं। जो इस प्रकार भगवान शिव की भक्ति करता है, वह रूद्रभक्त कहलाता है।

भगवान की भक्ति अनेक नामों से की जाती है। वे प्रभु स्वयंभूव हैं। स्वयं की इच्छा से भक्तों के कल्याणार्थ जगत में प्रकट हुये हैं। वे महादेव के नाम से प्रसिद्ध हैं, क्योंकि वे ही देवों में महानता को प्राप्त देव हैं। वे गौरीशंकर हैं, क्योंकि गौरी ही उनकी शक्ति का स्रोत हैं। उन्हें भक्त भोलेशंकर व आशुतोष रूप में भी ध्याते हैं। भक्तिपूर्वक अल्प तप पर भी उस प्रभु का साक्षात्कार होता है। वे रूद्र रूप में प्रलय का निर्माण कर सम्पूर्ण ब्रह्मांडों को उदरस्त कर ध्यान-मुद्रा में लीन हो जाते हैं। वे प्रभु महाकाल हैं, उन्होंने भक्तों व देवों की रक्षा करने हेतु अनेक दानवों को कालकवलित किया है। ऐसे प्रभु महाकाल वन में लिंग रूप में उज्जैन में विराजित हैं। इन महाकाल के कारण ही क्षिप्रा का प्रवाह चल रहा है। यह महाकाल द्वादश ज्योतिर्लिंगों में एक मुख्य लिंग हैं। महाकाल

के अवंतिका में विराजित होने से यहाँ पर बारह वर्ष में कुम्भ का आयोजन होता है तथा 6 वर्ष में अर्द्ध कुम्भ लगता है। उज्जैन के अनेक नाम-रूप बने बिगड़े हैं। यहाँ कभी चक्रवर्ती सम्राट विक्रमादित्य शासक रहे हैं। भारतीय ज्योतिषशास्त्र में देशान्तर की शून्य रेखा उज्जैन से आरम्भ हुई, यह माना जाता है।

इस पुस्तक के लेखक ने उज्जैन के इतिहास का भी आद्योपान्त अध्ययन करके उसे अपनी लेखनी से लिखा है। विदेशी आक्रमण व स्वदेशी सत्ता का इतिहास भी उकेरा है। अपने अनेक अध्यायों द्वारा उज्जैन के तीर्थ व उसकी महिमा का भी परिचय कराया है। भगवान शिव के विभिन्न लिंगों का भी वर्णन करते हुए पाठकों के लिये अच्छी सामग्री प्रस्तुत की है।

महाशक्ति के इक्कावन शक्तिपीठों का परिचय करवाने के साथ उनकी सूची भी साथ जोड़ी है। इसके साथ ही भैरव, कालभैरव का भी संक्षिप्त ज्ञान हो सके, इसलिये एक छोटे अध्याय द्वारा उनका भी परिचय कराया है। महाकाल की मंगल प्रार्थना आदि जोड़कर पुस्तक को पठनीय बना दिया है। मैं मानता हूँ कि लेखक ने महाकाल व उनकी नगरी का वर्णन करके भगवान महाकाल का आशीर्वाद व पुण्य प्राप्त किया है।

अपनी शुभकामनाओं सहित सफलता की कामना करता हूँ।

धर्मनारायण शर्मा
केन्द्रीय मंत्री,
विश्व हिन्दू परिषद, नई दिल्ली

स्वकथ्य

मैं मांगेराम गर्ग आपके समक्ष हूँ, अपने पूर्ण स्वरूप के साथ नहीं, अपनी लेखनी के साथ, अपने विचारों को शब्दों का रूप देते हुए।

मेरा जीवन ऊँच-नीच, उतार-चढ़ाव और उथल-पुथल से भरा रहा है। आज मेरी आयु छिहत्तर वर्ष है, मैंने एक पूरे काल-खंड को व्यतीत होते और इतिहास का पन्ना बनते देखा है। मैं इस काल-खंड का, इस युग का और इतिहास के इस अध्याय का साक्षी हूँ।

गत कई दशकों पर फैले अपने राजनीतिक जीवन में मैंने कई बड़ी घटनाएं जागती आँखों से देखी हैं और उनके विषय में खुले कानों से सुना है—यह सारा लेखा-जोखा मेरे मस्तिष्क में मधुर तथा कटु यादों के रूप में सुरक्षित है। उन्हीं में से कुछ यादों को मैंने कागज़ पर उतार दिया है।

भगवान श्रीकृष्ण ने गीता में कहा है—कर्म कर, फल की चिंता मत कर। 'कर्मण्येवाधिकारस्ते मा फलेषु कदाचन'—गीता का यह उपदेश ही किशोरावस्था से ही मेरे जीवन का आदर्श बना। मेरे मामा श्री प्यारेलाल ने मुझे निष्काम सेवा करने की प्रेरणा दी। यह कोई 62 वर्ष पहले की बात है। तब मैं अपने मामा के पास समालखा में रहता था। शिक्षा पाने के उद्देश्य से अपने घर कुराड़ से समालखा गया था और पढ़ाई के साथ-साथ मामा जी की आढ़त की दुकान पर भी काम करता था। वे मेरी प्रेरणा के पहले स्रोत थे।

गर्मी के दिनों में अनेक लड़के रेलगाड़ी के समय पर स्टेशन पहुँच जाते और वहां लगे हैंडपंप से पानी खींच कर यात्रियों को पिलाते थे। मेरे मामाजी ने मुझे उन लड़कों की टोली में शामिल होने की प्रेरणा दी और मैं भी यात्रियों को पानी पिलाने के लिए स्टेशन जाने लगा। यात्रियों से हम कोई अपेक्षा नहीं करते थे। वह हमारी निष्काम सेवा थी। किन्तु बदले में हमें यात्रियों की ढेर सारी दुआएं मिलती थीं और वे दुआएं ही हमारा धन थीं। सोचता हूँ कि आज मैं जो कुछ हूँ, कहीं यह उन दुआओं का फल ही तो नहीं है।

मेरी प्रेरणा की दूसरी स्रोत रहीं – मेरी मां श्रीमती गुलाब देवी। वे बड़ी ही धाार्मिक प्रवृत्ति की थीं। अपने घर में वे प्रत्येक माह की अमावस्या, पूर्णमासी तथा रविवार को सत्संग का आयोजन करती थीं और स्वयं गीता पर प्रवचन देती थीं। उनके प्रवचन को सुनने हमारे गाँव के अलावा आसपास के गाँवों की महिलाएं भी आती थीं। उन दिनों घर का वातावरण पूरी तरह धार्मिक हो जाता था, जिसका प्रभाव भी मेरे बाल मन पर पड़ा और मैं धार्मिक कार्यों की ओर झुका। अगर आज मैं निष्काम सेवा ट्रस्ट, धर्म यात्रा महासंघ जैसे कई धार्मिक संगठनों से जुड़ा हुआ हूँ, तो यह उसी प्रभाव का परिणाम है।

निष्काम सेवा हमारे मन को एक अनिर्वचनीय सुख और संतोष देती है, इसका पहला अनुभव मुझे रेल यात्रियों को पानी पिलाकर हुआ था। सेवा का फल मीठा होता है, इसकी अनुभूति मुझे अब हो रही है। चाहे वह आचार्य विनोबा भावे की प्रेरणा से वर्धा में शौचालय साफ करने का कार्य रहा हो या नजफगढ़ के बाढ़ पीड़ितों के लिए राहत कार्य, चाहे पंजाब और कश्मीर के विस्थापितों को सहायता पहुंचाने का काम रहा हो, अथवा उत्तर काशी और उड़ीसा के भूकंप पीड़ितों के पुनर्वास का काम, चाहे वह दिल्ली में हैजा फैलने का दौर रहा हो, या फिर प्लेग और पोलियो-उन्मुलन का अभियान, या फिर काँवड़ियों की सेवा का पुण्य कार्य, मैंने अपना उत्तरदायित्व फल की इच्छा किए बिना पूरी निष्ठा और लगन के साथ निभाया।

सुधी-जन के बीच बैठकर इतना तो मैं जान ही गया था कि निष्ठा और निष्काम भावना से किया कोई कार्य अकारथ नहीं जाता और फल की आशा लेकर किए गए कार्य से प्राय: कष्ट का अनुभव ही होता है। कामना पूरी न होने पर व्यक्ति सोचता है कि वह मिथ्या ही कार्य करता रहा। ऐसा सोचना ही दुख का कारण बनता है।

निष्काम सेवा हमें यह अहसास कराती है कि हमारा जन्म अपने और अपने परिवार के सुख-दुख की चिन्ता करने के लिए ही नहीं हुआ, दुसरों के सुख-दुख के बारे में भी सोचना हमारा कर्त्तव्य है। **'मनुष्य वही है जो कि मनुष्य के लिए सोचे।'** इसी भावना से प्रेरित होकर रंतिदेव ने एक भूखे व्यक्ति को अपने सामने रखा भोजन का थाल दे दिया और स्वयं भूखे के भूखे रह गए। दधीचि ने तो इससे भी बड़ा त्याग किया देवताओं को अपनी अस्थियों का दान देकर। देवताओं ने उन अस्थियों से वज्र का निर्माण किया और उसके बल पर असुरों को रणक्षेत्र में पराजित किया।

त्याग और तपस्या की ऐसी अनेक गाथाओं का वर्णन हमारे प्राचीन ग्रंथों में मिलता है। बचपन में सुनी ऐसी कहानियों ने मेरे बाल मन पर जो अमिट छाप छोडी, उसने भी मुझे निष्काम सेवा की प्रेरणा दी। अपने अतित के बारे में सोचता हूं तो रोमांचित हो उठता हूँ। मुझे वह किशोर याद आ जाता है जिसे परिवार की आर्थिक हालत के बदहाल होने के कारण जीवन संघर्ष में उतरना पड़ा था और जो रोजी-रोटी की तलाश में अकोला, कोलकाता और दिल्ली की खाक छानने को विवश हो गया था। अपनी उस अवस्था को देखते हुए मैंने ही क्या, किसी ने भी यह कल्पना नहीं की होगी कि मैं सफलता के सोपान चढ़कर इस मंजिल पर पहुँचूगा।

सेवा के मार्ग पर चलकर मैंने सेवा के जिस सत्य को पाया है, अनुभवों पर आधारित यह पुस्तक श्री महाकालेश्वर अगर पाठकों को सेवाभावी, धार्मिक बना सकी तो मैं अपना परिश्रम सफल मानूंगा।

मैंने जीवन को बड़े ही निकट से देखा है। सर्वप्रथम राष्ट्रीय स्वयं-सेवक संघ के एक साधारण स्वयंसेवक के रूप में, फिर भारतीय जनसंघ के सक्रिय कार्यकर्ता एवं नेता के रूप में और भारतीय जनता पार्टी के (दिल्ली) प्रदेश अध्यक्ष की हैसियत से। भारतीय जनता पार्टी को तो मैंने जन्म लेते, एक शक्ति के रूप में उभरते, राष्ट्रीय चेतना की प्रतीक बनते तथा अन्ततः सत्ता के सिंहासन पर आसीन होकर उच्चत्तम शिखर तक पहुंचते देखा है। आज भारतीय जनता पार्टी विशाल भारत की नाक है और इसकी सफलता राष्ट्रीय एकता का सच्चर प्रमाण है।

मांगेराम गर्ग

नई दिल्ली

श्रीनिवास रथ

'श्रीलीला'
12, उदयन मार्ग,
उज्जैन-456010

॥ शुभाशंसनम् ॥

यह जानकर बड़ी प्रसन्नता हुई कि महाकाल तीर्थ के माहात्म्य को प्रकाशन के आलोक में प्रतिष्ठित करने का पावन उपक्रम संयोजित हुआ है। विश्व के धरातल पर यह कालगणना का प्राचीनतम अथवा प्रथम केन्द्र है। यह वेदाङ्ग ज्योतिष का प्रथम प्रायोगिक केन्द्र है। ज्योतिष गणना का ज्योतिर्लिङ्ग है। शुभाशंसा के रूप में मेरी विनम्र प्रार्थना है-

लोकेऽस्मिन् कालगणनामणिपूरतया स्थितम्।
शिप्रातटे महाकालतीर्थं वन्दे दिवा निशम्।।

उज्जयिनी
कार्तिक शुक्ल नवमी
संवत्-2069.

सादर

(श्री निवास रथ)
पूर्वतन आचार्य, संस्कृत अध्ययनशाला,
विक्रम विश्वविद्यालय, उज्जैन

प्रशस्ति

अथ श्री द्वादश ज्योतिर्लिंग महारूद्राभिषेक

धर्मयात्रा महासंघ ने आशुतोष भगवान शिव की अनुकम्पा से वर्तमान बागपत जिले के अंतर्गत आने वाले पूरामहादेव शिव मंदिर का रूद्राभिषेक के समय धर्मयात्रा महासंघ के संरक्षक माननीय श्री अशोक सिंघल जी मुख्य अतिथि के रूप में पधारे साथ में महासंघ के अध्यक्ष लब्ध प्रतिष्ठित समाजसेवी, धर्मनिष्ठ श्री मांगेराम गर्ग जी भी साथ में थे। पुरामहादेव के अभिषेक से पूर्व 17.7.1997 से 20.7.1997 तक शिवपुराण की कथा सम्पन्न हुई। कथा व्यास थे पिलखुआ निवासी धर्मनिष्ठ उदमट्ट विद्वान श्री ओमप्रकाश शर्मा जी जिनके श्रीमुख से निकली शिवपुराण की गंगा में सभी ने डूबकी लगाई।

कथा के समापन के बाद 21.7.1997 को रूद्राभिषेक के बाद भगवान आशुतोष की अनुकम्पा से धर्मयात्रा महासंघ ने द्वादश ज्यारेतिर्लिंगों पर रूद्राभिषेक करने की योजना बनाई। योजना को मूर्तरूप देने के लिए गुजरात प्रांत में विद्यमान सोमनाथ ज्योतिर्लिंग के साथ ही प्रारंभ हुई द्वादश ज्योतिर्लिंग रूद्राभिषेक की नियमित श्रशंखला।

सोमनाथ ज्योतिर्लिंग के रूद्राभिषेक के बाद धर्मयात्रा महासंघ ने अभिषेक की श्रशंखला को आगे बढाते हुए महाकाल

ज्योतिर्लिंग उज्जैन में अभिषेक प्रारंभ किया। इस अभिषेक में 131 यजमानों ने भाग लिया। इस अभिषेक में सम्पूर्ण भारत से यजमसन पधारे थे और इस अवसर पर महाकाल की नगरी उज्जैनी ध्वज पताकाओं तोरणद्वारों से सुशोभित की गई थी। उज्जैन के अभिषेक के साथ–साथ धर्मयात्रा महासंघ ने विभिन्न अनुष्ठान, सेवाकार्य और पँचकोसी यात्राओं को पुनः जीवन्त करने के लिए योजना बनायीं जिसे अभिषेक में पधारे सभी यजमानों ने अपना सहयोग प्रदान किया और संकल्प लिया कि हमें जो भी कार्य मिलेगा उसमें हम पूर्णभागेन सहभागिता प्रदान करेंगे। कई यात्राएँ उज्जैन और उज्जैन के समीपस्थ क्षेत्रों से जैसे चौरासी महादेव, पंचकोसी परिक्रमा, भगवान आशुतोष भगवान महाकाल की सवारी नगर में निकलती है उसमें धर्मयात्रा महासंघ, तीर्थपुरोहित महासंघ पूर्णरूप से सहभागी रहता है।

महाकाल के निवासी तीर्थपुरोहितों की एक अखिल भारतीय बैठक में संकल्प लिया के हम महाकाल में पधारे हुए यजमानों/तीर्थयात्रियों के साथ होने वाले दुर्व्यवहार को समूल नष्ट कर सद्भावना की मिसाल प्रस्तुत करेंगे। पवित्र क्षिप्रा व अन्य सभी नदियों को प्रदुषण मुक्त करने का भी संकल्प लिया गया। जिसकी महाकाल क्षेत्र के सभी पत्रकार बंधुओं ने भी भूरि–भूरि प्रशंसा कर संबंधित लेख दैनिकों में प्रस्तुत किए।

इन अभिषेकों में देशभर के व्यापारी, समाजसेवी व धर्मनिष्ठ बंधुओं ने भाग लिया। सभी ज्योतिर्लिंगों पर कम से कम 108 यजमानों ने धर्मलाभ कमाया।

भवदीय

सुनील कुमार शर्मा

आभार

जून 2000 में हमने 'धर्मयात्रा महासंघ' की ओर से उज्जैन में रूद्राभिषेक का आयोजन किया। उज्जैन नगर की महिमा एवं विशेषताओं को अति निकट से देखने-समझने का सौभाग्य मिला। श्रीमहाकाल की प्रेरणा से मैं विशेष श्रद्धा से भर श्री महाकालेश्वर विषय-वस्तु पर एक संदर्भ ग्रन्थ तैयार करने का विचार करने लगा। मैंने इस संबंध में अनेक संदर्भ सामग्री इकट्‌ठे किए एवं ग्रंथ रचना की शुरूआत कर दी।

इस अन्तराल में, मुझे अपने परम मित्र श्री बाल किशन गुप्ता जी के द्वारा उज्जैन में श्रीमहाकाल मंदिर परिसर में श्री शिव महापुराण कथा-व्रत के अनुष्ठान के आयोजन की सूचना उनके सुपुत्र श्री आशुतोष गुप्ता से मिली। मैंने उन पवित्र श्रीमहाकाल की प्रेरणा और श्रद्धा से आपूरित इस ग्रंथ को इस पुनीत अवसर पर प्रकाशित करने का निर्णय लिया।

समयाभाव के कारण, अपितु श्रीमहाकाल की असीम कृपा से इस ग्रंथ को मैं सभी धार्मिक जनों के लिए तैयार करने में सफल रहा। मैं स्वीकार करता हूँ; मैंने एक शिल्पकार की भाँति विभिन्न स्त्रोतों से प्राप्त सामग्री का संपादन भर किया है। शेष महिम कार्य तो उन विद्वानों ने किया है, जिन्होंने कठिन अनुसंधान-कार्य में अपना जीवन उत्सर्ग किया है।

पुराण मर्मज्ञ एवं कथा-प्रवाचक वेदमूर्ति श्री विश्वनाथ नारायण पालन्दे जी महाराज (वाराणसी) के प्रति मैं श्रद्धावनत विशेष आभार प्रकट करता हूँ, जिन्होंने स्वयं अपने कर-कमलों द्वारा यज्ञारंभ करने के लिए अपनी श्री-उपस्थिति की पूर्वानुमति दी, जिससे उनके महापांडित्य में इस श्रीयज्ञ के शुभारम्भ की योजना निर्मित हो पाई।

श्री के. के. शर्मा जी, केंद्रीय मंत्री, वरिष्ठ सदस्य, धर्म यात्रा महासंघ एवं संपादक, 'धर्म-प्रवाह' के प्रति मैं हार्दिक आभार व्यक्त करता हूँ, जिनसे मैंने इस संदर्भ ग्रंथ के संपादन में महनीय सहयोग पाया।

श्री मांगीलाल बाहेती जी, एम. पी. पब्लिशर्स एण्ड सप्लायर्स, उज्जैन के प्रति मैं हार्दिक आभार प्रकट करता हूँ, जिन्होंने मुझे संदर्भ सामग्री की सम्यक आपूर्ति की। उज्जैन के प्रतिष्ठित ज्योतिषाचार्य श्री आनंद शंकर व्यास जी के प्रति भी मैं हार्दिक आभार व्यक्त करता हूँ, जिन्होंने मुझे यथासमय यथोच्चित सुझाव दिए।

धर्मयात्रा महासंघ के श्री धर्म नारायण शर्मा जी, माननीय केन्द्रीय मंत्री, विश्व हिन्दू परिषद के प्रति मैं हार्दिक आभार प्रकट करता हूँ, जिन्होंने इस संदर्भ ग्रंथ की भूमिका लिखकर अनुगृहित किया है।

माननीय श्री अशोक सिंहल जी (संरक्षक, धर्मयात्रा महासंघ), श्री चम्पतराय जी (केन्द्रीय महामंत्री, विहिप), श्री सुनील कुमार शर्मा (संयोजक, ध.या.म.), श्री अनन्तदत्तात्रेय जोशी (अध्यक्ष, तीर्थपुरोहित महासंघ), श्री प्रयागनाथ चतुर्वेदी (महामंत्री, ती.पु.म.), श्री नरेन्द्र कुमार बिन्दल (महामंत्री, ध.या.म.), श्री प्रदीप गुप्ता (कोषाध्यक्ष, ध.या.म.), श्री प्रदीप अग्रवाल (मन्त्री, ध.या.म.), श्री प्रमोद अग्रवाल (अध्यक्ष, ध.या.म., दिल्ली), श्री ओमप्रकाश गुप्ता (महामंत्री, ध.या.म., दिल्ली), आचार्य श्री शेखर जी (संरक्षक, ध.या.म., मालवा प्रांत), श्री जीवनलाल

दिसावल (अध्यक्ष, ध.या.म., मालवा प्रांत), श्री अशोक कोटवानी (महामंत्री, ध.या.म., मालवा प्रांत), श्री अशोक कुमार धावई (उपाध्यक्ष, ध.या.म., मालवा प्रांत), श्री शिवप्रसाद शर्मा (मन्त्री, ध.या.म., मालवा प्रांत), श्री सुरेन्द्र चतुर्वेदी (महामंत्री, ध.या.म., उज्जैन महानगर) के प्रति उनके विविध सहयोग एवं प्रोत्साहन के लिए मैं हार्दिक आभार प्रकट करता हूँ।

श्री श्रीनिवास रथ, पूर्वतन आचार्य, संस्कृत अध्ययनशाला, विक्रम विश्वविद्यालय, उज्जैन के प्रति मैं हार्दिक आभार प्रकट करता हूँ, जिनके बोधगम्य 'शुभाशंसनम्' प्रबंध ने इस ग्रंथ (शशि) की कलाओं को पूर्णता दी।

इनके अतिरिक्त ऐसे नाना विद्वानों तथा धर्माचार्यों का जिनको मैंने कालान्तर में पढ़ा-सुना, मैं विशेष आभारी हूँ। मैं क्षमा प्रार्थी हूँ कि मैं आप विद्वजनों के नाम व शोध-प्रबन्धों के नाम स्मरण नहीं कर पा रहा हूँ।

श्री महाकालेश्वर मंदिर अनुसंधान विभाग, उज्जैन तथा बुद्धिजीवी एवं शोधकर्ताओं: डॉ. भगवतीलाल राजपुरोहित, डॉ. गिरीशचन्द्र त्रिपाठी, अधिवक्ता श्री नागमणि राय, श्री गोपालजी गुप्त तथा संचार माध्यमों एवं वीकिपिडिया के प्रति मैं विशेष आभार प्रकट करता हूँ।

श्री बी.पी. गर्ग एवं अमित गर्ग, ज्ञान पब्लिशिंग हाउस, नई दिल्ली के प्रति भी मैं विशेष आभार प्रकट करता हूँ, जिन्होंने इस पवित्र धार्मिक पुस्तक को सम्यक प्रकाशित किया।

मांगेराम गर्ग
नई दिल्ली

1

उज्जैनः एक परिचय

प्राचीन अवंती राज्य की राजधानी 'उज्जैन' वर्तमान मध्यप्रदेश के दक्षिण-पश्चिम शिप्रा नदी के पूर्वी तट पर स्थित धार्मिक एवं सांस्कृतिक नगर है। प्राकृतिक और भौगोलिक विशेषता के कारण प्राचीन कालों से उज्जैन से काल (समय) का ज्ञान प्राप्त किया जा सकता है। यहां इस संदर्भ में यह तथ्य सामने रखना उच्चित है कि सभी प्राचीन विद्याएँ धर्म से पूर्णतः प्रभावित थीं; धर्माचरण इन विद्याओं की शूचिता बनाए रखता था। इस तरह धर्म के कोष में सुरक्षित रखी विद्याओं को केवल धर्मपूर्वक ही ग्रहण किया जा सकता था। तब कहना न होगा कि केवल धर्माचरण में कुशल व्यक्ति ही इन विद्याओं का पाठक, आलोचक, अनुसंधानकर्ता होता था।

इस तरह इस विद्या-अध्ययन प्रक्रिया के कारण सभी विद्याएं धर्म का ही अंग थीं एवं सभी विद्वान लगभग धार्मिक। अतः प्राचीन खगोलशास्त्र भी अपने तथ्यों को सुरक्षा एवं प्रसार के लिए एक धार्मिक आवरण देने में सर्वथा सफल रहा है। प्राचीन खगोलशास्त्र का यह प्रतिपादन कि कर्क रेखा उज्जैन से गुजरती है एवं मध्य रेखा की प्रारंभ-बिंदु उज्जैन से ही शुरू होती है तथा उज्जैन संपूर्ण संसार का मध्य बिंदु है, अतः उज्जैन से काल-गणना स्पष्ट एवं शुद्ध होगी—श्रीमहाकाल

जैसे धर्म के महाऐश्वर्य से संरक्षित हुआ। उज्जैन को 'ग्रीनविच' भी कहते हैं। उज्जैन की इस खगोलिए अद्‌भुत विशेषता के कारण यहाँ के प्रधान देवता को 'महाकाल' कहते हैं।

भौगोलिक स्थिति से भी उज्जैन सारे भारत एवं विश्व का मध्यवर्ती स्थान होने के गौरव से मण्डित है। अत: यह कहना अत्युक्ति नहीं होगा कि उज्जैन न केवल आकाश में मध्यस्थान को प्राप्त है अपितु भूतल पर भी मध्यस्थान के उस असाधारण महत्त्व को प्राप्त है जो विश्व में किसी अन्य आकाश अथवा भूमिखंड को प्राप्त नहीं है।

उज्जैन उज्जयिनी का अपभ्रंश है। उज्जैन को अरबी में 'उजीन' कहा गया है। बहुत प्राचीन होने के नाते उज्जैन को कालांतर में अनेक नामों से जाना गया; यथा-अवंतिका, पद्‌मावती, कुशस्थली, भागवती, हरण्यावती, अमरावती, कंदाकत्रींगा, कुमुदवती, प्रतिकल्प, उज्जयिनी, उदेनी, इंद्रपुरी, विशाला। ऐसा कहा जाता है कि पश्चिमी खगोलविदों ने इसे 'अरिन' तथा टोलेमी ने 'ओजेनी' कहा था। अनेक मंदिरों के स्वर्ण शिखरों के कारण उज्जैन को 'कनकशृंगा' भी कहा गया, जहाँ वास करने से ब्रह्मा, विष्णु और महेश खुश हो जाते हैं।

सात मोक्षप्रद महानगरों में एक उज्जैन में 7 सागर तीर्थ, 28 तीर्थ, 84 सिद्धलिंग, 25-30 शिवलिंग, अष्ट भैरव, एकादश रूद्र स्थान, सैकड़ों देवी-देवताओं के मंदिर, अनेक जलकुंड व पहाड़ हैं।

अनेक पुराण इस तथ्य से सहमत हैं कि महादैत्य त्रिपुर का वध भगवान महाशिव ने अति उत्साह एवं उत्सव के साथ किया था और इसलिए ही इसका नाम 'उज्जैन' पड़ा।

मोक्षतीर्थ

बहुदा तीर्थ का अर्थ 'पार करने वाला' किया गया है। और तब वह

तीर्थ नाव की भूमिका में आ जाता है, जो उस महातट पर सुरक्षित उतारता है जो बाधाओं, तृष्णाओं एवं नाना दु:ख से भरे भव के विस्तार के दूसरी तरफ है। पाप से मुक्ति दिलाने वाली नदी, सरोवर, मंदिर, पवित्र-स्थल, दिव्यभूमि तीर्थ कहे जाते हैं। यहां स्नान-दान, दर्शन, अवलोकन, आवास आदि से विशेष पवित्रता एवं भगवत्प्राप्ति में सहायता मिलती है। इनके संपर्क से मनुष्य के विविध जन्मों के संचित पाप भी अज्ञात रूप से नष्ट हो जाते हैं। भूमि के अद्‌भूत प्रभाव से, जल के तेज से तथा मुनिगणों के परिग्रह से तीर्थों की पुण्यता होती है। स्कंद पुराण के अनुसार, यहाँ शव भी क्षय एवं दुर्गंध से अपवित्र नहीं होता।

तीर्थ भी दो तरह के माने गए हैं। भूमि के तेज से संबंधित स्थान 'भौमतीर्थ' और भगवान के दिव्य-विग्रहों से सुसज्जित स्थान 'नित्यतीर्थ' कहे जाते हैं। इस तरह उज्जैन 'भौमतीर्थ' और 'नित्यतीर्थ' दोनों है। इस भूमि की पुण्यता के कारण यहाँ देव-विग्रहों और तपस्वी-संतों का निवास रहा है। पुराणों के अनुसार यहाँ पद-पद पर तीर्थ विराजमान है। 'महाकाल-वन' में स्वयं भगवान शिव वास करते हैं, अत: उनके प्रभाव से यहाँ की समस्त भूमि नित्यतीर्थ बन गई। वायुपुराण, लिङ्गपुराण, वराहपुराण आदि इस तथ्य की पुष्टि करते हैं।

हिंदू मत के अनुसार, उज्जैन भारतवर्ष के पवित्रतम सात मोक्षप्रदा महानगरों (महास्थानों) में गणनीय है, जिसमें वाराणसी को इन सात पवित्रतम महास्थानों में सब से अधिक पवित्र होने का गौरव प्राप्त है।

अयोध्या मथुरा मायाकाशी कांची अवंतिका।
पुरी द्वारावती चैव सप्तैत् मोक्षादायिका।।

(गरूड़ पुराण)

'क्षेत्र' पवित्र भूमि विशेष को कहते हैं, एक जाग्रत शक्ति का विशेष क्षेत्र, जहाँ मोक्ष प्राप्त करना आसान है। गरूड़ पुराण ने ऐसे सात

महास्थानों की गणना की है, जैन धर्म ने इस क्षेत्र को 'अतिशय क्षेत्र' कहा। वे हैं- अयोध्या, मथुरा, माया, काशी, कांची, उज्जैन और द्वारावती। जैन धर्म ने इस क्षेत्र को 'अतिशय क्षेत्र' कहा।

पौराणिक दृष्टि से उज्जैन के महत्त्व की तुलना वाराणसी के अतिरिक्त अन्य किसी नगर से नहीं की जा सकती। लिङ्गपुराण कहता है; उज्जैन में प्रलय भी बाधा नहीं पहुँचाता। यही बात इसके लिए सुप्रसिद्ध सात मोक्षपुरियों में एक होने से भी पुष्ट होती है।

उज्जैन के सम्बन्ध में पुराणों का दृष्टिकोण अत्यन्त उदार है। सभी पुराणों और उपपुराणों में उज्जैन का महत्त्व अवश्य ही दिखलाया गया है। तथापि शिवपुराण, श्रीमद्भागवत पुराण, मार्कण्डेयपुराण, लिङ्गपुराण और स्कन्दपुराण में उज्जैन का वर्णन विविध रूपों में प्रस्तुत हुआ है। अठारह महापुराणों में स्कंदपुराण विशेष स्मरणीय है, क्योंकि इसके सात खंडों में उज्जैन के वर्णन को स्वतंत्र प्रधानता देते हुए अवंती-खंड की रचना हुई है।

उज्जैन की तांत्रिक और राजनीतिक रहस्यमयी छवि को साहित्य में विपुलता से उजागर किया है। महाकवि भास के नाटकों में उज्जैन का न्यूनाधिक उल्लेख हुआ है। चारुदत्त, प्रतिज्ञायौगन्धरायण तथा स्वप्नवासवदत्तम् में उज्जैन का स्मरण बार-बार किया गया है। भास ने उज्जैन के लोगों की उदारता, अमीरी, गरीबी, चोरी, लुटेरी, गुंडागर्दी, जुआ, साधुत्व, नौकरों और धर्माध्यक्ष के साथ राजवर्ग का दुर्व्यवहार, राज्य क्रांति और उसमें जनता के सभी वर्गों का व्यापक सहयोग आदि का वर्णन किया है।

चतुर्भाणी से ज्ञात होता है कि केवल 'सार्वभौम' कहने से उज्जैन का बोध होता था। अपनी श्रीमत्ता के कारण यह जम्बूद्वीप का प्रधान नगर था। वासवदत्तानाट्यधारा और वीणावासवदत्ता नाटकों में उज्जैन का

राजनीतिक वातावरण अनुगुंजित होता है। कालिदास के 'रघुवंश' के अनुसार, श्री महाकाल मंदिर के निकट ही राजप्रासाद था, शिप्रा तट पर दूर-दूर तक उद्यान फैले हुए थे। बाणभट्ट के अनुसार विशाल प्राकार और गहरी परिखा से संपन्न इस नगर के भव्य मन्दिरों और भवनों के शिखर स्वर्ण-मंडित थे, जिन पर श्वेत पताकाएँ फहरती रहती थीं। घर-घर ध्वज फहराते थे। इस नगर में सभा, छात्रावास, कूप, प्याऊ तथा सेतु भी थे। यहाँ के लोग वीर, प्रियंवद, अतिथिप्रिय, विज्ञान और शिल्प के ज्ञाता, परिहासी, विविध भाषाओं, लिपियों, प्राचीन-कथाओं, द्यूत आदि के ज्ञाता, शूर और विनीत थे। दंडी के दशकुमारचरित तथा **सोड्ढल की** अवंती-सुंदरी कथा एवं सोमदेवसूरि के यशस्तिलकचंपू में भी उज्जैन की विशेषताओं का वर्णन मिलता है। शड्.कराचार्य ने सौंदर्य-लहरी में उज्जैन का सादर स्मरण किया है।

पद्मगुप्त के **'नवसाहसाक चरित'**, कृष्णानंद के **'सहृदयाङ्क्काव्य'**, मुरारि के 'अनर्धराधव नाटक', माधव के 'शङ्कर भट्ट दग्विजय', राजशेखर की 'काव्य मीमांसा और 'बाल रामायण नाटक', भट्ट लक्ष्मीधर के 'चक्रपाणिविजय महाकाव्य', श्रीहर्ष के 'नैषधीयचरित', चन्द्रशेखर के 'सुर्जनचरित महाकाव्य', कालिदास के 'ज्योतिर्विदाभरण' के साथ ही हम्मीर महाकाव्य, प्रबन्ध-चिंतामणि, प्रभावकचरित, रामायण, चतुर्विंशतिप्रबंध, कुमारपालचरित, विविधतीर्थकल्प, बृहत्कथाकोष, हरिवंशपुराण आदि जैन ग्रंथों में भी उज्जैन की महिमा का विवरण प्राप्त होता है। कुशललाभ की ढोलामारु चौपाई में उज्जैन की महिमा आई है।

अठारहवा **शताब्दी के** कवि आत्माराम ने 'सवाई जयसिंह-चरित' में उज्जैन की उदारतापूर्वक चर्चा की है। उज्जैन के सामान्य उल्लेखों से संपन्न ग्रंथों की गणना तो संभव भी नहीं है।

आधुनिक काल में विश्वकवि श्री रवींद्रनाथ ठाकुर ने 'स्वप्नलोके उज्जयिनी' नामक ललित-कविता की रचना की। राष्ट्र कवि मैथिलीशरण

गुप्त ने उज्जैन की आधुनिक अप्रतिष्ठा पर दुख प्रकट किया है। उज्जैन के सुप्रसिद्ध कवि डॉ. शिवमंगडल सिंह 'सुमन' का समूचा काव्य उज्जैन की गंध से आप्लावित है।

एक शताब्दी से संचालित मालवी लोकनाट्य 'माच' की परंपरा का आरंभ उज्जैन से ही हुआ है। माच के रूप में यहाँ कई ऐतिहासिक, पौराणिक एवं लोककथाओं पर आधारित माच रचे गये एवं मंचित किए गए हैं।

धर्म

उज्जैन की धार्मिक परंपरा बहुत प्राचीन काल से विभिन्न धर्मों के समन्वय से पूर्ण रही है। शैव, शाक्त, वैष्णव, जैन और बौद्धों ने अपने धर्म के तीर्थ के रूप में उज्जैन को मान्यता प्रदान की है। सिंहस्थ पर्व का प्रधान नगर होने से यहाँ धर्मानुयायियों का आकर्षण सदा ही बना रहा है। सनातन-धर्म के अतिरिक्त अन्य धर्मों के महापुरूषों और आस्था-केंद्रों की यहाँ कमी नहीं है। सभी धर्मों के मूलभूत सिद्धांतों को मानव जीवन का मौलिक आधार मानकर उज्जैन ने सदैव सर्वधर्म-समभाव एवं वसुधैव कुटुम्बकम् के आदर्श को अपनाया है तथा पारस्परिक स्नेह का निर्वाह किया है।

उज्जैन की भगवान शिव के प्रति आस्था सदैव स्थिर रही है। शिव के अनेक नाम और रूप में उनके आशुतोष तथा भोलेनाथ होने से सर्वसाधारण की भावना उनके लिए सादर समर्पित रही है। गाँव, गली, घर तथा वनखंडों में सभी जगह शिव के मंदिरों की स्थापना है। यहाँ के निवासी त्रिपुंड, रूद्राक्ष धारण और 'जय शिव' के उच्चारण से स्वयं को गौरवान्वित अनुभव करते हैं। शिव को सर्वदेवमय मानकर सभी देवताओं के प्रति श्रद्धा और विश्वास उज्जैन में बखूबी देखने को मिलता है।

यहाँ गुप्तकाल में राज्याश्रय के कारण वैष्णव भावना विशेष रूप से

उभरी। बारहवीं शती में शैव और बौद्ध विलीन हो गये और वैष्णव बढ़ते रहे। उज्जैन में वैष्णवों की चारों शाखाएँ-रामानुज, माधव, वल्लभ और निम्बार्क विकसित हुईं, उनके मंदिर बने और उन संप्रदायों के अनुयायी बढ़ते रहे। यहाँ कृपानिवास मंदिर और रामप्रसाद जी के संस्थान भी कालांतर में स्थापित हुए।

उज्जैन को जैन धर्म का 'अतिशय क्षेत्र' माना गया है। यहाँ चौबीसवें तीर्थंकर भगवान महावीर ने श्मशान में तपस्या की थी। अनेक मुनि-गणों का विहार-स्थल उज्जैन जैन धर्म का भी एक मान्य तीर्थ है। जैन महाभिक्षुक श्री भद्रबाहुस्वामी ने यहाँ महाअध्यावसाय किया था।

सातवीं शती में श्री मानतुंग सूरि ने यहीं अपने प्रसिद्ध 'भक्तामर-स्तोत्र' की रचना करके जैन धर्म के महाप्रभाव को उच्चता दी थी। जैन धर्म के श्वेतांबर, दिगंबर के अनेक आचार्य, साधु-संत इस प्राचीन जैन तीर्थ में अपनी श्रद्धा अभिव्यक्त करते हैं। जैन आगमों, भाष्यों, स्तोत्रों तथा जैन धार्मिक साहित्य में उज्जैन की अनेक कथाएँ विद्यमान हैं, जो उज्जैन के प्रति जैन धर्मानुयायियों का विशेष आदर प्रदर्शन का द्योतक है।

आज यहां जैन धर्म के मंदिर, उपाश्रय, स्थानक, धर्मशाला, पुस्तकालय आदि की सुव्यवस्थित चर्या मन मोहने वाली है।

मौर्य युग में ही यहाँ बौद्ध धर्म का प्रचार-प्रसार होने लगा था।

उज्जैन भगवान महात्मा बुद्ध के समकालीन एवं बौद्ध-धर्म अनुयायी महाकात्यायन की जन्मभूमि थी। जनसाधारण भगवान बुद्ध के धार्मिक विचारों से अवगत थे। बौद्ध ग्रंथों में उज्जैन के अनेक आख्यान हैं, जिनमें तत्कालीन सामाजिक-राजनैतिक आदि जीवन की पर्याप्त झलक मिलती है।

जातकग्रन्थ, दिव्यवंश, धम्मपद, विनयपिटक, सुत्तपिटक, दिव्यावदान,

समंत-पासादिक आदि अनेक बौद्ध ग्रथ उज्जैन के प्राचीन गौरव के साक्षी हैं।

बुरहानपुर जाने से पूर्व बोहरों के धर्म गुरुओं का मुख्य केंद्र उज्जैन था। आज यहाँ बोहरा समाज द्वारा निर्मित 'रोजा' की रमणीयता श्लाघनीय है।

मुस्लिम धर्मानुयायी भी यहाँ पर्याप्य संख्या में विद्यमान हैं। इनके द्वारा बनाई गई कुछ मस्जिदें ऐतिहासिक महत्त्व की हैं।

ईसाई मतानुयायी भी उज्जैन के जनजीवन में रचे-बसे हैं। इनके 'चर्च' और इनके द्वारा चलाए जा रहे विभिन्न धमार्थ कार्य भारतीय परिपेक्ष्य में सराहनीय महत्त्व रखते हैं।

इतिहास

उज्जैन का प्रारंभिक इतिहास प्राचीनता में कहीं खो गया है। महाभारत कालीन उज्जैन में विन्द और अनुविन्द का शासन था और वे महाभारत के युद्ध में कौरव की ओर से सहयोगी बने थे।

विक्रमादित्य इस नगर के देदीप्यमान शासक हुए जिनके समय में उज्जैन की महत्ता विभिन्न दिशाओं में व्याप्त हुई तथा इस नगर का सर्वतोमुखी विकास हुआ।

छठी शती ई.पू. में उज्जैन अवंती राज्य की राजधानी थी। प्रद्योत इसके अधिपति एवं गौतम बुद्ध के समकालीन थे। चंद्रगुप्त मौर्य ने इसे 313 ई. पू. में जीत लिया। महान अशोक अपने युवाकाल में अपने पिता बिन्दुसार के शासनकाल में उज्जैन के अधिशासक थे।

हर्षचरित के अनुसार, पुष्यमित्र शुंग ने अंतिम मौर्य शासक बृहद्रथ की हत्या कर शुंग वंश की स्थापना की एवं मगध के राजसिंहासन पर

आरुढ़ हुआ। पुष्यमित्र शुंग मगध साम्राज्य के थल सेना (प्रमुख सेना) का सेनापति था और उज्जैन का निवासी था।

शुंग वंश के शासन की समाप्ति के बाद, उज्जैन के पूरे भाग पर शकों ने शासन किया, जिन्हें परास्त कर गर्भमिल्य के पुत्र विक्रमादित्य ने उज्जैन पर अपने शासन की स्थापना की।

चंद्रगुप्त द्वितीय (विक्रमादित्य) ने उज्जैन को गुप्तवंश के शासनकाल में अपने राज्य की दूसरी राजधानी घोषित की। इस शासन के राजदरबार के नौ रत्नों में महाकवि कालिदास उज्जैन के ही थे।

638 ई. में उज्जैन में हर्ष का राज्य था, जिसका दूसरा नाम विक्रमादित्य था। यह विद्वान था।

8वीं सदी (लगभग 783 ई.) के उत्तरार्द्ध में उज्जैन पर चंद्रगुप्त का शासन था।

895 ई. के बगुम्रा ताम्रपत्र के अनुसार, राष्ट्रकूट वल्लभ के समान उज्जैन में गुजरात के कृष्ण ने विजय पायी। 942-46 ई. के प्रतापगढ़ शिलालेखों से ज्ञात होता है कि तत्कालीन गुर्जर प्रतीहार राजा था। प्रतिहार राजा मुंज ने 972-995 ई. तक मालवा पर शासन किया। मुंज का अनुज सिंधुराज (995-1000 ई.) तक तथा सिंधुराज का महाप्रतापी पुत्र भोजराज ने सन् 1000 से 1055 ई. तक शासन किया। अर्जुनवर्मा (1210-1216 ई.) तक परमार शासक भी विद्वान था।

गुजरात के जयसिंह सिद्धराज ने (1136 ई. के लगभग) यशोवर्मा को पराजित कर उज्जैन पर अधिकार कर 'अवंतीनाथ' की उपाधि प्राप्त की। इसी दरम्यान विजयपाल देव ने उत्तरी मालवा एवं आस-पास पर अधिकार कर 'महाधिराज' की उपाधि प्राप्त की।

देवपाल के शासनकाल (1234 ई.) में इल्तुतमिश ने उज्जैन पर

आक्रमण किया था। इसने उज्जैन का विध्वंस कर विक्रमादित्य की पीतल की प्रतिमा अपने साथ दिल्ली ले आया था।

तेरहवीं सदी के अंत में अर्जुनवर्मा द्वितीय मालवा का शासक था। अल्लाउद्दीन खिलजी के मालवा पर आक्रमण पर अर्जुन वर्मा द्वितीय का प्रधान मंत्री गोगा (कोका) ने उसका सामना किया था। 1291 ई. में जलालउद्दीन खिलजी ने उज्जैन पर अधिकार कर लिया। बाद में 1305 ई. में गोगा को पराजित कर उसका कत्लेआम कर दिया गया। 1398 ई. तक यह दिल्ली सल्तनत के अधीन रहा।

तैमूर के आक्रमण के समय मालवा के गर्वनर दिलावर खाँ गोरी ने स्वयं को स्वतन्त्र घोषित कर 'शहाबुद्दीन गोरी' उपाधि धारण की। दिलावर खाँ का पुत्र हुशंगशाह राजधानी को माँडव ले गया। इसने होशंगाबाद बसाया। 1435 ई. में हुशंगशाह का पुत्र महमूदशाह शासक बना! जिसे 1436 ई. में उसके मंत्री महमूद खाँ ने गद्दी से उतार दिया और स्वयं शासक बन बैठा। इसके साथ ही मालवा पर 'खिलजी वंश' का शासन हो गया। वह 1469 ई. तक शासन करता रहा। इसने 1450 ई. में उज्जैन में एक महाविस्तृत 'कालियादह महल' का निर्माण कराया। गयासुद्दीन (1469-1500 ई.) के बाद नसीरुद्दीन की मृत्यु 1510 ई. में कुँड में डूबने से जहर से हुई।

1531 ई. में महमूद द्वितीय गुजरात के सुल्तान से पराजित हुआ। मल्लू खाँ ने उज्जैन पर अधिकार कर लिया। हुमायूँ ने इसे पराजित किया था। परन्तु हुमायूँ के यहाँ से अनुपस्थित रहने के कारण वह शासन करता रहा और 'कादिरशाह' की उपाधि धारण की। उसने शेरशाह के उज्जैन आने पर उसके सामने आत्म-समर्पण किया था।

उज्जैन पर 1542 से 1554 ई. तक दिल्ली का शासन शुजाअत खाँ के रूप में रहा। दिल्ली पर हूमायूँ की पुनविजय से मालवा स्वतंत्र

हो गया और शुजाअत खाँ का पुत्र मल्लिक वाजिद बाजबहादुर के नाम से शासक बन बैठा।

1561 ई. में अकबर ने मालवा को अपने अधिकार में ले लिया तथा उज्जैन उसका एक प्रधान कार्यालय बन गया।

15 अप्रैल, 1658 ई. का 'धरमत' नामक स्थान पर हुए युद्ध में औरंगजेब तथा मुराद के विरुद्ध दाराशिकोह जोधपुर के राजा जसवंत सिंह की पराजय हुई। पराजित होकर उज्जैन आ गया था। युद्ध-स्थल पर फतेहाबाद बसाया गया। मुगल सम्राट औरंगजेब ने अपने शासन काल में उज्जैन के श्रीमहाकाल के दीपों के लिए प्रतिदिन चार सेर घी की व्यवस्था की थी।

जनवरी 1703 में मराठे उज्जैन पर आ धमके। 1715 ई. में खांडेराव दाभाड़े और कान्होजी भोंसले ने उज्जैन पर आक्रमण किया। पर सवाई जयसिंह ने मराठों को निर्णायक हार दी।

सवाई जयसिंह 1705 से 1707 ई. तक मालवा तथा गुजरात में नायब सूबेदार रहे। 1712 ई. में उन्हें मालवा का सूबेदार बनाया गया।

17 नवंबर, 1717 को मालवा में मोहम्मद अमवी खाँ को नियुक्त किया गया और गिरधर बहादुर को उज्जैन का सूबेदार बनाया गया, जिसे मराठें ने दिसंबर 1728 ई. में सारंगपुर युद्ध में मार डाला।

जयसिंह फिर अक्टूबर 1729 ई. से सितंबर 1730 ई. तक मालवा के सूबेदार बने। इनके बाद मुहम्मद खाँ बंगश सूबेदार बन गया। 1731 ई. के अक्टूबर में मराठा सेनापति उदाजी पँवार ने मांडू और उज्जैन पर अधिकार कर लिया। मुहम्मद खाँ ने मल्हारराव होल्कर को उज्जैन के निकट पराजित किया। राणोजी सिंधिया और होल्कर के मिल जाने से मराठा प्रबल हो गये। तब मुहम्मद खां की जगह जयसिंह को पुनः अक्टूबर 1732 ई. में मालवा का सूबेदार बनाया गया। 17 सितंबर,

1734 ई. को उन्हें मालवा की सूबेदारी और मंदसौर की फौजदारी सौंपी गयी। राणोजी सिंधिया और मल्हारराव होल्कर ने 1736 ई. में पुनः आक्रमण किया। अगस्त 1737 ई. में जयसिंह को मालवा की सूबेदारी से कर दिया गया।

आक्रमणों से परेशान होकर जनवरी 1738 ई. में निजामुलमुल्क को बाजीराव से संधि करनी पड़ी। जयसिंह ने राजकुमार अहमद को मालवा का राज्यपाल बनाया और 4 जुलाई, 1742 ई. को मुगल सेना पर आक्रमण न करने की शर्त पर पेशवा को नायब सूबेदार बनाया गया।

राणोजी ने अपनी राजधानी उज्जैन बनायी जो 1807 ई. तक रही। 15 अगस्त, 1947 को भारत की स्वतंत्रता तक मराठों का यथावत् अधिकार बना रहा। 1752 ई. की संधि के साथ मालवा स्थायी रूप से मराठों के अधिकार में आ गया और लगभग दो सदी तक उन्होंने निर्विरोध शासन कायम रखा।

2

उज्जैन की दर्शनीयता

उज्जैन की दर्शनीयता अपार है। उज्जैन-यात्री को इस बात का ध्यान रखना चाहिए कि वे उज्जैन स्थित दर्शनीय स्थलों का दर्शन अवश्य करें। उत्साही यात्री को धर्म, शिक्षा, खगोल आदि तंत्र के स्थानों-संस्थानों का अवश्य ही दर्शन अवलोकन करना चाहिए जिससे यात्रा का पूर्ण लाभ प्राप्त हो सके।

इस अध्याय में पाठकों की सुविधा के लिए उज्जैन के महत्त्वपूर्ण दर्शनीय स्थलों का संक्षिप्त परिचय दिया गया है।

महाकाल

द्वादश ज्योतिर्लिंगों में एक उज्जैन स्थित श्रीमहाकाल हैं प्रसिद्ध महाकालवन में स्थित श्रीमहाकाल की महिमा प्राचीन काल से ही अपूर्व है। श्रीमहाकाल के इस प्राचीन मंदिर का बार-बार जीर्णोद्धार हुआ है। आज श्रीमहाकाल का मंदिर राणोजी सिंधिया के मुनीम 'रामचंद्र बाबा शेणवी' ने अठारहवीं सदी के पांचवे दशक में बनवाया। इस मंदिर के निर्माण में पुराने अवशेषों का भी उपयोग किया गया।

यहाँ देश के कोने-कोने से श्रद्धावान आकर भगवान श्रीमहाकाल की अर्चना करते हैं। इसके सामने 'कोटितीर्थ' और 'रूद्रसागर' हैं,

जिनमें खिलते कमलों से श्रीमहाकाल की अर्चना की जाती थी। श्री महाकाल मंदिर-परिसर में विविध देवताओं के अनेक मंदिर समूह हैं। श्रावण मास और शिवरात्रि यहाँ के विशेष पर्व काल हैं।

अवंती देवी

श्रीमहाकाल मंदिर-परिसर में अवंती देवी का सिंदूर-चर्चित मूर्ति से मंडित एक मंदिर है। यह स्थान रूद्रकुण्ड के पास है। 'अवंती देवी' नगर की अधिष्ठात्री के रूप में विराजमान हैं।

बड़े गणपति

श्री महाकाल के निकट रूद्रसागर के पूर्वी तट पर भगवान गणेश की ज्योतिर्विद पं. नारायण व्यास द्वारा स्थापित विशाल प्रतिमा है। इसके निकट विविध देवताओं से संपन्न आकर्षक देवालय हैं। जिनमें नवग्रह मूर्तियों की स्थापना दर्शनीय है। वहीं एक छोटे मंदिर में पंचमुखी हनुमान की प्रतिमा प्रतिष्ठित है।

हरसिद्धि पीठ

श्रीमहाकाल-मंदिर तथा रूद्र-सागर के पशिचम में मात्तृ-शक्ति हरसिद्धि का प्रसिद्ध मंदिर-शक्तिपीठ है। तांत्रिक ग्रंथ महाकाल-संहिता (तृतीय खंड) में इस मात्तृ-शक्ति को 'हरसिद्धि' नाम से जाना गया है। स्कंदपुराण के अनुसार, हरसिद्धि के मंदिर में महिष-बलि दी जाती थी।

मंदिर के गर्भगृह में शिला पर श्रीयंत्र उत्कीर्ण है। हरसिद्धि देवी इसी श्रीयंत्र विग्रह के रुप में प्राण-प्रतिष्ठित हैं। माता अन्नपूर्णा के आसन के नीचे सात प्रतिमाओं में मध्य कालिका तथा पार्श्ववर्तिनी महालक्ष्मी और महासरस्वती हैं।

हरसिद्धि के उल्लेख प्राचीन साहित्य में विपुलता से प्राप्त होते हैं। मध्यकालीन जैन साहित्य में संबंधित कुछ लोक कथाएँ प्राप्त होती हैं।

हरसिद्धि मंदिर क्षेत्र में कई देवी-देवताओं के स्थान हैं। इतिहास के अनुसार यह विक्रमादित्य की आराध्या महादेवी थीं।

स्कंदपुराण की एक कथा के अनुसार कैलाश पर्वत पर एक बार शिव-पार्वती कीड़ारत थे, तभी 'चंड' और 'प्रचंड' नामक दो पराक्रमी दैत्यों ने नंदी एवं अन्य शिवगणों को घायल कर दिया। शिवजी ने सूचना मिलने पर इस बाधा-हरण के लिए देवी चंडी का स्मरण किया।

देवी ने उन दानवों का वध कर 'हर' का कार्य सिद्ध करने के कारण 'हरसिद्धि' कहलायीं। शिवपुराण के अनुसार, सती की कोहनी का पतन यहीं हुआ था। आश्विन और चैत्रमास की नवरात्रि में यहाँ नौ-नौ दिन के महोत्सव होते हैं।

रामघाट

शिप्रा तट स्थित उज्जैन का 'रामघाट' प्रमुख आकर्षण और तीर्थ है। इस घाट पर अनेक तीर्थ, मंदिर और राणोजी सिंधिया की भव्य छत्री है। पितृतर्पण और सिंहस्थ स्नान के लिए यह जगह प्रसिद्ध है।

दत्त अखाड़ा

दशनामी सन्यासियों के 'जूने अखाड़े' से संबद्ध यह भव्य स्थल रामघाट के सामने ही शिप्रा के दूसरे तट पर है। यहीं जगद्‌गुरू शंकराचार्य ने अपने प्रतिद्वंद्वियों को शास्त्रार्थ कर अपनी धर्म निष्ठा एवं महा-विद्वता का प्रतिपादन किया था।

अवंतीपार्श्वनाथ का मन्दिर

यह श्वेतांबर जैन मंदिर शिप्रा तट पर दानी दरवाजा के समीप स्थित है। जैन ग्रंथों में इस मंदिर में स्थित मूर्ति के संबंध में कुछ आख्यान भी प्रसिद्ध हैं। स्वामी पार्श्वनाथ जैन तीर्थंकर थे। जैन-श्रद्धालुओं

में इस मंदिर के प्रति एक विशेष निष्ठा पायी जाती है।

बिना नींव की मस्जिद

इस मस्जिद को 'दिलावर खाँ गोरी' ने 1397 ई. में किसी प्राचीन स्थापत्य नींव पर बनवाया था। अतः यह 'बिना नींव की मस्जिद' कहलाती है। शिप्रा तट पर स्थित इस भवन की आकृति धार स्थित भोजशाला जैसी है। राजा भोज ने उज्जैन में भी 'सरस्वतीकंठाभरण' नामक सरस्वती भवन का निर्माण करवाया था जिसके गर्भगृह में अनेक प्रशस्तियाँ उत्कीर्ण थीं, जिसका विशाल पुस्तकालय देश-विदेश की रचनाओं का विपुल भण्डार था।

चौबीस खंभा

श्रीमहाकाल मंदिर के समीप यह परमार-युगीन भव्य द्वार 12 नीचे और 12 ऊपर – कुल 24 स्तंभ से निर्मित 'चौबीस खम्भा' कहलाता है। यह श्रीमहाकाल मंदिर परिसर का प्रमुख द्वार है, इस क्षेत्र को 'कोट मोहल्ला' कहते हैं।

यहाँ कभी राजमहल भी थे जिनके अवशेष आज टीले बन गए हैं।

बोहरों का रोजा

बुरहानपुर से पूर्व उज्जैन बोहरों का मुख्य उपासना केंद्र था। यह सुंदर तथा भव्य रोजा की बनावट एवं रख-रखाव प्रसंशनीय है। बोहरा समाज में इस रोजे के प्रति महिम श्रद्धा है।

गोपाल मंदिर-द्वारकाधीश मंदिर

नगर के मध्य स्थित गोपाल-मंदिर को दौलतराव सिंधिया की महारानी बायजा बाई ने बनवाया था। इस मंदिर में कृष्ण व राधा की प्रतिमाओं के साथ बायजा बाई की प्रतिमा भी स्थापित है। इस मंदिर का

मुख्य द्वार सिंधिया ने गजनी में लूट में पाया था। यह द्वार सोमनाथ मंदिर से लूट कर गजनी पहुँचा था।

यहाँ द्वारकाधीश श्री कृष्ण की प्रतिमा होने से इसे द्वारकाधीश मंदिर भी कहते हैं। मंदिर अत्यंत रमणीय है। परिक्रमा परिसर अति विस्तृत एवं मनोहारी है। यहाँ सत्संग, कथा-वाचन एवं कीर्तन आदि धार्मिक व सांस्कृतिक गतिविधियाँ होती रहती हैं।

यह मंदिर 1901 ई. में निर्मित हुआ एवं सन 1909 में मूर्तियाँ प्रतिष्ठित की गयीं।

योगेश्वर टेकरी

इस नगर के मध्य स्थित रमणीय टेकरी के शिखर पर शिव का एक मंदिर है। योगेश्वर शिव से टेकरी का नाम प्रमाणित है। नाथ परम्परा में भर्तृहरि भी योगेश्वर कहे जाते हैं। मध्यकाल में उज्जैन स्थित चण्डिका मठ की अधीक्षिका तपस्विनी योगेश्वरी थी। इस टेकरी को 'गोगासा' या 'गोगा शाह' की टेकरी भी कहने की परंपरा है।

यहाँ से उज्जैन का बहु-प्रचारित रमणीय दृश्य दिखाई देता हैं।

नगरकोट की महारानी

यह नगर के परकोटे की रक्षिका देवी हैं। यह प्राचीन धूलकोट और परिखाभूत तालाब के तट पर है। नौ मात्तृकाओं में सातवीं मात्तृका 'कोटरी देवी' हैं। उत्तर भारत के पश्चिमी प्रदेशों में नगरकोट या कोट-कांगड़ा देवी का उत्सव नवरात्रि में मनाया जाता है।

चौसठ योगिनी

तंत्र परंपरा में चौंसठ योगिनियां विशेष हैं। शिव मंदिर के आस-पास इन योगिनियों की प्रतिमाएँ स्थापित हैं। उज्जैन की प्राचीन बस्ती नयापुरा में इन चौंसठ योगिनियों का मंदिर है। यहाँ योगिनियों की कतिपय छोटी-छोटी

प्राचीन प्रतिमाएँ स्थापित हैं यह मंदिर पुनर्निर्मित है। यहाँ की मूर्तियों को सिंदुर से चर्चित किया गया है।

सांदीपनि आश्रम

ऋषि सांदीपनि के आश्रम में श्रीकृष्ण, बलराम तथा सुदामा ने विद्या प्राप्त की थी। इस क्षेत्र को श्रीकृष्ण के द्वारा लेखन-पट्टी यहाँ धोने से 'अंकपात' भी कहते है। श्री वल्लभाचार्य ने यहां संवत् 1546 में 'श्रीमद् भागवत' महापुराण का पारायण किया था। गोमती कुंड यहीं है। इस क्षेत्र में सिंहस्थ के मेले की भी आयोजना होती है।

मंगलनाथ

दिव्य शिप्रा के निकट मंगलनाथ के मंदिर में प्रति मंगलवार श्रद्धालु उमड़ पड़ते हैं। मत्स्यपुराण के अनुसार, मंगलग्रह का यह जन्म-स्थान है। मंगल ग्रह के अध्ययन के लिए कभी यह विश्व का सर्वाधिक उपयुक्त स्थान था।

मंगल की शांति तथा भगवान शिव की कृपा और स्वकल्याण के लिए यहाँ दही-भात की पूजा और रूद्राभिषेक का बड़ा माहात्म्य है। मंगल की आराधना सर्वदुःख मुक्ति और धन की प्राप्ति के लिए की जाती है।

पृथ्वी देवी

मानव में पृथ्वी-तत्त्व की अधिकता है, जबकि अन्य चार तत्त्व समान औसत में व्याप्त रहते हैं। शरीर का निर्माण व पोषण करने वाली इकाई माता ही कही जाती हैं, इस तरह पृथ्वी देवी माता हैं। हरिवंशपुराण में पृथ्वी को जन्म देने वाली, आधार, वस्त्र और भरण-पोषण करने वाली माता कहा गया है।

'यह पृथिवी धारण करनेवाली, निर्माण करनेवाली, पवित्र, रत्न-धनादि से पूर्ण समस्त चराचर की प्रतिष्ठा, उत्पति-स्थली, सर्वविध कामानाओं

की पूरक, दूध देने वाली गौ तथा सभी प्रकार के धान्यों की उत्पति भूमि है।'

अथर्वण-संहिता तथा भागवत, पद्म, मत्सयादि पुराणों में पृथ्वी का विस्तृत वर्णन है। ब्रह्मवैवर्त के वराहकल्प के अनुसार भगवान आदिवराह से पृथ्वी का विवाह हुआ था और एक दिव्य पुत्र मंगल ग्रह का जन्म हुआ। श्रीतत्त्वनिधि में पृथ्वी देवी की प्रतिमा का स्वरूप इस प्रकार वर्णित है-

'हे यादवनंदन, देवी पृथ्वी शुक्लवर्णा, दिव्य आभरणा, सुभूषित, चतुर्भुजा, सौम्य, अरूणवृस्त्रावता, रत्न, धातु, औषधि और कमल धारण करने वाली तथा चार दिग्गजों के पीठ पर विराजने वाली हैं।'

उज्जैन में मंगलनाथ-महादेव के परिसर में प्राचीन शक्ति रूपा, सिंदूर चर्चित पृथ्वी देवी की मूर्ति है, यात्रीगण उनके दर्शन और पूजन से उनकी एवं मंगल ग्रह की कृपा पाते हैं।

रामजनार्दन मंदिर

विष्णुसागर तट स्थित यह विशाल परकोटे से घिरा एक मंदिर समूह है। इसमें एक राम तथा दूसरा जनार्दन का मंदिर है। जिसे राजा जयसिंह ने बनवाया था। परकोटा तथा कुंड मराठों ने बनवाए। यहाँ मराठा कालीन राम और कृष्ण की लीलाओं की भितिचित्र, संत तुकोबा और बोदल्याबुआ महाराजा के चित्र उल्लेखनीय हैं। परमार, कालीन गिरिधर कृष्ण शेषशायी ब्रह्मा, विष्णु तथा महेश की सुंदर प्रतिमाएँ भी है।

चित्रगुप्त धर्मराज

पद्मपुराण (पाताल खंड) के अनुसार, चित्रगुप्त ने ब्रह्मा के आदेश से उज्जैन के शिप्रा तट आकर स्थित कोटिनगर (नगरकोट) में तपस्या की थी। ये ब्रह्मा के आमात्य भी कहे गए हैं। यह मंदिर कायस्थों का

महत्त्वपूर्ण तीर्थ रामजनार्दन मंदिर के निकट है। धर्मराज चित्रगुप्त की दर्शनीय प्रतिमा है।

गढ़कालिका

उज्जैन की प्रतिष्ठा शक्तिपीठ के रूप में भी है। स्कंदपुराण में यहाँ शक्ति के 24 स्थान गिने गये हैं। गढ़कालिका प्राचीन राजप्रासाद की प्रमुख देवी थीं।

शक्तिसंगम तंत्र में गढ़कालिका का उल्लेख है। महाकवि कालिदास की आराध्या भी यही देवी थीं।

द्वादश ज्योतिर्लिंगों के समान देश के बारह शक्तिपीठों में छठा स्थान गढ़कालिका का है। मंदिर-प्रांगण में 108 दीपों की दीपमालिका है जो आश्विन और चैत्र की नवरात्रियों के उत्सव के अवसर पर प्रज्वलित की जाती है।

विन्ध्वासिनी

गढ़कालिका मंदिर के पास देवी विन्ध्यवासिनी का मंदिर है। देवास मार्ग पर विजासन (विन्ध्वासिनी) की टेकरी है।

मत्स्येंद्रनाथ

नाथ पंथ के योगी मत्स्येंद्रनाथ की समाधि गढ़कालिका के निकट शिप्रा तट पर स्थित है। यहाँ हिंदू-मुसलमान दोनों ही पूजन-अर्चन करते हैं। नाथ सम्प्रदाय में संतों को 'पीर' कहने की वजह से मत्स्येंद्रनाथ को पीर कहा जाता है।

भर्तृहरि गुफा

नाथ भर्तृहरि राजा, दार्शनिक, पंडित, कवि और साधु थे। यह राजा

भर्तृहरि विक्रमादित्य के अग्रज थे। राज्य त्याग कर इसी गुफा में भक्ति की साधना की थी। यह शिप्रा तट पर है। यह गुफा परमार-कालीन स्थापत्य से सम्पन्न है, यहाँ वैशाख शुक्ल अष्टमी से पूर्णिमा तक 'भर्तृहरि उत्सव' आयोजित होता है। गुफा में भर्तृहरि, गोपीचंद, शिवजी आदि की प्रतिमाएँ हैं।

रूमी का मकबरा

मौलाना रूमी का मकबरा भर्तृहरि गुफा के पास है। प्रारंभ में ये एक तुर्की सौदागर थे या एक सेनापति/इंडियन एंटिक्वेटी (खंड-4) में सूफी संत जलाल अलूदीन रूमी की जीवनी और उपदेश का संकलन है।

काल भैरव-विक्रान्त भैरव

अष्ट भैरव में शिप्रा तट स्थित काल भैरव प्रमुख हैं। इनके विशाल मंदिरों का निर्माण राजा भद्रसेन ने करवाया था। वर्तमान मंदिर पुनर्निर्माण या जीर्णोद्धार राजा जयसिंह के काल में हुआ। प्रतिवर्ष भैरव अष्टमी को पूजनोत्सव का आयोजन होता है। इस मंदिर की बस्ती 'भैरवगढ़' कहलाती है। बंद मुख भैरव की प्रतिमा मदिरा पान करती है। यहीं विक्रान्त भैरव भी हैं।

सिद्धवट

सिद्धवट शिप्रा तट पर विभिन्न पक्के घाटों से निर्माण-सम्पन्न है। यह पिन्ड तर्पण का प्रमुख स्थान है। यहाँ कई देवालय हैं। मध्यकाल में इस वट को नष्ट करने के निष्फल प्रयास हुए थे। स्कंदपुराण ने इस 'प्रेतशिला-तीर्थ' कहा है। यह नाथ पंथ का भी पूजा-स्थल है।

कालियादह महल

यह पौराणिक सूर्य का प्राचीन स्थान रहा है। आज भी पूरे क्षेत्र में

मंदिर के अवशेष पाये जाते हैं।

'तावारिख शाही' के अनुसार, 1418 ई. में नासिरुद्दीन खिलजी ने इसे महल का रूप दिया। यहाँ शिप्रा से नहर निकाल कर सेतु, कुंड, निर्झर, छत्रियों, विशाल स्नानागार आदि का भी निर्माण किया गया। महल की गुंबद पारसी वास्तुकला का रमणीय उदाहरण है।

मराठा कला में इस क्षेत्र का पुनरुद्धार हुआ। राजमाता विजयाराजे सिंधिया ने यहाँ पुनः 'सूर्य-प्रतिमा' की प्रतिष्ठा की। यह स्थान उज्जैन का सर्वाधिक रमणीय स्थान है। स्कंदपुराण में इस स्थान को ब्रह्माकुंड कहा गया है। यहाँ 52 कुंडों के होने की भी चर्चा होती है।

ऋण मुक्तेश्वर

शिप्रा तट के इन महादेव के बारे में एक लोक-विचार प्रसिद्ध है कि राजा विक्रमादित्य ने प्रजा को उऋण कर नये संवत्‌की शुरुवात की। उसी उपलक्ष्य में यहाँ 'ऋण मुक्तेश्वर' का यह शिवलिंग स्थापित किया गया है (विक्रम स्मृति ग्रंथ)।

आगिया वैताल

देवधारा शिप्रा तट स्थित यह अग्नि-वैताल विक्रमादित्य का प्रमुख सहायक था। उसके चमत्कारों की 'वैताल-पच्चीसी' व अन्य कथाएँ हैं। यह मंदिर बड़नगर रिंगरोड पर प्रयागेश्वर के समीप है। इसमें वैताल की सिंदूरलिप्त मूर्त्ति हैं।

दुर्गादास की छत्री

दुर्गादास राठौड़ मारवाड़ के इतिहास में बड़े आदर के साथ स्मरण किये जाते हैं। जोधपुर के राजा जसवंत सिंह के ये सेनापति थे और राजकुमार अजीत सिंह के संरक्षक थे। इन्होंने औरंगजेब से संघर्ष किया।

वे वीरता और नि:स्वार्थ सेवा के प्रतीक थे। दुर्गादास की मृत्यु 1718 ई. में रामपुर में हुई। उनकी इच्छानुसार उज्जैन में शिप्रा तट पर उनकी अंत्येष्टि की गई। वहीं उनकी स्मृति में राजपूत-शैली में एक सुन्दर स्मारक 'दुर्गादास की छत्री' बना।

वेधशाला

1725-1730 ई. के मध्य जयपुर के राजा जय सिंह ने ज्योतिष एवं खगोल शास्त्रों के इस महत्त्वपूर्ण केंद्र की स्थापना की। यह आज भी सक्रिय है। यहाँ यंत्रों का निर्माण कर ग्रह-नक्षत्रों के अध्ययन का केन्द्र बनाया गया। विभिन्न यंत्र होने से इसे 'यंत्र महल' भी कहा गया।

1923 ई. में इसका जीर्णोद्धार तत्कालीन महाराजा माधवराव सिंधिया ने करवाया। यहाँ से प्रतिवर्ष *एफेमेरीज* प्रकाशित होती है, जिसमें प्रतिदिन के ग्रहों की दैनिक गति और स्थिति का विवरण होता है।

खगोलिए अध्ययन के लिए यह वेधशाल अत्यंत उल्लेखनीय है। उज्जैन काल गणना का प्राचीन केंद्र था। श्री महाकाल भी काल के देवता हैं। वराहमिहिर जैसे ज्योतिषी भी यहाँ पर हुए। यह भी प्राचीन धारणा है कि यहाँ से कर्क रेखा गुजरती है, इसलिए यहाँ इस खगोलिए तथ्य के स्मारक-स्वरूप कर्कराजेश्वर का मंदिर है।

पुरातत्त्व संग्रहालय

यह पुरातत्त्व संग्रहालय (विक्रम. विवि.) विक्रम कीर्ति मंदिर में स्थित है। इसमें उत्खनन-संबंधी अवशेषों के साथ ही मूर्तियाँ, शिलालेख आदि विपुल संख्या में संग्रहीत हैं।

इसी संग्रहालय भवन में सिंधिया प्राच्य संस्थान है, यहां लगभग बीस हजार विभिन्न भाषाओं और लिपियों में हस्तलिखित ग्रंथ अप्रकाशित हैं।

पास ही बृजमोहन बिड़ला रिसर्च सेंटर है, जो प्राचीन ग्रन्थों के प्रकाशन में संलग्न है।

जैन पुरातत्त्व संग्रहालय जयसिंहपुरा यहीं है, जिसमें बहुत-सी जैन और जैनेत्तर पुस्तकें एवं पांदुलिपियाँ संरक्षित हैं।

चिंतामणि गणेश

चिंतामणि स्टेशन के निकट ऋद्धि-सिद्धि सहित गणेश की इस प्राचीन व भव्य प्रतिमा का उल्लेख 'प्रबंधचिंतामणि' में है। चैत्र मास के प्रति बुधवार यहाँ मेले का आयोजन होता है। परमार-युगीन इस मंदिर का पुनर्निर्माण महारानी अहिल्या ने करवाया था।

त्रिवेणी नौग्रहनाथ शनि मंदिर

शिप्रा-खान नदियों के संगम पर स्थित नौ ग्रहों के इस प्राचीन मंदिर पर शनिवारी अमावस्या को मेला लगता है। यहाँ नौ ग्रहों के नाम से अलग-अलग शिवलिंगों की स्थापना कर उन के मंदिर का निर्माण किया गया है।

जैन मंदिर

जयसिंहपुरा अतिशय क्षेत्र, तपोभूमि, हनुमंत बाग और मणिप्रद धाम भैरवगढ़ भी दर्शनीय स्थलों में हैं। कोठी महल की प्रत्येक शाम की दर्शनीयता विशेष होती है।

अन्य महत्त्वपूर्ण मंदिर

माँ वागेश्वरी, इस्कान मंदिर, शिव-शक्ति आदि उज्जैन के अन्य दर्शनीय स्थलों में अग्रगणिय हैं। इन मंदिरों के निर्माण में प्रयुक्त उच्चस्तरीय स्थापत्य आश्चर्यजनक है।

श्री चार धाम मंदिर

यह हरसिद्धि मंदिर के पास है। स्वामी शांतिस्वरुपानंद गिरी जी महाराज तथा युगपुरुष स्वामी परमानंद गिरी जी महाराज द्वारा इसकी स्थापना की गयी है।

प्रशांति धाम

साईं फाउंडेशन इंडिया द्वारा त्रिवेणी के पास सन् 1999 में इस मंदिर की स्थापना हुई। इस मंदिर के देवता साईं बाबा हैं तथा जिसकी प्राण प्रतिष्ठा पूज्य साईं दास बाबा की दैविक उपस्थित में हुई थी। यह स्थान प्रचूर प्राकृतिक परिवेश में अवस्थित है।

श्री भूखी माता मंदिर

इस महादेवी की विक्रमादित्य से जुड़ी कथाएँ प्रचलित हैं। यहाँ अब भी पशु बलि दी जाती है। दत्त आखाड़े से आगे कर्मराज मंदिर के सामने यह स्थान दर्शनीय है।

श्री गेबी हनुमान मंदिर

ढाबा रोड पर स्थित श्री गेबी हनुमान का मंदिर भक्तों की श्रद्धा का केंद्र है। यहाँ दैत्य संहार कर, हर्ष से हुंकारते आशुतोष श्री हनुमान जी की प्राचीन व विलक्षण प्रतिमा है। इनके दर्शन मात्र से आनंद की अनुभूति होती है।

श्री राम मंदिर

श्री हरसिद्धि देवी के मंदिर से थोड़ी दूर पाटीदार समाज का श्री राम मंदिर है। यहाँ अन्य देवी-देवताओं की प्रतिमाएं भी स्थापित हैं।

अन्य दर्शनीय स्थल

• उज्जैन स्थित महाराजा विक्रमादित्य का बत्तीस पुतलियों वाला राज सिंहासन, 'सलबंजिका सिंहासन' रूद्रसागर के मध्य स्थित है और दर्शनीय है।

• उज्जैन स्थित रामघाट और नरसिंहघाट के मध्य स्थित सिद्ध आश्रम आयुर्वेदिक औषधि और कुण्डलिनी शक्तिपात का अनुसंधान केंद्र है।

• चामुंडा स्थान मीनार के निकट स्थित भारतीय विद्या भवन संग्रहालय अनेक प्राचीन महत्त्व के अवशेषों का दर्शनीय संग्रहालय है।

3

दिव्य शिप्रा

प्राचीनता, पवित्रता एवं पापनाशकता आदि विशेषताओं के कारण प्रसिद्ध 'शिप्रा' सदा स्मरणीय है। ययुर्वेद में इस नदी का स्मरण हुआ है। निरुक्त में भगवान शिव को शिप्रा का जनक माना गया है। इस आध्यात्मिक अवलोकन के अनुसार शिव-नंदिनी शिप्रा शिव व सिद्धी दोनों की वाहिका है।

'शिप्रा' और 'सिप्रा' नाम अग्रिम ग्रंथों में शामिल हैं। कोशकारों ने 'सिप्रा' का अर्थ 'करधनी' भी किया है। यह नदी उज्जैन के सभी ओर से बहने के कारण करधनी-सी प्रतीत होती है। इसे 'क्षिप्रा' भी कहा गया है, जो नाम इसके जल-प्रवाह के अत्यधिाक वेग से प्रभावित है। स्कंदपुराण में शिप्रा नदी का बड़ा माहात्म्य बतलाया गया है।

नास्जि वत्स! महीपृष्ठे शिप्रायाः सदृशी नदी।
यस्यास्तीरे क्षणान्मुक्तिः कच्चिदासेवितेन वै।।

'हे वत्स! इस भू-मंडल पर शिप्रा के समान नदी नहीं है; क्योंकि इसके तट पर कुछ काल, स्मरण, स्नान-दानादि करने से ही मुक्ति प्राप्त हो जाती है।'

शिप्रा की उत्पत्ति के संबंध में अनेक कथाएँ हैं। एक कथा के अनुसार शिप्रा भगवान विष्णु के तीसरे वाराहावतार के हृदय से प्रवाहित

हुई है। एक अन्य मतानुसार शिव के द्वारा विष्णु की अँगुली काटने पर गिरे रक्त से यह नदी के रूप में प्रवाहित हुई।

शिप्रा को पंचगंगाओं में शामिल किया गया है। पंचगंगाओं में एक गंगा शिप्रा भी मान्य है। उज्जैन को 'विष्णु का पद कमल' कहा गया है और गंगा विष्णुपदी हैं इसलिए शिप्रा को गंगा माना गया है।

कालिकापुराण में शिप्रा की उत्पत्ति की एक अन्य कथा है। मेधातिथि द्वारा अपनी कन्या अरूंधती के विवाह संस्कार के समय महर्षि वसिष्ठ को कन्यादान का संकल्पार्पण करने के लिए 'शिप्रासर' का जल दिया गया था, उसी के गिरने से शिप्रा नदी बह निकली।

शिप्रा का अतिपुण्यमय क्षेत्र भी पुराणों में दिखा या है -

शिप्रा सर्वत्र पुण्याऽऽस्ते ब्रह्महत्यापहारिणी।
अवन्त्यां सविशेषेण शिप्रा हयुत्तरवाहिनी।।
सङ्ग.मं नीलगङ्ग.ाया यावद् गन्धवती नदी।
तयोर्मध्ये तुसा शिप्रा देवानामपि दुर्लभा।।

'शिप्रा नदी सर्वत्र पुण्यमयी, ब्रह्महत्या के पाप का निवारण करने वाली, किंतु उज्जैन में उत्तरवाहिनी रुप में और भी विशिष्ट हो जाती है। नीलगंगा के संगम से गन्धवती के बीच की शिप्रा देवों के लिए दुर्लभ है।'

इसीलिए धर्म के महा आस्तिक जगत में शिप्रा के नाम स्मरण के महत्त्व का बखान किया गया है।

शिप्रा शिप्रेति यो ब्रूयाद् योजनानां शतैरपि।
मुच्यते सर्वपापेभ्य: शिवलोकं स गच्छति।।

'सौ योजन (चार सौ कोस) दूर भी यदि कोई, 'शिप्रा' का स्मरण करे तो वह सब पापों से मुक्त हो शिवलोक को प्राप्त करता है।'

पुराण-स्तुत्य शिप्रा म.प्र. के 'महू' नगर से 11 मील दूर स्थित एक पहाड़ी से निकलती है और मालवा क्षेत्र में 120 मील की यात्रा कर चंबल नदी में मिल जाती है। इसका संगम-स्थल, सियावरा, है जो सीतामऊ और आलोट नामक जगहों के बीच 10-10 मील की दूरी पर है। इस जगह शिप्रा अपने प्रवाह की महाप्रचण्डता की गर्जना से चंबल में मिल जाती है।

शास्त्रों में आध्यात्मिक-साधना के लिए नदी तटों को उत्तम माना गया है। ऋषि, मुनि, साधकगण आदि सांसारिक झंझटों से मुक्त रहते हुए ऐसी पवित्र नदियों के तटों पर ही अपने आश्रमादि बनाकर उपासना करते हैं।

स्कंदपुराण के अवंतीखंड में शिप्रा के वर्णन के अतिरिक्त इसके तटों की और तटों पर बसे तीर्थ स्थलों की भी महिमा का बखान किया गया है।

पिशाचमुक्तेश्वर-तीर्थ के समीप शिप्रा मंदिर अतिप्राचीन काल से है। उसका जीर्णोद्धार करके उसकी प्रतिष्ठा वृद्धि की जाती रही है। रामघाट, दत्त अखाड़ा, नृसिंहघाट, शिव, विष्णु, राम, कृष्ण, हनुमान, गायत्री आदि देवताओं के मंदिर शिप्रा के आलोक मे परम दिव्य दिखाई देते हैं।

उज्जैन शिप्रा के पूर्वी तट पर बसा है। ओखलेश्वर में मंगलनाथ तक यह पूर्ववाहिनी है। एवं सिद्धवट और त्रिवेणी में भी स्नान-दानादि का माहात्म्य है।

उज्जैन के धार्मिक समुदाय प्रतिदिन पवित्र शिप्रा में स्नान लाभ करते हैं। तीर्थ यात्री देव-दर्शन से पूर्व शिप्रा-स्नान को प्राथमिकता देता ही है। विशिष्ट पर्वों पर दूर-दूर से आये अनियंत्रित श्रद्धालुओं की भीड़ तथा सिंहस्थ महापर्व पर करोड़ो साधु-संतों तथा तीर्थयात्रियों के शिप्रा-स्नान की झाँकी देखते ही बनती है।

शिप्रा तीनों लोकों में दुर्लभ, प्रेत मोक्षकारी और सिंहस्थ स्नान कर्ताओं के मनोवांछित को पूर्ण करने वाली तीर्थ है। विभिन्न ऋषियों के पूछने पर नारदजी ने भी सिहंस्थ पर्व की महिमा विस्तार से बतलाई है।

शिप्रा नदी में वैशाख मास में स्नानादि करने का माहात्म्य तो है, किंतु मास भर स्नानादि संभव न हो, तो मात्र पाँच दिन स्नान करने से ही सभी पाप नष्ट हो जाते हैं और पूरे मास के स्नान का फल भी मिलता है।

स्नान के लिए विशाल चल-समारोह निकलते हैं। दर्शन, सत्संग, प्रवचन, उपदेश श्रवण और सेवा-शुश्रूषा का लाभ सहज सुलभ हो जाता है।

4

सिंहस्थ महाकुंभ

पुराणों में 'समुद्र-मंथन' का आख्यान बहु-वर्णित है। देव और दानवों की साझेदारी में यह मंथन हुआ था। मूल उद्देश्य 'अमृत-प्राप्ति' था। यह मंत्रणा भी थी कि विश्व की उत्तमोत्तम वस्तुएँ देवों के अधिकार में रहें जिससे उनका वर्चस्व उत्तरोत्तर बना रहे।

पृथ्वी की सभी सर्वोत्तम वस्तुएँ उनके अधीन थीं, किंतु संपुर्ण भूमंडल को वेष्टित कर असीम जलराशि के अधिपति रत्नाकर-समुद्र के वैभव की गवेषणा एवं रत्नों की उपलब्धि की लालसा के साथ ही 'अमृत' की उपलब्धि की प्राप्ति को ले सभी चिंतातुर थे।

अतिशक्तिशाली देव-वर्ग और दानव-वर्ग में अमृत प्राप्ति के लिए अदम्य उत्साह था, किंतु समुद्र की खोज और अमृत की प्राप्ति कोई साधारण कार्य नहीं था। अतः सर्वप्रथम परस्पर मैत्रीपूर्वक संगठन हुआ। श्रम के लिए दोनों वर्ग कटिबद्ध हुए।

भगवान विष्णु ने कूर्म बनकर पीठ पर मंदराचल को मथनी के रुप में धारण किया। सर्पराज वासुकि रस्सी बने। उनके मुख-भाग को दानवों ने तथा पुच्छ-भाग को देवगणों ने थाम मंथन आरंभ किया।

संगठन और श्रमपूर्वक मंथन से समुद्र से क्रमशः रत्न प्राप्त होने लगे। अंतः अमृत-कलश भी आया।

तत्पश्चात् अमृत के वितरण की बारी आई तो दोनों वर्ग ने उसे हड़पने के विचार करने लगे। देवराज इंद्र ने अपने युवा पुत्र जयंत को अमृत-कलश लेकर भागने का संकेत दिया। जयंत को कलश लेकर भागते देख दानवों को देवताओं की चाल समझ में देर नहीं लगायी। परिणामस्वरुप देव-दानवों में भंयकर संग्राम छिड़ गया। यह देवासुर संग्राम देवताओं के 12 दिन अर्थात् मनुष्य के 12 वर्षो तक चला था।

इन 12 वर्षों के भीषण संग्राम में जयंत चार स्थानों पर दानवों की पकड में आया। आपसी संघर्ष में अमृत की कुछ बूंदें इन्हीं चार स्थानों – प्रयाग, नासिक, उज्जैन और हरिद्वार पर गिरी थीं। अमृत-कलश के हरण के लिए दानवों ने संपूर्ण शक्ति लगा दी, किंतु देवताओं के संगठन एवं युक्ति ने उनको सफल नहीं होने दिया। सभी देवों में चंद्र, सूर्य और गुरु का अमृत-कलश के संरक्षण में विशेष सहयोग रहा। चंद्र ने कलश को गिरने से, सूर्य ने फूटने से तथा बृहस्पति गुरु ने अमृत को दानवों के हाथों में जाने से बचाया था।

इन तीनों ग्रहों की विशिष्ट स्थिति में उपर्युक्त चारों स्थानों पर अमृत-बिंदु गिरने से ये स्थान/तीर्थ अमरत्व को प्राप्त हो गये। यहाँ बहने वाली नदियाँ – त्रिवेणी (गंगा, यमुना और सरस्वती), गोदावरी, शिप्रा और गंगा अमृतमयी बन गईं। खगोलिए दृष्टि से इन तीनों ग्रहों की विशिष्ट स्थिति पर उपर्युक्त चारों तीर्थों में पर्व मनाने की परंपरा चली आ रही है।

इन पर्वों को मनाने के लिए शास्त्रों में समय-निर्देश दिया गया है। यथा–

सूर्येन्दु-गुरु-संयोगस्तद्राशौ यत्र वत्सरे।
सुधाकुम्भ-प्लवे भूमौ कुम्भो भवति नान्यथा।।

देवानां द्वादशाहोभिर्मर्त्यैर्द्वादिशवत्सरैः।
जायन्ते कुम्भपर्वाणि तथा द्वादश-सङ्ख्यया।।

तत्राधुना तु ये नृणां चत्वारों भुवि भारते।
अष्टौ लोकांतरे प्रोक्ता देवैर्गम्या न चेतरैः।।

पृथिव्यां कुम्योगस्य चतुर्धा भेद उच्यते।
विष्णुद्वारे तीर्थराजेऽवन्त्यां गोदारीतटे।

सुधाबिन्दु विनिक्षेपात् कुम्भपर्वेति विश्रुतम्।।

'जिस वर्ष सूर्य, चंद्र और गुरु का उस अमृत-पतन की काल-राशि पर संयोग होता है, तभी पृथ्वी पर कुंभ पर्व का आयोजन होता है, अन्यथा नहीं।'

'देवताओं के 12 दिन और मनुष्यों के 12 वर्ष में बारह कुंभ पर्व होते हैं। उनमें चार मनुष्यों के कालानुसार भारत में होते हैं। शेष आठ लोकान्तर में, जिन्हें देवगण ही जानते हैं, अन्य नहीं।'

'पृथ्वी पर कुंभ के चार स्थान हैं, हरिद्वार, प्रयाग, अवंतिका (उज्जैन) एवं गोदावरी-तट (नासिक-त्र्यंबक)। यहाँ अमृत बिंदुओं के गिरने के कारण कुभ पर्व का आयोजन होता है।'

सूर्येन्दु-गुरु संयोग विशेष स्मरणीय है, क्योंकि सूर्य-चन्द्र योग तो प्रतिवर्ष उपलब्ध हो जाते हैं, परंतु गुरु प्रायः 12 वर्ष में ही।

चारों तीर्थों में कुंभ पर्व के लिए गुरु, चन्द्र और सूर्य की राशियाँ भी निर्दिष्ट की गई हैं:

यदि माघ अमावस्या को सूर्य और चंद्र मकर राशि में हों तथा वृषभ का गुरु हो तो कुंभ पर्व प्रयाग में होता है।

यदि कुंभ राशि के गुरु में मेष के सूर्य कमा लग्न हो तो हरिद्वार कुंभ पर्व होता है।

यदि सिंह राशि के गुरु में सिंह राशि का सूर्य हो तब नासिक में कुंभ पर्व का आयोजन होता है।

यदि सिंह राशि के गुरु में मेष का सूर्य आये तो उज्जैन में (सिंहस्थ) कुंभ पर्व मनाया जाता है।

इसी प्रकार चारों तीर्थों के पूर्ण कुंभ तथा अर्द्ध-कुंभ योग इस प्रकार निर्दिष्ट है-

माघ अमावस्या में मकर राशि के सूर्य तथा चंद्र में मेष या वृष राशि का गुरु होने पर प्रयाग में पूर्ण कुंभ तथा माघ अमावस्या में मकर राशि के सूर्य चंद्र के साथ तुला अथवा वृश्चिक राशि में गुरु होने पर अर्द्ध-कुंभ का मुहुर्त्त उपलब्ध होता है।

कुंभ राशि के गुरु में मेष राशि के सूर्य होने पर हरिद्वार में पूर्ण कुंभ तथा कुंभ राशि के गुरु में सप्तम सिंह राशि के दिन अर्द्ध-कुंभ का लग्न उपलब्ध होता है।

श्रावण में सिंह राशि के सूर्य-गुरु संयोग में नासिक पूर्ण कुंभ होता है- तथा यहाँ अर्द्ध-कुंभ नहीं होता है।

सिंह राशि से सप्तम राशि कुंभ राशि के कुंभ में मेष राशि का सूर्य हो तब वैशाख मास में उज्जैन में पूर्ण सिंहस्थ-अर्द्ध-कुंभ का लग्न उपलब्ध होता है।

पुराण के अनुसार, 'कार्तिक में हजार बार, माघ में सैकड़ों बार तथा वैशाख में करोड़ बार नर्मदा में स्नान करने से जो फल प्राप्त होता है, वह फल कुंभ पर्व में एक स्नान से प्राप्त होता है।'

'सौ अश्वमेघ यज्ञ, हजार राजसूर्य तथा भूमि की एक लाख प्रदक्षिणा करने से जो फल प्राप्त होता है, वह फल कुंभ पर्व में स्नान करने से प्राप्त हो जाता है।'

मास-विशेष के आधार पर भी भिन्न-भिन्न स्थानों पर स्नान के भिन्न फल बतलाये गए हैं-

'माघ में प्रयाग में, कार्तिक में पुष्कर में और वैशाख मास में अवंतिका का स्नान युगों से अर्जित पाप का नाश कर देता है।'

इन पर्वों में स्नान-दानादि कर पुण्य लाभ का कारण - अमावस्या, व्यतिपात, वैधृत योग, ग्रहण, सिंह का गुरु आदि कठिन काल का होना हैं। ये दिन मांगलिक कार्यों के लिए उत्तम नहीं माने जाते, तथापि इन दिनों में किए गए स्नान-दानादि अनंत पुण्यप्रद कहे गये हैं। अतः यह समय कुयोग में सुयोग है। धर्माचरण दुखों के अमांगलिक अवधि का नाश कर देता है।

स्कंदपुराण में सिंहस्थ-पर्व का माहात्म्य बतलाने के लिए एक कथा भी वर्णित है। एक बार भगवान शिव से माता पार्वती ने परम पुण्यतीर्थ, गोपनीय क्षेत्र, भुक्ति और मुक्ति को देने वाले उत्तम क्षेत्र के बारे में पूछा। उत्तर में शिवजी ने महाकालवन और अवंती क्षेत्र का जिक्र किया। शिप्रा के दर्शन और स्नान, सिंह राशि के गुरु में मेष का सूर्य और तुला का चंद्र, स्वाती नक्षत्र एवं सिद्धि योग (पंचात्म योग) में स्नान-दानादि का माहात्म्य सभी क्रिया को सफल बनाने वाला कहा गया है। कुरुक्षेत्र, काशी और प्रभास क्षेत्र से भी अधिक महिमा शिप्रा का है।

सिंहस्थ में स्नान का बहुत माहात्म्य है। विद्याहीन चाटूकार चरित्रहीन, भ्रष्ट, दुष्ट, नास्तिक, अत्याचारी देव, गुरु एवं ब्राह्मण का अपमान करने वाला भी यदि पर्व के समय स्नान करता है तो उसके सभी पापों का नाश हो जाता है।

शिप्रा तीनों लोकों में दुर्लभ, प्रेत मोक्षकारी और सिंहस्थ स्नान कर्ताओं के मनोवांछित को पूर्ण करने वाली तीर्थ है। विभिन्न ऋषियों के पूछने पर नारदजी ने भी सिहंस्थ पर्व की महिमा विस्तार से बतलाई है।

शिप्रा नदी में वैशाख मास में स्नानादि करने का माहात्म्य तो है, किंतु मास भर स्नानादि संभव न हो, तो मात्र पाँच दिन स्नान करने से ही सभी पाप नष्ट हो जाते हैं और पूरे मास के स्नान का फल भी मिलता है।

स्नान के लिए विशाल चल-समारोह निकलते हैं। दर्शन, सत्संग, प्रवचन, उपदेश श्रवण और सेवा-शुश्रूषा का लाभ सहज सुलभ हो जाता है।

यह महापर्व अति प्राचीन काल से मनाया जाता रहा है, इसका प्रमाण महर्षि सान्दीपनि से संबंधित एक आख्यान से प्राप्त होता है।

उज्जैन में उपास्य देवों और तीर्थ-स्थलों के साथ ही कुछ महत्त्वपूर्ण महापुरुषों के नाम भी चिरस्मरणीय हैं। इनमें महर्षि सान्दीपनि का नाम सर्वोपरि है।

सांदीपनि मूलतः काशी के निवासी थे। इनके पिता का नाम संदीपन था। द्वापर में तीर्थ यात्रा एवं पर्व स्नान के लिए ये यहाँ पधारे थे। दैव योग से यहाँ सिंहस्थ-पर्व के उन दिनों में ग्रीष्म की अधिकता एवं अनावृष्टि के कारण अकाल पड़ा था।

अनेक मुनियों, संतों और साधु-महात्माओं के समूह भी यहाँ पधारे थे, किंतु महर्षि सान्दीपनि की प्रखर तेजस्विता एवं तपोनिष्ठता से यहाँ का जन-समुदाय उन पर सहसा आकृष्ट हुआ तथा उसमें अपनी अपेक्षाओं की पूर्ति का विश्वास उदित हुआ। उन्होंने अपने और इस प्रदेश के निवासियों का कष्ट महर्षि को बतलाया।

महर्षि ने लोक-कल्याण की दृष्टि से दया करके घोर तपस्या की और भगवान महाकाल की अनुकंपा से यहाँ का, इस प्रदेश का और मानव मात्र के कल्याण का वरदान पाया। भगवान शिव ने उन्हें यह आदेश दिया कि वे यहीं निवास करें और विद्यादान द्वारा भावी पीढ़ी को ज्ञान विज्ञान की शिक्षा देकर विश्वकल्याण के लिए अग्रसर बनायें।

महर्षि सान्दीपनि यहाँ बस गए। शिक्षार्थियों को प्रशिक्षित करने के लिए आश्रम बना और उसी में दूर-दूर स्थानों से आकर शिष्यों ने ज्ञान प्राप्त किया। ईश्वर संहिता के पैंतीसवें अध्याय में महर्षि सांदीपनि के संबंध में यह कहा गया है। यहाँ मुनि सांदीपनि के प्रभाव से सुभिक्ष हो गया और यहाँ के निवासी वैभवशाली हो गये।

महर्षि सांदीपनि के बारे में पुराणों में और भी कथाओं का उल्लेख हुआ है, जिनमें उनको योगविद्या, शस्त्रास्त्रविद्या और अन्याय बहुत-सी रहस्य विद्याओं का ज्ञाता बतलाया है। गर्गसंहिता, ब्रह्मपुराण और अन्य पुराणों में ऐसी अनेक विद्याओं के और भी उल्लेख प्राप्त होते हैं, जिन्हें श्रीकृष्ण और बलराम ने इनसे प्राप्त किया। मुनि सांदीपनि से संबद्ध कतिपय स्तोत्र भी प्राप्त होते हैं।

सान्दीपनि के निकट रहते हुए श्रीकृष्ण, बलराम और सुदामा आदि शिष्यों ने ऋग, यजु, साम और अथर्ववेद, शिक्षा, कल्प, व्याकरण, छन्द, ज्योतिष, वेंदाग, मंत्र, दैपत-ज्ञान, धर्मशास्त्र, न्यायशास्त्र, राजनीतिशास्त्र, सन्धि-विग्रह, यान, आसन, द्वैद्ध तथा आश्रय आदि सहित हस्तिशिक्षा, अश्वशिक्षा एवं समस्त कलाओं के साथ लेखा, गणित, गंधर्ववेद और वैद्यक शास्त्र की शिक्षा प्राप्त की थी। शस्त्र विद्या, अस्त्र विद्या तथा रहस्य सहित धनुर्वेद विद्या का ज्ञान भी श्रीकृष्ण ने महर्षि से प्राप्त किया।

अखण्ड ब्रह्मचर्य का पालन करते हुए गुरुवर सांदीपनि ने श्रीकृष्ण और बलराम को गायत्री मंत्र और अन्य मंत्रों का उपदेश भी दिया और उपासना-पद्धति के अनुसार प्राप्त मंत्रों की साधना पायी। एक सौ छब्बीस दिन की स्वल्प अवधि में इन शिष्यों द्वारा उपर्युक्त सभी विद्याओं का सांगोपांग अध्ययन पूर्ण कर लेने का तथ्य भी पुराणों, संहिताओं और अन्य ग्रंथों में पाया जाता है।

5

तंत्र

'उज्जैन' तंत्र का ही एक पर्यायवाची नाम हैं। 'उज्जैन' श्री महाकाल तंत्र योजना का नाम है।

'तंत्र' का एक अर्थ, 'शिव-शक्ति की पूजा का विधान करने वाला शास्त्र' है। इस अर्थ के अनुसार लगभग पूर्णतः भगवान श्रीमहाकाल की पूजा के विधान को 'तंत्र' कहा जा सकता है। तंत्र का ही पर्यायवाची शब्द आगम है। तंत्रों के प्रथम प्रवक्ता भगवान शिव-महाकाल को कहा जाता है।

तंत्र परमात्मा की साधना में उपयोगी हैं तथा प्रकृति एवं परमात्मा को अपने अनुकूल बनाने के साधन हैं। भगवान महाकाल की तान्त्रिक साधना और अर्चना शास्त्रों में बहुधा वर्णित है। उज्जैन में सिद्ध पीठ होना भी महत्त्वपूर्ण है। प्राचीन काल से ही यहाँ सिद्धों का वर्चस्व और निवास रहा है। साधना के लिए सर्वप्रथम उपयुक्त स्थल के चुनाव का महत्त्व है। सिद्ध भूमि, पवित्र नदी, वनआदि तंत्र-साधना में अति सहायक माने गए हैं।

स्कंदपुराण में कहा गया है कि श्मशान, ऊसर, क्षेत्र, पीठ और वन—ये पाँचों महाकाल-वन के अतिरिक्त अन्यत्र कहीं उपलब्ध नहीं हैं।

भगवान महाकाल की उपस्थिति से ही 'महाकाल-वन' परम-पवित्र और सिद्ध क्षेत्र बना है, और यहीं श्मशानादि की भी स्थिति होने से इस क्षेत्र का महत्त्व बढ़ गया है। तंत्रशास्त्र के अनुसार, कलियुग में तंत्रोक्त उपासना ही शीघ्र फलदायी होती है। यही कारण है कि हमारे सभी कर्म-संध्या, जप, पूजा और यज्ञादि अनुष्ठान तंत्र के निर्देश से साथ ही संपन्न होते हैं। 'बुद्धिमान साधक कलिकाल में तंत्रक्ति विधि से देवताओं की पूजा करें।'

'प्रवृत्ति' और 'निवृत्ति' दो तंत्र साधना के मार्ग हैं। दीक्षा ग्रहण के पश्चात ही किसी साधना में प्रवेश करने का शास्त्रादेश है। गुरु जिस मार्ग का अनुसरण करते हैं, उसी का दीक्षित भी अवलम्बन करते हैं।

आगम शास्त्रों के अनुसार, तान्त्रिक साधना में स्वेच्छाचार का कोई स्थान नहीं है।

शैव, शाक्त, गाणपत्य, वैष्णव, सौर, भैरव, योगिनी आदि सभी प्रकार के देवी-देवताओं के साधक उज्जैन में कालों से रहते आए हैं। संक्षेप में, उज्जैन सभी खगोलिय एवं भौगोलिक विशेषताओं के साथ ही मानवीयता के एक ऐसे साहचर्य के वातावरण को प्रस्तुत करता है, जिसमें तंत्र जैसा कठिन योग की साधना संभव हो पाती है। प्रसंगवश, जैन धर्म ने उज्जैन को अतिशय क्षेत्र कहा है। पृथ्वी की गुरुता इस जगह अति सघन है।

शैव संप्रदाय पूरा उज्जैन को शैव क्षेत्र मानता है। नर्मदा तथा ओंकारेश्वर और सिप्रा तथा श्रीमहाकाल का सम्मिलित प्रभाव शैव मत के विस्तार में प्रेरक रहा है। शैव उपासना में वैदिक तथा तांत्रिक दोनों ही विधियों का उपयोग किया जाता है। वैदिक मंत्र संहिताओं से चयनित मंत्र संग्रह, रूद्राष्टाध्यायी, रूद्रसूक्त, महामृत्युंजय-मंत्राराधना आदि, साथ ही तंत्र-प्रक्रिया से अभिषेक आदि धार्मिक कृत्य शैव पूजन-विधि तथा साधना-विधि में शामिल हैं।

भगवान शिव समस्त तंत्रागमों के सर्जक एवं प्रवक्ता हैं। शिव भगवती के आग्रह पर लोककल्याण के लिए ही तंत्र का प्रवचन करते हैं। शक्तिसंगम तंत्र में शैव साधकों के सात प्रकार बतलाये गए हैं- शिखी, मुंडी, जटी, द्विदंडी, त्रिदंडी, एकदंडी और वीरशैव। इन साधकों की साधना दक्षिण और वाम दोनों पद्धतियों से होती है। उज्जैन में ऐसे शैवों का निवास रहा है।

शैव साधना सरल और कठिन होती है। शिव का नामोच्चारण तथा जल चढ़ाकर फूल-पत्तियों से पूजा करना सरल है। वैदिक और तांत्रिक विधियों से उपासना करना कठिन है।

तंत्र-शास्त्रों में यह स्पष्ट निर्देश है कि शिव के बिना शक्ति और शक्ति के बिना शिव की उपासना कदापि नहीं हो सकती। शक्ति-उपासक को शिव की और शिव-उपासक को शक्ति की गौणरुप से उपासना करनी चाहिए। उज्जैन के तांत्रिक उपासक 'भगवान महाकाल' और 'भगवती काली' की तांत्रिक साधना करते रहे हैं। उज्जैन स्थित प्राचीन मंदिरों की श्रृंखला और उनके क्रम एक तांत्रिक माहौल का सृजन करते है-तंत्र के इस महाविवेक से उज्जैन में पूजा एवं तंत्र को फलदायी बनाया है एवं साधक की आध्यात्मिकता सघन को प्रदीप्त हो जाती है।

तंत्र क्रिया है, एक तरीका है किसी निश्चित बिन्दु तक पहुँचने का इस तरह का तंत्र एक कुँजी है किसी कोश को खोल उसके कल्याण से लाभान्वित होने का। तंत्र पद्धति है पूजा की, मंदिर निर्माण, मूर्त्ति स्थापना एवं प्राण-प्रतिष्ठा की। तंत्र धर्म-विज्ञान है जो धर्म के अवलोकन को प्राप्त करता है। तंत्र स्वयं धर्म नहीं, धर्म द्वारा निर्मित वह साधन है जिसनें आम जन लाभान्वित हो प्राण की महानता को सरलता से प्राप्त कर सकें। तंत्र सृष्टि के किसी ईकाई-सत्य तक धार्मिक चेतना द्वारा जाने की आज्ञा देता है। इस आज्ञा का आध्यात्मिक पालन व प्रक्रिया तंत्र है। और तंत्र शक्ति है जो वृत्तीय है, तंत्र शक्ति-सृजन है।

तांत्रिक यह भली-भाँति जानते हैं कि श्री शिव और भैरव दोनों एक हैं। भगवान 'रूद्र' ही 'भैरव' हैं। शिव का रौद्ररुप भैरव का रुप है। शक्तिसंगम-तंत्र (के अनुसार) भैरव की उत्पत्ति समस्त देवताओं के तेज से हुई है। शिव-पुराण में भैरवावतार की कथा है। ब्रह्मा के गर्व को दूर करने के लिए शिव ने क्रूद्ध होकर जिस भीषण पुरुष को उत्पन्न किया और जिसने अपने नख से ब्रह्मा का पाँचवा सिर काट लिया था, वे ही भैरव, कालभैरव आदि नाम से प्रसिद्ध हुए। तंत्रशास्त्रानुसार दस महाविद्याओं के दस भैरव माने गये हैं, जैसे-महाकाली के महाकाल भैरव, तारा के ताराभैरव, बाल-भुवनेश भैरव बाला भुवनेशी के श्री विद्या के, षोडश श्रीविद्येश, भैरव-भैरव भैरवी गिरिजा के, छिन्नमस्ताक छिन्नमस्क भैरव के, धूमावती के, बगलामुखी के बगलामुख-मृत्युंजय भैरव, मातंग भैरव मातगी के और कमला के कमल भैरव।

ऋषि कश्यप और सुरभि के पुत्र एकादश रूद्र भी भैरव के रुप में ही पूजे जाते हैं। कूर्मपुराण, स्कन्दपुराण, ब्रह्मवैवर्तपुराण आदि में भैरव के अवतारों की कथाएँ हैं, जिनसे उनकी उपासना के निर्देश प्राप्त होते हैं। महाकाल की आराधना के साथ ही तांत्रिक यहाँ अष्ट भैरवों में से किसी एक की विशिष्ट उपासना करते हैं- दण्डपाणि, विक्रान्त, महाभैरव, क्षेत्रपाल, बटुक, आनंद, गौर तथा कालभैरव। कालभैरव तथा विक्रांत भैरव के प्रति तांत्रिक भक्तों का अधिक आकर्षण देखने को मिलता है। ये स्थान सिद्ध पीठ के रुप में आज भी विख्यात हैं।

हमारे पूजा-विधानों में किसी पूजा कर्म के आरंभ में भगवान भैरव को प्रणाम कर उनसे आज्ञा लेने का आदेश है।

'तीखी दाढ़ी वाले, महाकाल तथा प्रलयकाल की अग्नि के समान आप श्री भैरव को नमस्कार है। आप हमें आज्ञा देने की कृपा करें।'

तंत्र अपने उच्च स्तर पर 'उपासना' अथवा 'भक्ति' का मार्ग है।

साधक शास्त्र एवं गुरु परंपरा को अनुसरण कर यौगिक क्रियाओं द्वारा आध्यात्मिक शक्तियों एवं परमात्मा की प्राप्ति यहाँ करते हैं।

भगवान भैरव पूजा, उपासना, यज्ञ आदि में विघ्नों से भक्तों की रक्षा करते हैं।

'हाथ में खप्पर लिए, कुण्डलधारी, दण्डपाणि, घने अंधकार के समान नीले, सर्प यज्ञोपवीत पहने, यज्ञ-पूजा आदि के विध्नों के नाशक तथा साधकों को सिद्धि देने वाले बटुकनाथ की जय हो।'

शक्ति की उपासना तंत्र-शास्त्रों में प्रधानता को प्राप्त है। प्रत्येक देव की अपनी शक्ति है- जैसे शिव की शैवी, विष्णु की वैष्णवी। आदि शंकराचार्य ने 'सौंदर्य लहरी' में 'शक्ति' के बिना 'शिव' को 'शव' कहा है। तंत्रशास्त्रों के अनुसार, केवल शाक्त मंत्र का जप शैव मंत्र के सहयोजन के बिना पर्याप्त जप के पश्चात् भी सिद्धिप्रद नहीं होता। अतः साधकों को भैरवों से अर्चित शक्तियों की सदा सेवा-पूजा करनी चाहिए।

उज्जैन के साधक महाकाल शिव की उपासना के साथ ही भगवती हरसिद्धि आदि की उपासना भी अवश्य करते हैं।

श्री महाकाल मंदिर के समीप ही माँ हरसिद्धि का पीठ है। यह पीठ सती के शव से गिरे 'कुहनी' के कारण एक सिद्ध शक्तिपीठ माना जाता है। तंत्रचूड़ामणि के अनुसार यहाँ सती-का नाम माँगल्य-चण्डिका और शिव का नाम कपिलाम्बर है। इस पीठ पर कवच मंत्रों की सिद्धि की जाती है। पीठ की प्रमुख देवी 'हरसिद्धि' हैं। 'शिवपुराण' के अनुसार, यहाँ श्रीयन्त्र की पूजा होती है। हरसिद्धि देवी उज्जैन के वीर राजा विक्रमादित्य की आराध्या थीं और वे प्रतिदिन माता की उपासना करते थे। महाकाल-संहिता के अनुसार उज्जैन की 'हरसिद्धि देवी' का स्थान अति सिद्ध पीठ है।

गौरतलब है कि शक्तिपीठ एक ऐसे चरम शक्ति/गुरुतापूर्ण स्थान

को कहते हैं, जहां आत्मा शक्ति की उच्चता के वातावरण को या अपनी महाकलाओं को प्राप्त करती है। ये शक्तिपीठ वास्तव में वे विद्यालय हैं जहां चरम अनुशासन में साधक की आत्मा को तांत्रिक प्रक्रिया विधि पूर्वक उसकी महानता सौंपी जाती है। संक्षिप्तः जहाँ ज्योतिष एवं तंत्र विद्याओं का अध्ययन-अध्यापन होता है, वह शक्तिपीठ है। सिद्ध शक्तिपीठ- विशेष तंत्र, तांत्रिक सिद्धी में स्थान विशेष के कारण शीघ्रता, विशेष अध्यापन-पद्धति, तंत्र-प्रयोगशाला, साधना परिणामों की अधि कता, तांत्रिक आचार्यों की श्रेष्ठता आदि है।

शक्ति उपासना में श्रीचक्र-श्रीयंत्र की उपासना का महत्त्व सर्वाधिक माना गया है।

कामधेनु-तंत्र में भगवती काली को परब्रह्म कहा गया है, वह काल का ग्रसन करने से काली कहलाती हैं।

उज्जैन में 'गढ़कालिका' की उपासना दक्षिणाचार से होती है जिसे पाशवकल्प कहते हैं।

'काली' की 'सृष्टिकाली (प्रातः), स्थितिकाली (मध्याह्न), संहारकाली (सांध्य), अनाख्याकाली (प्रदोष कालोत्तरकाल) तथा भासाकाली (मध्यरात्रि के पश्चात् का काल) जैसे रूप की भी साधना होती है। गढ़कालिका का स्थान 'कामकला दक्षिणकाली' का पीठ है। कामकला-काली ही 'अनिरूद्धसरस्वती' तथा 'विद्यराज्ञी' भी हैं।

'करालमुख, घोर, मुक्तकेश, चतुर्भुजा और मुंडमाला के आभूषणवाली दिव्य स्वरुप दक्षिणकालिका का हम ध्यान करते हैं।'

श्री महाकाल भगवती गढ़कालिका (कामकला- दक्षिणकाली) के भैरव (स्वामी) हैं। स्कंदपुराण के अनुसार, महाकालवन में अंधकासुर युद्ध में काली एवं महाकाली ने शिव को सहयोग दिया था। 'दुर्गा सप्तशती' में महाकाली, महालक्ष्मी और महासरस्वती का चरित वर्णित

है। गढ़कालिका के मंदिर में भगवती कालिका, महालक्ष्मी और महासरस्वती की प्रतिमाएं स्थापित हैं।

हरसिद्धि और गढ़कालिका मंदिरों में दुर्गापाठ की प्राचीन परंपरा है। दुर्गापाठी साधक पाठ कर भगवती की कृपा प्राप्त करते हैं। नवरात्रि के पर्वों पर यहाँ विशेष पूजा तथा पाठादि के महोत्सव आयोजित होते हैं।

'चौसठ योगिनी' और 'नगरकोट की रानी' का भी तान्त्रिक दृष्टि से महत्त्व है। कार्तिक कृष्ण चतुर्दशी की रात यहाँ श्मशान-सिद्धि के लिए तांत्रिक-साधकों की गतिविधियाँ तेज हो जाती हैं।

पंचदेवों की उपासना में महागणपति की उपासना का भी विधान है। ये विघ्न निवारक एवं ऋद्धि-सिद्धि के दाता हैं। गणपति उपासना अनेक रुपों में होती है। गणपति की पूजा का महत्त्वपूर्ण स्थान है। तन्त्र ग्रंथों में गणपति के नाम, स्वरुप, ध्यान एवं मंत्र निर्दिष्ट हैं।

उज्जैन में पुराणों में चर्चित षड्विनायकों की स्थापनाएँ हैं, इन मंदिरों में श्री गणेश की तांत्रिक उपासना प्रचलित है। ये षड्विनायक हैं-मोदी-विनायक (महाकाल मंदिर स्थित), प्रमोदी विनायक (रामघाट स्थित), सुमुख विनायक (गढ़कालिका स्थित), दुर्मुख विनायक (अंकपात समीप), अविध्न विनायक (खिरकी अरवाड़ा) तथा विध्न विनायक चिन्ताान्मण-गणेश इच्छामन गणेश भी अत्यंत प्रसिद्ध हैं।

तंत्र के निर्देशानुसार, उपासना-सत्र में गुरु के पश्चात् श्री गणेश की पूजा का विधान है। दक्षित साधक गणपति की प्रतिकात्मक आह्वान के अपने आराध्य या आराध्या की साधना करते हैं। परंतु स्वतंत्र साधक विनायक की तान्त्रिक पद्धति से विशेष उपासना करते हैं। वे उाष्ट् गणपति के विविध रुपों की साधना के साथ ऋद्धि-सिद्धि, शुभ-लाभ तथा मूषक की समष्टि-साधमा भी करते हैं। (गणेश तर्पण) और मोदक के प्रेमी हैं, अत: तर्पण, मोदकार्चन आदि रूप में गणपति की तांत्रिक

उपासना का प्रचलन है। उज्जैन में गणपति की तांत्रिक उपासना का विशेष आकर्षण है।

तांत्रिक उपासना के लिए आम्नाय के अनुसार सर्वप्रथम गणपति का मंत्र ग्रहण, तत्पश्चात् ध्यान और पूजा-विधि के अनुसरण की विधि आती है। मेरुतंत्र में गणपति के एकाक्षर मंत्र का विभिन्न आम्नायों में विभिन्न रुप दिखाया गया है। वैदिक आम्नाय में 'ग', दक्षिणआम्नाय 'ग', पूर्वाम्नाय-गः, पश्चिमाम्नाय, उर्ध्वाम्नाय-गौं, अधराम्नाय-गो और उत्तराम्नाय 'ग्लों'।

भगवान विष्णु और उनके अवतारों की उपासना तंत्र-परंपरा अति प्राचीन है। तंत्र साधक तांत्रिक उपासना में विष्णु-महालक्ष्मी, राम-सीता तथा कृष्ण-राधा के विविध रूपों की युगल या स्वतंत्र प्राचीनकाल से साधना करते हैं।

उज्जैन में वैष्णवों की प्रमुख शाखाओं के अनुयायी और देवस्थान हैं।

'शक्तिसंगम तंत्र' में वैखानस, राधावल्लभ, गोमुलेशी, वृन्दावनी, पंचरात्र, वीरवैष्णव, रामानंदी, हरिव्यासी, निम्बार्क और भागवत ये दस वैष्णव तंत्र-मार्ग बताए गए हैं।

तंत्र के प्रमुख विषय ज्ञान, योग, क्रिया और चर्या हैं। वैष्णव आगमों में इन्ही विषयों के अंतर्गत परमतत्त्व, मुक्ति, भक्ति, योग आदि के माध्यम से महाविष्णु की शक्तियों को प्राप्त करने के विधान के निर्देश हैं। ॐ नमो नारायणाय और ॐ नमो भगवते वासुदेवाय आदि मंत्र तंत्र की दृष्टि से वैष्णव तांत्रिक साधना में अत्यंत महत्त्वपूर्ण हैं।

वैष्णव नृसिंहोपासना का भी तान्त्रिक-विधान आगमों में वर्णित है। रामानुज-संप्रदाय के अनुयायी लक्ष्मी-नृसिंह की तांत्रिक पूजा करते हैं। भगवान नरसिंह की प्रतिमा 'हिरण्यकशिपु के वक्ष को चीरते हुए'

उग्ररूप में होती हैं। नृसिंह को तंत्र में 'मृत्यु-मृत्यु' तथा 'उग्रवी' कहा गया है। शक्ति-परम्परा में 'नृसिंह-सुन्दरी' की उपासना में श्रीनृसिंह मन्त्र और शक्ति मंत्र का संयोजन होता है। भगवान नृसिंह अत्यंत ही दयालु हैं वे भक्त की प्रार्थना की प्रतीक्षा किये बिना ही स्वयं रक्षार्थ पधारते हैं। भक्त प्रह्लाद अपनी भक्ति-भाव में अपने नास्तिक पिता हिरण्यकशिपु के अत्याचार सहते रहे, पर रक्षा के लिए कभी भगवान विष्णु का आह्वान नहीं किया। पर, महाविष्णु अपने सबसे भयंकर अवतार में प्रकट हो अपने भक्त के सारे कष्टों का नाश कर दिया। ऐसे कृपालु नृसिंह की अनुकंपा आवश्यक है।

सूर्य की तंत्र उपासना का विधान है। शारीरिक रोगों से छुटकारा पाने के लिए सूर्य उपासना का महत्त्व है। सूर्य भगवान विष्णु के रुप में, नवग्रहों में, और प्रत्येक पूजोपासना में पूज्य हैं। 'गायत्री मन्त्र' सूर्य देव का आह्वान करते हुए बुद्धि को उत्तम कर्म में प्रेरित करने की प्रार्थना है। इस अत्यन्त महत्त्वपूर्ण मन्त्र की उपासना तांत्रिक विधि से की जाती है।

द्वादश सूर्य की तांत्रिक पूजा दक्षिणाम्नाय से होती है। 'वरुण, सूर्य, भानु, इंद्र, रवि, गभस्ति, यम, स्वर्णरेता, दिवाकर, मित्र, विष्णु और आदित्य-सूर्य के बारहों भेदों का समष्टिरूप 'मार्तण्ड भैरव' हैं। तंत्रोपासना में इन्हीं को अधिक महत्त्व दिया गया है। द्वादश-दल कमल इनका तांत्रिक यंत्र है, जिसकी आवरण पूजा की जाती है।

वस्तुतः उज्जैन तंत्र का महास्थान है। उज्जैन एक तंत्र है, जिसके श्रीमहाकाल बीजाक्षर।

6
शिव रहस्य

शिव सत्यम् शिवम् सुंदरम के वर्तुल महाओंकार हैं। शिव अति मानवीयता को प्रदर्शित करने वाले वे अतिपुरूष हैं, जो सृष्टि के सभी महासंघर्षों की चुनौतियों को स्वीकार कर जीने वाले एवं उन चुनौतियों पर विजय प्राप्त करने के महाप्रतीक हैं। अतिपुरूष महाशिव जीवन में सभी विपरित परिस्थितियों के बावजूद भी उच्चगति की साधना करते साधक के प्रतीक हैं। जीवन में सभी महाआदर्शों को प्राप्त करने वाले अतिपुरूष शिव सदा ही बुराईयों से पृथक हैं।

शिव का नीलकंठ व तांत्रिक दर्शन है, जो व्यक्त करता है कि जीवन एवं संसार के सभी दु:खों को आत्मसात कर उन्हें आभूषण बनाना चाहिए। शिव-शक्ति के युग्म को 'स्वस्तिक' प्रतीक संपूर्ण शैव एवं शाक्त मत को बखूबी प्रतिभाषित करता है। शिव वैराग्ग, संतोष एवं आम जनों के प्रति महाप्रेम के प्रतीक हैं।

'शिव' शब्द का अर्थ है-कल्याण, अर्थात् भगवान शिव कल्याण के देवता हैं। शिव के रहस्य को जानने वाले तत्त्वज्ञ शिव भक्त उन्हें शिव ही नहीं, बल्कि सदाशिव कहते हैं।

शिवपुराण के अनुसार जीवों का कल्याण चाहने वाले पितृगण

वर्णाश्रम-धर्म की शिथिलता से चिंतित हो उठे। चिंतित पितारों ने विश्वकल्याण के लिए तपस्या की। उन्होंने अपनी तपस्या से सर्वलोक हितकारी भगवान शिव को प्रसन्न किया। पितरों के सामने महा-स्वर प्रणवरूप ओंकार ध्वनि से एक दिव्य ज्योति प्रकट हुई। उस ज्योति के भीतर प्रणवरूपी आसन पर विराजमान लोक-मंगलकारी श्री महादेव प्रकट हुए। उनके शुभ्र शरीर की कांति अगणित रजतगिरि से तुलना के योग्य थी। वे तीन नेत्रों से सुशोभित, जटाधारी, विभूति पूर्ण, चर्तुभुज, डमरू, खप्पर, त्रिशूल तथा सींग लिये हुए थे। उनके कंधे पर अनंत नाग का यज्ञोपवीत तथा कटि भाग में बाघंबर थे। उनकी बायीं ओर महाशक्ति पाश और अकुंश धारण किये तीन लोचनों से विभूषित विराजमान थीं। उस दिव्य महा रूप को देखकर पितृगणों ने आशा एवं विश्वासपूर्वक उनकी प्रार्थना की।

ब्रह्म सत्य, ज्ञान, आनंद तथा अनंत रूप हैं। ये शाश्वत हैं, इसलिए सत्य हैं। वह कुशलता जो सौदंर्य, कल्याण व आनंद का सृजन करे, वह ज्ञान है। और सद्व्यवहार का कारक योग ही आनंद है। जिस प्रकार मिट्टी, सोना तथा धागे इनसे निर्मित वस्तुओं में व्याप्त रहते हैं, इसी तरह सृष्टि ईश्वर से निर्मित है। सृष्टि का विस्तार अनंत है, अतः यह आसानी से समझने लायक है कि ईश्वर का एक चरित्र अनंत भी है। और स्मरण रहे – इस 'अनंत' चरित्र में सत्-चित्र-आनंद 'तत्त्व' सर्वत्र है; इस तत्त्व (परमात्मा) को ही 'शिव' कहते हैं और उन्हीं को स्नेह से 'महादेव' भी कहते हैं।

देवताओं में महादेव प्रधान हैं। वे ब्रह्मा, विष्णु और महेशरूपी तीनों गुणों से युक्त अपने को सगुणरूप त्रिमूर्ति में प्रकट करते हैं, तब उन ब्रह्मा, विष्णु और महेश की त्रिमूर्ति और महादेव में कोई भेद नहीं है। ये ही प्रधान तीन आधिदैविक मूर्तियाँ सम्मिलित रुप से ब्रह्मांड में 'ईश्वर' कहलाती हैं।

ब्रह्माजी के भीतर परमात्मा के रूप में भगवान शिव की आध्यात्मिक शक्ति और आधिदैविक शक्ति है। इसी से वे लोक के सृष्टिकर्त्ता होकर 'पितामह' अर्थात् पितृगणों के नायक कहलाये। विष्णु में परमात्मा शिव की ही आधिभौतिक तथा आध्यात्मिक शक्ति के कारण वे दैवी शक्ति समूह का केंद्र और देवताओं के नायक हैं। 'महेश' के अंतर्गत महादेव की अधिभूत शक्ति और अधिदैव शक्ति है, इसी कारण वे ज्ञानदाता और ऋषियों के नायक हैं।

इस ब्रह्मांड के चैतन्य तथा जड़ पदार्थों के द्रष्टा अच्युत और ज्ञानरूप महादेव हैं। वही ज्योति, प्रकाश तथा परमेश्वर तथा 'महाहरि' भी हैं। वही 'शिव' हैं और 'शिव' जीव हैं। शिव और जीव का अंतर मात्र चावल और धान के समान है। जागरुक जीव 'शिव' है। कर्म-बंधन रहने के कारण शिव 'जीव' बना रहता है, किंतु कर्म-वासना के नाश से वही अधम जीव 'सदाशिव' बन जाता है।

श्वेताश्वतर उपनिषद् के अनुसार, जो सूक्ष्म से भी अतिसूक्ष्म है, विकार रहित प्रकृति के मध्य स्थित है, सृष्टि का सर्जक है, विविध रूपों से युक्त है, जो स्वयं ही समस्त विश्व को स्वयं में समेटे हुए है, उस कारक 'शिव' को जानकर सुपात्र व्यवित अक्षय शांति को प्राप्त करता है, क्योंकि तब वह स्वयं ही शिव है, विष्णु हैं। जो विष्णु है, वही शिव हैं, इसलिए इनमें भेद करना उचित नहीं है, क्योंकि शिव के हृदय में विष्णु तथा विष्णु के हृदय में शिव सदा विराजमान रहते हैं। अक्षय शांति की प्राप्ति हेतु उक्त प्रकार के शिव को जानना आवश्यक है।

शिवतत्त्व के ज्ञान के लिए एक उपाख्यान की चर्चा आवश्यक है। एक बार देवतागण भ्रमण करते हुए शिवलोक में गये। वहाँ उन्होनें भगवान रूद्र से पूछा- 'आप कौन हैं?' भगवान रूद्र ने उत्तर दिया कि 'मैं अद्वितीय हूँ। मैं भूत, भविष्य और वर्तमान हूँ। ब्रह्मांड में अत्यंत गुप्त और सभी दिशाओं में व्याप्त हूँ। मुझसे रहित कुछ भी नहीं। मैं ही नित्य

और अनित्य हूँ, व्यक्त-अव्यक्त, ब्रह्म और ब्रह्म के साथ सब कुछ मैं ही हूँ। मैं व्योम-धरा, दिशा-प्रदिशा, पुरुष-स्त्री, गायत्री-सावित्री, आदि छंद हूँ। मैं ही गार्हपतय, दक्षिणाग्नि, आहवनीय अग्नि, सत्य, गौरी, गौ, ऋग्वेद, यजुर्वेद, सामवेद और अथर्ववेद हूँ। मैं आंगिरस, ज्येष्ठ, श्रेष्ठ तथा वरिष्ठ हूँ।'

'मैं तेज, जल, गुह्य, अरण्य, क्षर-अक्षर, पुष्कर, पवित्र, उग्र, मध्य, बाह्य, पुरस्तात् आदि ज्योति रूप हूँ। मैं सर्वपृक्त व सर्वत्र हूँ। मुझे जानने वाला सभी देवों को जानता है, छः अंगों सहित संपूर्ण वेदों को भी जानता है। मैं अपने तेज के द्वारा ब्रह्मा को, ब्रह्मा से गौ को, गौ से ब्राह्मण को, ब्राह्मण से हविष्य को, हविष्य से आयुष्य को, आयुष्य से सत्य को तथा सत्य से धर्म को संतुष्ट करता हूँ।'

महारूद्र की बातों से सशंकित व भयभीत देवताओं ने उनकी प्रार्थना प्रारंभ कर दी। उन्होंने कहा-'हे भगवान श्रीमहाकाल रूद्र! आप ब्रह्मा, विष्णु और रूद्र हैं। आप ही स्कंद, इंद्र, वायु, अग्नि, सूर्य, सोम, अष्टग्रह तथा प्रतिग्रह हैं। जल, तेज, काल, यम, मृत्यु, अमृत, आकाश तथा विश्वरूप भी आप ही हैं। स्थूल, कृष्ण, शुक्ल, सत्य तथा अन्य सभी रूपों में आप ही विराजते हैं, इसलिए आपको पुनः-पुनः नमस्कार है।

हे महाकाल! आप ही सौराष्ट्र स्थित सोमनाथ, श्रीशैल स्थित मल्लिकार्जुन तथा उज्जैन-तंत्र के श्रीमहाकाल हैं। आप ही डाकिनी के भीमशंकर (डाक), परली के वैद्यनाथ एवं ओंकार के ममलेश्वर हैं। आप सेतुबन्ध रामेश्वर हैं। हे महाभैरव अपितु हे महाकृपालु महापिता! आपही दारुकवन के नागेश वाराणसी के विश्वनाथ, गोमती के त्यंबक हैं। महाहिमालय के महाकेदारेश्वर! व शिवालय के घृष्णेश्वर (घुश्मेश्वर) सर्वश्री आप ही हैं महाप्रभों आपही भवानी हैं।

'हे सदाशिव! आपका आदिरूप पृथ्वी है, आपका मध्यरूप भुवलोक है तथा स्वर्गलोक ही आपका मस्तक है। आप ब्रह्म के स्वरूप से प्रकाशित बुद्धि-शांति-पुष्टि-हुत-अहुत, प्राप्त-अप्राप्त, सर्व तथा असर्व रूप हैं। विश्व-अविश्व, कृत-अकृत, पर-अपर तथा परायण—सब आप ही हैं। आपने ही हमें अमृत पिलाकर अमर किया है, हम ज्योतिर्भाव को प्राप्त हुए हैं तथा हमें ज्ञान भी प्राप्त हुआ है। अब शत्रु हमारा कुछ भी नहीं बिगाड़ सकेंगे, वे हमें पीड़ा और कष्ट नहीं दे सकेंगें। आप तो मनुष्य के लिए अमृत ही हैं। आप चंद्रमा और सूर्य से भी प्रथम तथा सूक्ष्म हैं।

'आप अविनाशी, अक्षर तथा अमृतरूप प्रजापति का अत्यंत सूक्ष्मरूप हैं और संपूर्ण जगत का कल्याण करने वाले पुरुष हैं। आप ही अपने तेज के प्रभाव से ग्राह्य को अग्राहय से, भाव को अभाव से, सौम्य को असौम्य से, सूक्ष्म को असूक्ष्म से तथा वायु को अवायु से भक्षण करते हैं। इस प्रकार संहार और महाग्रास करने वाले आप महनीय को नमस्कार है।

'हे महादेव! सभी प्राणियों के हृदय में प्राण व, देवताओं सहित आपका निवास है। 'हे शिव! ॐकार (प्रणव) प्राण की उर्ध्व गति है, इसीलिए आप ॐकार कहे जाते हैं। प्रणव का उच्चारण करते समय ऋग्वेद, यजुर्वेद, सामवेद, अथर्ववेद, अंगिरस तथा ब्रह्मा, ब्राह्मण को नमस्कार करने आते हैं, इसलिए आपको 'प्रणव' कहा जाता है। जिस प्रकार तिल में तेल व्याप्त है, उसी प्रकार आप सब लोकों में व्यापक रूप से रहते हैं, इसलिए आपको 'सर्वव्यापी' कहा जाता है। हे शम्भो! आप गर्भवास, जन्म, व्याधि, जरा तथा मृत्यु आदि संसार के महाभय से तारने वाले हैं, इसलिए आपका नाम 'तारक', व 'शुक्ल' भी है।

'आप स्थावर, जंगम आदि सब शरीरों पर अधिकार रखते हैं, इसलिए आपको 'सूक्ष्म' कहा जाता है। स्थूल और घोर अंधकार में भी सभी शरीरों को प्रकाश प्राप्त होता है, इसलिए आपको 'सूक्ष्म वैद्युत'

कहा गया है। आपको ब्रह्म कहने का मुख्य कारण यह है कि आप वीणा के महाझंकारों के महानिनाद द्वारा पर, अपर और परायण का बोध कराते हैं। आप सब प्राणों का भक्षण कर अजरूप में उत्पत्ति और संहार करते हैं, इसलिए आपको 'एक' कहा जाता है।

'जो कोई भी पुण्यतीर्थों में जाता है, पूर्व-पश्चिम, उत्तर-दक्षिण का तीर्थाटन करता है, उन सबकी सद्गति आप ही हैं। आप सभी प्राणियों के साथ एकरूप होकर रहते हैं, इसलिए आप 'एक' कहलाते हैं। आपका स्वरूप ऋषियों को प्राप्त हो सकता है किंतु सामान्य भक्तों को आपका तात्त्विक रूप नहीं प्राप्त हो पाता है, इसीलिए आपको 'रूद्र' कहा जाता है। आप 'ईशान' हैं क्योंकि आप अपनी ईशानी और जननी नाम की परम शक्तियों के द्वारा समस्त देवताओं का नियमन करते हैं।

'हे शिव! जिस प्रकार दूध के लिए गौ को प्रसन्न किया जाता है, उसी प्रकार हम आपकी स्तुति कर रहे हैं। आप ही इस जगत के ईश तथा दिव्य द्रष्टा हैं, इसलिए भी आपको 'ईशान' कहा जाता है। आप सब भावों को त्याग कर आत्मज्ञान से, योग की महिमा से उसमें विराजते हैं। इसीलिए आपको 'परमेश्वर' तथा 'महेश्वर' कहा गया है।'

हे महाधिमान महारूद्र! आप ही द्वादश महा ज्योतिर्लिंग तथा कोटि-कोटि अन्य लिंग-विग्रहों के महाधिमहाविद्युत हैं। महातंत्र के महाप्रोक्ता! महाब्राह्मण, महाराम, महाकृष्ण, महाअघोर, महागाँधी, महातांत्रिक, आप महायोगी हैं।

इस प्रकार देवताओं ने 'परम तत्त्व' के रूप में भगवान महादेव जी की स्तुति की।

देवताओं की स्तुति से स्पष्ट है कि एक ही अविनाशी सृष्टि के आदि, मध्य और अंत में विद्यमान रहता है तथा प्रत्येक प्राणियों में व्याप्त

है। वह रूद्र स्वयं ही बिना किसी की सहायता से अपनी महाशक्ति के द्वारा लोक को नियमित करता है। वही विश्व को प्रकट करने वाला तथा रक्षा करने वाला है। सभी योनियों में व्याप्त उस 'ईशान' अर्थात् देवस्वरूप पुरुष का चिंतन करने से मनुष्य परम सुख-शांति को प्राप्त करता है।

शिव मंगलमय हैं। उनकी वेशभूषा अद्‌भुत है। उनकी शारीरिक संरचना मनुष्य के समान होने पर भी उन्हें पंचानन, त्रिनेत्रधारी, व्याघ्रचर्म परिहित, भस्मादि विभूषित, विलक्षण पूर्णदेवभाव से युक्त देवाधिदेव, महादेव, शंकर, आशुतोष, मृत्युंजय, भोलानाथ, विश्वनाथ आदि न जाने कितने नामों से जाना जाता है। परमात्मा ने संसार वासियों को अपने द्वारा रचित माया-मोह के बंधन को तोड़कर मृत्यु को जीतने के लिए ही 'मृत्युंजय' को उत्पन्न किया है। महादेव प्राणि जगत के आदर्श और गुरु हैं। उनके सहारा के बिना कोई भी प्राणी न तो मृत्यु को जीत सकता है, न पूर्ण ज्ञान प्राप्त कर सकता है, न ही ब्रह्ममय बन सकता है। जीव मात्र का मंगल करने के लिए ही वे ध्यान में मग्न और योग में लीन रहते हैं।

उनका निवास-स्थान श्मशान है। यह स्थूल शरीर अनित्य है, इसकी शिक्षा देने के लिए ही वे निर्जीव शरीर के अंत्येष्टि-स्थान श्मशान में निवास करते हैं। खुले मन और शुद्ध हृदय से तारक ब्रह्म का नाम लेने से अर्थात् राम-नाम जपने से वे प्रसन्न हो जाते हैं, इसीलिए उनका नाम 'आशुतोष' है।

उनमें त्याग की चरम स्थिति विद्यमान है, इसीलिए उन्हें ऐश्वर्यशाली मूल्यवान पूजन सामग्री से अर्चना की अपेक्षा नहीं होती। उन्हें तो भंग, धतूरा, बिल्वपत्र, दूर्वा तथा जल की धारा ही पर्याप्त है। इन पदार्थों से ही उन्हें विशेष प्रेम है। विष से संसारी लोगों की मृत्यु हो जाती है, उसे भी वे प्रेमपूर्वक ग्रहण करते हैं। इसलिए वे मृत्युंजय हैं।

भगवती शक्ति की महिमा का वर्णन करने हेतु ही उन पंचानन के पाँच मुँह हैं। उनका पंचानन होना उनके योग-शरीर का विकास मात्र है, वे हमेशा पाँच मुख वाले नहीं रहते। योगी जब आनंद विभोर होकर भगवत कीर्तन करता है, तब उसके शरीर में अनेकों सिर और मुख हो जाते हैं, जो उसकी उच्चकोटि की साधना के ही परिणाम हैं। श्री योगेश्वर शिव अपने योग और विभूति के प्रकाश से विभिन्न स्थानों में नाना रूपों में प्रतिभासित होते हैं।

वेद तथा उपनिषदों के धर्म-विज्ञान के अनुसार, ईश्वर तत्त्व को तीन भावों के आधार पर तीन तरह से अनुभव किया जा सकता है। प्रथम 'ब्रह्मभाव' है, जहाँ सृष्टि नहीं, उससे परे अद्वैत-सत्ता रूपी निर्गुणभाव है। दूसरे भाव का नाम ईश्वरभाव है। जब ब्रह्म की प्रकृति ब्रह्म से अलग होकर सृष्टि को प्रकट करती है तथा परमात्मा स्वतंत्र होकर उसका अवलोकन करता है, तब वह ब्रह्म मात्र द्रष्टा होता है। उस समय ब्रह्म की प्रकृति उन दृश्यों की सृष्टि, स्थिति और लय करने वाली रहती है। इसको ही 'सगुणभाव' और 'ईश्वरभाव' कहा जाता है। तीसरा भाव है- 'विराट', ब्रह्म की प्रकृति के अनंत सृष्टि के साथ शाश्वत्त संबंध व नियंत्रण की क्षमता।

उपरोक्त इन्हीं भावों में भक्त भगवान का दर्शन किया करते हैं। श्रीकृष्ण ने श्री अर्जुन को जो उपदेश दिए, वह इन्हीं भावों के आधार पर थे। उन्होंने आत्मा की निर्लिप्तता का वर्णन किया था, जो ब्रह्मभाव है, क्षेत्र के वर्णन द्वारा ईश्वरभाव तथा अपने विराट मूर्ति का दर्शन कराकर उन्होंने विराट भाव का योग-अनुभव कराया था।

इनमें ईश्वरभाव को मुख्य मानकर संसार-सृष्टि की ओर बढ़ने पर ऐसा बोध होता है कि ब्रह्म की प्रकृति जब स्वतंत्र होकर दृश्य की सृष्टि करती है, तब उसे परमात्मा देखता है। उस समय ब्रह्म की त्रिगुणमयी

प्रकृति का स्वरूप स्वतन्त्र रूप से ज्ञानीभक्त को उसके अनुभव में आने लगता है।

ऐसी परिस्थिति में सगुण ब्रह्म के इस मधुर विलास को आप युगलरूप, जगत्पिता या जगन्माता जो भी चाहें, कह सकते हैं। मन, वाणी और बुद्धि में न आने वाली सगुण ब्रह्म की यही अवस्था शास्त्रों में कहीं महाविष्णु, कहीं सदाशिव, कहीं महागणपति, कहीं महासूर्य और कहीं महादेवी के नाम से वर्णित है।

पाँच प्रकार के सगुणोपासना का यही रहस्य है। उक्त तीनों भावनाओं से युक्त विश्वजननी महामाया ब्रह्माण्ड की सृष्टि, स्थिति और लय के लिए ब्रह्मा, विष्णु और शिव को उत्पन्न करती है। ये तीनों ही त्रिमूर्ति कहलाते हैं। ये ही तीनों प्रत्येक ब्रह्माण्ड में क्रमशः तीन गुणों के अधिदेव बनकर सृष्टि, स्थिति और लय कार्य को अपनी शक्तियों के साथ करते हैं। इनमें ब्रह्मा-शक्ति सावित्री, विष्णु-शक्ति लक्ष्मी और शिव-शक्ति पार्वती कहलाती हैं।

शक्तियों सहित ये तीनों देव ब्रह्माण्ड के ईश्वर कहलाते हैं। इन तीनों में ब्रह्माण्ड की स्थिति और सृष्टि की सुरक्षा के लिए विष्णु का तथा मुक्ति के द्वारा जीव को ब्रह्मभाव में लीन करने हेतु शिव का अवतार हुआ है। अवतारों का प्रकटीकरण अलौकिक पिण्ड या मनुष्य पिण्ड या अन्य पिण्डों में भी होता है। इन तीनों देवताओं के अतिरिक्त भी अनेक प्रकार के पदधारी देवता हैं, जो ईश्वर कहलाते हैं।

सृष्टि-रचना के प्रारम्भ में ब्रह्मा, विष्णु तथा रूद्र-इन तीनों का प्रादुर्भाव एक ही साथ एक ब्रह्माण्ड में होता है। उस आविर्भावकाल में ब्रह्मा जागते रहते हैं, विष्णु योग निद्रा में तथा रूद्र उन दोनों के शरीर में प्रविष्ट होकर व्याप्त रहते हैं। जब ब्रह्मा की सहायता के लिए विष्णु की योग-निद्रा टूटती है, उसके बाद भगवान रूद्र प्रकट होते हैं। इसमें

कौन किसका जनक है, ऐसा विचार करना अनुचित है। ये तीनों विभूतियाँ अपने-अपने अधिकार क्षेत्र में सगुण ब्रह्म ही हैं।

हम इनकी आयु पर विचार करें, तो शास्त्रों के अनुसार, आयु का सम्बन्ध ब्रह्माण्डों से है। मनु की सन्तान मनुष्य हैं।

मनु के काल को मन्वन्तर कहा जाता है। एक चतुर्युग (सत्ययुग, त्रेता, द्वापर और कलियुग) में कुल तैंतालिस लाख बीस हजार वर्ष होते हैं। इस प्रकार के इकहत्तर चतुर्युग से एक मन्वन्तर बनता है। प्रत्येक मन्वन्तर के परिवर्तित होने पर उस मनु पद पर आसीन अर्थात् मनु पदधारी देवता बदल जाते हैं। उस परिवर्तित मनु के साथ ही उनकी दैवी शृंखला और अनेक देव पदधारी देवता भी बदल जाते हैं।

इक्कीस नील दस खरब चालीस अरब मनुष्य वर्ष में एक ब्रह्मा पदधारी देवता (ब्रह्मा) बदल जाता है। इसके तिगुनी अधिक अवधि में विष्णु पदधारी बदल जाते हैं और उसी अनुपात में उससे अधिक वर्षों में शिव पदधारी बदल जाते हैं। इससे स्पष्ट होता है कि भगवान शिव के ब्रह्मीभूत होने के साथ ही ब्रह्माण्ड का महाप्रलय हो जाता है। इसीलिए रूद्र को संहार का देवता मानते हैं।

अतः एक ब्रह्मा की आयु में अनेक मनु और इन्द्र बदल जाते हैं। इसी प्रकार एक विष्णु की आयु में नाना पदधारी देवता बदल जाते हैं। चूँकि शिव की आयु के साथ ब्रह्माण्ड की आयु जुड़ी हुई है, इसलिए शिव पदधारी को अद्वितीय ही कहा जाता है। आयु के विचार से ब्रह्मा की आयु सबसे कम होती है, विष्णु की आयु उससे अधिक होती है। इन त्रिमूर्तियों में भगवान शिव ही सबसे वरिष्ठ हैं।

पितरों के अधिपति ब्रह्मा हैं, देवसंघ के अध्यक्ष विष्णु और ऋषिकुल के अधिपति भगवान शिव हैं। आधिभौतिक शक्ति के प्रदाता ब्रह्माजी, धर्म के प्रदाता भगवान विष्णु और ज्ञान के प्रदाता भगवान शिव हैं। प्रत्येक ब्रह्मांड

को आयु तथा ज्ञान का प्रदाता होने के कारण शास्त्रों ने भगवान शिव को ही सर्वश्रेष्ठ देवता माना है।

भगवान शिव रजतगिरि के समान गौर वर्ण हैं, जिनके मस्तक पर चंद्रमा की चाँदनी छिटक रही है। हाथी के सूँड़ के समान अपनी मांसल चर्तुभूज में परशु, मृग, वर और अभय मुद्रा धारण किये हुए हैं। मुक्तिदाता शिव के पाँच मुख और तीन नेत्र हैं। ऐसे श्रीमहाकाल की महाविस्तृत महाछवि को बारंबार महानमस्कार है!

भगवान शिव (श्री महाकाल) का यह रूप सृष्टि, स्थिति और प्रलय (काल) का सूचक है तथा जीव के लिए उसकी मुक्ति का द्योतक है। भगवान शिव की यह मंगलमयी मूर्ति जब तमोमय संहार भाव को धारण करती है, तब वह रूद्रमूर्ति के रूप में परिवर्तित हो जाती है। भगवान शिव में शांतिमय कल्याणभाव और प्रलयकारी रूद्रभाव दोनों विराजमान हैं।

पंचमुखी, त्रिनेत्री और भस्मवर्ण शिव के शरीर पर प्रकृति के समस्त भाव की कला झलकती है। सभी प्रकार के रंगों का उद्‌गम सूर्य हैं, इसलिए उनका रंग प्राकृतिक वर्णों का विकास श्वेतवर्ण से ही होता है, जैसाकि शिवजी का रंग है। उनका पाँच मुख होना पाँच तत्त्वों या पाँच महाभूतों को सूचित करता है, जबकि उनके दोनों नेत्र पृथ्वी और आकाश के द्योतक हैं।

भगवान शिव का तीसरा नेत्र बुद्धि व प्रकाश के देवता सूर्य अथवा ज्ञानाग्नि का सूचक है। इस ज्ञानाग्नि रूपी तीसरे नेत्र के खुलने से ही काम भस्म हो जाता है। भगवान शिव के मस्तक पर विराजमान चंद्रमा मन का अधिदेव संस्करण है।

शंकर के हाथों में विद्यमान त्रिशूल सत, रज और तम-इन तीन गुणों का प्रतीक है। इन तीन गुणों से युक्त त्रिशूल पर ही संसार रूपी काशी टिकी हुई है। इस त्रिगुण प्रकृति पर जब तक शिवजी का अधिकार बना हुआ है, तब तक संसार रूपी काशी का विनाश नहीं हो सकता।

इनके एक हाथ में धारित मृग कामशक्ति का द्योतक है, तो दूसरे हाथ की वर मुद्रा धर्म का प्रतीक है। इनके तीसरे हाथ में विद्यमान परशु अर्थ का निर्देशक है, तो चौथे हाथ में मोक्षप्रदाता अभयमुद्रा धारण किये हुए हैं। इस प्रकार भगवान शिव के स्वरूप में पूर्णतया ईश्वरभाव उपस्थित है।

भगवान शिव तामसिक शक्ति को धारण कर ब्रह्मांड का नाश करते हैं, तब उन्हें प्रलय का देवता (महाकाल) कहा जाता है। उस प्राकृतिक महाप्रलय के साथ जीव का जीवभाव सर्वथा नष्ट हो जाता है। उस आत्यंतिक महाप्रलय के साथ प्रधानतया परमात्मा का संबंध रहता है, जो शिवजी का ही दूसरा स्वरूप है।

भगवान शिव प्रलयकालिक रूद्र के रूप में भूत, भविष्य और वर्तमान काल के भेद से प्रलयकारी त्रिशूल अपने हाथ में धारण करते हैं। इस त्रिशूल (आधिभौतिक, आधिदैविक तथा आध्यात्मिक दु:खों) से संतप्त मनुष्य इनसे मुक्ति की कामना के लिए भगवान शिव की शरण में जाते हैं क्योंकि त्रिशूल के संचालक भगवान शिव ही हैं।

महाप्रलय काल में भगवान रूद्र गले में मुंड की माला धारण करते हैं, अपने शरीर में खाक-विभूति लेप चढ़ाते हैं, मेघों की तरह गरजते सर्पों की माला और श्मशान का निवास (महा) जीवात्मा की महारमणीय अतिकराल महामानवीयताएँ हैं। शिव विषपान से मस्त होकर डमरू बजाते और नृत्य करते हैं। दार्शनिक दृष्टि से, मनुष्य का यह स्थूल और सूक्ष्म दोनों शरीर अपने द्वारा किये गये कार्यों के संस्कारों के साथ कारण-शरीर में विद्यमान रहते हैं। कारण-शरीर में पूर्व के उन स्थूल और सूक्ष्म दोनों शरीरों का संस्कार मात्र ही बीजरूप में विद्यमान रहता है।

शिव के गले में पड़ी मुंडमाला कारण शरीर में अवशिष्ट प्रलयकालीन जीवों की स्थिति की सूचक है। स्थूल शरीर का अंतिम परिणाम अंत्येष्टि

के द्वारा भस्म बनना ही है। स्थूल ब्रह्मांड को भस्म के रूप में परिणत करने वाले भगवान शिव ही हैं। इसी को स्पष्ट करने के लिए वे अपने शरीर में भस्म लपेटे रहते हैं।

मनुष्य की सुषुप्ति की अवस्था ही महाप्रलय की श्मशान भूमि है, जो भगवान रूद्र का निवास स्थान है। महाकाल भी भगवान शिव के अधीन ही रहता है, जिसके प्रतीक स्वरूप वे महाविषधर सर्प को गले में धारण किये रहते हैं।

शिव अति बलशाली और पराक्रमशाली जीवों पर भी शासन करने में समर्थ होने के भाव को प्रकट करने हेतु ही व्याघ्रचर्म और हस्तिचर्म धारण किये हुए हैं। संसार का कोई भी अनिष्टकारी पदार्थ भगवान शिव का नुकसान नहीं कर सकता। अनिष्टकारी पदार्थों को भी वे अपने अनुकूल बना लेते हैं, जिसका प्रतीक उनका विषपान करना है।

वे ही विनाश की ओर संसार को अग्रसरित कर रहे हैं, जिसके दिन और रात्रि का प्रतीक डमरू को धारण किये हुए हैं। परस्पर विरुद्ध प्रकृति वाले नाना प्रकार के कर्मों को करने वाला जीव जब अपने अहम्‌युक्त सत्ता या अस्तित्व को शिवभाव में लीन कर देता है, तब वह उन विभिन्न प्रकृति के स्वभाव से निवृत्त हो जाता है। सभी प्रकार के विपरीत धर्म उस जीव के अनुकूल हो जाते हैं और भगवान शिव उसे अपना बना लेते हैं। इसभाव को भी सूचित करने के लिए शिवजी ने सर्प को अपना अलंकरण बनाया है।

माँ अन्नपूर्णा देवी भगवान शंकर की भामिनी हैं, कुबेर उनके भंडारी हैं, फिर भी वे श्मशान में निवास करते हैं, देह में भस्म रमाते और हाथ में भिक्षापात्र लेकर भीख माँगते हैं—ये सब सदाशिव प्रलयकालिक त्याग-वैराग्य को दर्शाने के लिए करते हैं। इस दृष्टांत में यह रहस्य पिरोया गया है कि जो व्यक्ति संसार की विलासिता और धन-ऐश्वर्य का

परित्याग कर वैराग्यवृत्ति का भिक्षाटन करता है तथा कुटुंब आदि की मोह-माया का परित्याग कर श्मशान में निवास करता है, जिसे संसार से वास्तविक वैराग्य हो चुका है, वही मोक्ष का अधिकारी हो सकता है। मोक्ष या मुक्ति का भाव सभी प्रकार के आवरणों से रहित होता है, यानि आवरणरहित जीव ही ब्रह्म में लीन हो सकता है, इसी को स्पष्ट करने के लिए भगवान शिव दिगंबर रूप में होते हैं।

पृथ्वी पर तमोगुण की प्रधानता रहती है और भगवान शिव पृथ्वी के अभिमानी देवता हैं। अतः वे इस पृथ्वी के सबसे ऊँचे स्थल हिमालय पर निवास करते हैं।

उस हिमालय से भगवती गंगा का प्रादुर्भाव है, इस भाव को प्रकट करने के लिए भगवान शिव अपने मस्तक पर गंगाजी को धारण करते हैं। मानव समाज में सतोगुण का जितना ही अधिक विकास होगा, उसी के अनुसार धर्मभाव की वृद्धि होगी। पशुओं में सर्वाधिक सतोगुणी गौ है। इसलिए धर्मवृद्धि का सूचक वृषभ ही शिवजी का देव-वाहन है।

वेदों में परमात्मा के दो स्वरूप बताए गए हैं- निर्गुण ब्रह्म और सगुण ब्रह्म। प्रकृति या माया से रहित को 'निर्गुण ब्रह्म' कहते हैं तथा प्रकृति अथवा माया से युक्त को 'सगुण ब्रह्म' कहा जाता है। निराकार और साकार भेद से सगुण ब्रह्मा के भी दो रूप बतलाये गये हैं। उसी निराकार सगुण ब्रह्म को सदाशिव, सर्वव्यापी, निराकार तथा सगुण ब्रह्म को महेश्वर, सृष्टिकर्त्ता को ब्रह्मा और पालन करने वाले को विष्णु कहते हैं। वे रूद्र को संहार का देवता कहते हैं। अद्वैत दर्शन में जीव, माया, ईश्वर और ब्रह्म-इन चारों की विशद् चर्चा की गई है। उस वेदांत के अनुसार, मायायुक्त ईश्वर से ही जगत की सृष्टि होती है, जबकि ब्रह्म अकर्त्ता, अभोक्ता और दर्शकमात्र होता है, शिव ही एकमात्र तुरीय ब्रह्म हैं।

श्वेताश्वतर उपनिषद् में कहा गया है कि एक ही रूद्र हैं, जो इन सब लोगों को अपनी शक्ति के द्वारा वश में रखता है, इसलिए वही ईश्वर है और उसी की सभी उपासना करते हैं। वह सब लोकों को उत्पन्न कर अंतकाल में संहार भी करता है और वही सबके भीतर अंतर्यामी रूप में स्थित है।

शिव तथा ईश्वर एक ही तत्त्व हैं। इस प्रकार शिव रहस्य को समझकर जो श्रद्धा-भक्तिपूर्वक उनकी उपासना करता है, या जो शिवकृपा से उनके रहस्य को जान लेता है, उसके लिए इस संसार में जानने योग्य कुछ भी शेष नहीं रहता। भगवान शिव परम दयालु तथा करुणा के सागर हैं, समर्पण भाव से ही उनके तत्त्व को जाना जा सकता है। संसार में जो कुछ भी दिखाई पड़ता है और जो नहीं दिखाई देता है, वह सब शिव ही है। बिना कृपा प्राप्त किये शिव को जानना अत्यंत कठिन है-

'हे उमानाथ भगवान शिव! मैं नहीं जानता हूँ कि आपका स्वरूप क्या है? इसलिए आप जिस रूप में हों, उसी रूप में आपको नमस्कार है।'

7

लिंग रहस्य

लिंग का शब्दार्थ है- चिह्न, प्रतीक या पहचान। यह संसार जिसमें लीन या विलीन हो जाता है, उसे ही लिंग कहते है। स्कंदपुराण के अनुसार -

'आकाश लिंग है, पृथ्वी उसकी पीठिका है, यह संपूर्ण देवताओं का आलय है तथा इसी में सबका लय होता है, जिसके कारण इसे लिंग कहा जाता है।'

लिंगपुराण के अनुसार, वस्तुतः भगवान महेश अलिंग अर्थात् निर्गुण निराकार हैं। प्रकृति या माया प्रधान ही लिंग होता है, क्योंकि प्रकृति सगुण है। प्रकृतियुक्त शिव ही सृष्टि का कारण बन सकता है। उसी प्रकृति अर्थात् लिंग के विकास और विस्तार से संसार की सृष्टि संपन्न होती है। संपूर्ण ब्रह्मांड लिंग के अनुरुप ही निर्मित होता है।

एक दूसरी कथा के अनुसार, ब्रह्माजी की सभा में सभी देवता और ऋषि उपस्थित थे। उस सभा में महाराज दक्ष भी पहुँचे। दक्ष के पहुँचने पर सभी सभासद उनके सम्मान में खड़े हो गये, किंतु भगवान शंकर बैठे ही रहे, न ही उन्होंने दक्ष को प्रणाम किया।

इस अमर्यादा को देखकर महर्षि भृगु कुपित हो गये। वे ब्राह्मणों का

प्रतिनिधित्व कर रहे थे। दूसरी ओर शिवगणों के प्रतिनिधि नंदी थे। भृगु और नंदी के बीच कटु विवाद हुआ। उस समय ब्राह्मणों की ओर से महर्षि भृगु ने शिव को शाप देते हुए कहा कि आज से शिव की प्रतिमा के स्थान पर लिंग और योनि का पूजन लोक में प्रचलित होगा। इस प्रकार लिंगपूजा संसार में शुरु हुआ।

लिंग के प्रादुर्भाव के इस संबंध में स्कन्द पुराण, शिव पुराण, लिंग पुराण आदि में उपाख्यान दिया गया है। उनके अनुसार श्वेत वाराह कल्प के पूर्व में जब इस ब्रह्मांड की सृष्टि की जानी थी, उस समय देवताओं की सृष्टि समाप्त हो चुकी थी। चार हजार युग के अंतिम दौर में सूखा पड़ा था, वर्षा बिलकुल नहीं हुई थी। जल के अभाव में चराचर जगत सूख गया। सृष्टि के जीवधारी पशु, पक्षी, मनुष्य, राक्षस, गंधर्व तथा पेड़-पौधे सब सूर्य के प्रचंड ताप से जलकर भस्म हो गये।

उसके बाद यह सृष्टि जलमग्न हो गई और सभी दिशाओं में घोर अंधकार छा गया। उस समय ब्रह्माजी ने भगवान विराट को क्षीरसागर में शयन करते हुए नारायण के रुप में देखा। उस नारायण की माया से मुग्ध ब्रह्माजी ने उन्हें जगाया। जगाने के बाद मायावश ब्रह्माजी ने क्रोधित होकर उनसे पूछा कि 'तू कौन है'? उठते हुए नारायण ने हँसकर उनसे कहा-'पुत्र, तुम्हारा स्वागत है'।

नारायण की बात सुनकर ब्रह्माजी क्रोध से आग-बबूला हो उठे। उन्होंने कहा कि मैं इस सृष्टि का पितामह ब्रह्मा हूँ और तुम मुझे अपना पुत्र कहते हो? जगत की सृष्टि करने वाला एकमात्र मैं ही हूँ, इसलिए मैं सर्वश्रेष्ठ हूँ, फिर तुम मुझे पुत्र क्यों कह रहे हो? उसके बाद भगवान विष्णु ने ब्रह्मा को बहुत समझाया। उन्होंने बताया कि सृष्टि को बनाने-बिगाड़ने वाला मात्र मैं हूँ और मैंने ही तुम्हें सृष्टि की संरचना में सहयोग करने हेतु उत्पन्न किया है।

इस विषय को लेकर ब्रह्मा और विष्णु दोनों में महाभयंकर वाद-विवाद व युद्ध छिड़ गया। दोनों के बीच का घमासान रोकने के लिए उनके समक्ष प्रचंड अग्नि का एक महास्तंभ प्रकट हुआ। उस महाअग्नि-स्तंभ का कोई ओर-छोर नहीं था। उस अनन्त ज्योति को देखकर भगवान विष्णु ने ब्रह्मा से कहा कि हमारे संघर्ष को टालने के लिए ही यह ज्योतिर्लिंग प्रकट हुआ है। महसूस करें कि हम महाआश्चर्य से स्तंभित से हो गए हैं। चलें, हम मिलकर इस ज्योतिर्लिंग का पता लगाते हैं।

इस प्रकार घोर युद्ध से विरत हो वे दोनों उस महाप्रकाश-स्तंभ के ओर-छोर की खोज में निकल पड़े। ब्रह्मा जी उस ज्योतिर्लिंग के ऊपरी सिरे का पता करने के लिए चले, तो भगवान विष्णु उसके निचले हिस्से को ज्ञात करने। भगवान विष्णु वाराह का रुप धारण कर पाताल की ओर दौड़ने लगे और ब्रह्माजी हंस रुप में तीव्रगति से आकाश की ओर उड़ना प्रारंभ कर दिया।

इन दोनों ने एक हजार वर्ष तक कठिन परिश्रम किया, किंतु उस ज्योतिर्लिंग के ओर-छोर का पता नहीं लगा। वे दोनों महाविभूतियाँ असफल वापस आ गयीं।

देवी भागवतकार का कथन है कि वापस आते ब्रह्माजी ने देखा कि केतकी-पुष्प का एक दल ऊपर से नीचे की ओर गिरता आ रहा है। ब्रह्माजी ने उस केतकी के पुष्प के संबंध में जानकारी चाही। भगवान शंकर की प्रेरणा से पुष्प ने पितामह ब्रह्माजी को बताया कि वह इस ज्योतिर्लिंग के मस्तक पर से आ रहा है। वह इस लिंग के मस्तक से दस कल्प पहले भूतल के लिए चला था, किंतु अभी वह इसकी लंबाई के आधे हिस्से तक भी नहीं पहुँचा है। उस पुष्प की बात सुनकर ब्रह्माजी घबरा उठे। उन्होंने पुष्प को अपने पक्ष में राजी कर उसे अपना साक्षी बना लिया।

ब्रह्माजी ने झूठ कहा कि उन्होनें ज्योतिर्लिंग के ऊपरी भाग का पता लगा लिया है और साक्ष्य के रुप में केतकी पुष्प को प्रस्तुत किया, जिसने ब्रह्माजी के पक्ष में झूठी गवाही दी।

भगवान विष्णु ने इस झूठे प्रसंग को जान लिया और उन्होंने सच्चाई को स्पष्ट करने हेतु भगवान शिव की स्तुति की। भगवान विष्णु की स्तुति से प्रसन्न शिव प्रकट हो गये। ज्योतिर्लिंग के विषय में झूठी गवाही देने के कारण उन्होंने केतकी को शाप दे दिया। भगवान शंकर ने कहा कि आज से लिंगपूजा में केतकी के पुष्प का उपयोग नहीं किया जाएगा। उस दिन से प्रतिबंधित केतकी को शिवजी की पूजा में सम्मिलित नहीं किया जाता है।

शिवजी ने ब्रह्मा और विष्णु के विवाद को सृष्टि का परम रहस्य बताया और दोनों को शांत किया। उन्होंने कहा कि महेश्वर के अंश से ही प्रत्येक ब्रह्मांड के लिए त्रिमूर्ति की उत्पत्ति होती है। उसी महेश्वर की शक्ति को प्राप्त कर पितामह ब्रह्मा सृष्टि की संरचना करते हैं, भगवान विष्णु उस सृष्टि का पालन-पोषण करते हैं और रूद्र उसका संहार करते हैं। इन तीनों कर्त्ताओं का अधिकार एक समान ही है, तीनों बराबर है, किंतु कार्य की दृष्टि से कभी कोई किसी का पिता होता है तो कभी पुत्र।

ये तीनों महेश्वर की माया के वश में रहते हैं और उसी के अधीन विधिवत सृष्टि, पालन और संहार का कार्य किया करते हैं। हंस बन कर ज्योतिर्लिंग का पता लगाने के कारण ब्रह्मा का नाम 'हंस' भी है। इसी प्रकार भगवान विष्णु द्वारा श्वेत वाराह रुप धारण करने से वर्तमान कल्प का नाम भी श्वेत वाराह है।

उसके बाद महेश्वर की आज्ञा से ब्रह्मा ने कल्प की नयी सृष्टि प्रारंभ की। इस प्रसंग के अनुसार ब्रह्मा-विष्णु के विवाद को शांत करने हेतु प्रथम बार शिवलिंग का प्रादुर्भाव हुआ।

शास्त्रों के मत में, लिंग का यह प्रथम प्रादुर्भाव बहुत ही विलक्षण है, क्योंकि यह ब्रह्मा और विष्णु के विवाद को शांत करने के लिए प्रकट हुआ था। ब्रह्मा और विष्णु ऐसी महाशक्तियाँ हैं, जिनके द्वारा सृष्टि की रचना होती है और उसका पालन-पोषण भी किया जाता है। इसका तात्पर्य यह कि शिवलिंग का प्राकट्य अनेक रुपों में अनेक समयों और स्थानों पर होता रहा है और आज भी शिवलिंग की उत्पत्ति यत्र-तत्र सुनायी पड़ती है।

कल्प-इतिहास के अनुसार छोटे-बड़े लिंगों का प्रादुर्भाव बहुत बार हुआ है, किंतु प्रथम बार प्रादृर्भूत इस अनादि-अनन्त ज्योतिर्लिंग का अपना कुछ विशेष महत्त्व है, इसका रहस्य यह है कि सृष्टि के रचयिता ब्रह्मा और पालनकर्त्ता विष्णु के समक्ष इस लिंग ने प्रथम बार प्रकट होकर उन्हें बहुत से संकेत दिए। परमात्मा की सत्ता और उसकी इच्छा के अनुसार कोटि ज्योतिर्लिंग रुप कोटि-कोटि ब्रह्मांडों की रचना हो रही है। उसकी संरचना में कोटि संख्या में त्रिमूर्ति अर्थात्–ब्रह्मा, विष्णु और रूद्र लगे हुए हैं।

अनादि और अनंत वह ज्योतिर्लिंग यह संदेश देता है कि सृष्टि की रचना और उसके पालन का अभिमान करना व्यर्थ है, क्योंकि ये सब परमात्म-तत्त्व पर ही आधारित हैं। उस लिंग का रहस्यात्मक संदेश यह भी है कि महेश्वर शिव की माया से मोहित होकर और सृष्टि के कार्य को छोड़कर आपस में कलह या झगड़ा करना उचित नहीं है। तीसरा रहस्यात्मक संदेश है कि समस्त सृष्टि का स्वरुप लिंगात्मक है, इसलिए इसकी रचना का संविधान भी इसी रुप में रखना होगा। चौथा रहस्यात्मक संदेश यह है कि परमात्मसत्ता महेश्वर (लिंग) निर्गुण, निराकार और निर्विकार हैं। इसी से विकसित होकर सृष्टि विस्तृत होती है, इसलिए यह उस सृष्टि का प्रतीक है। इसी प्रतीक से अनादि और अनंत विविध प्रकार के ब्रह्माण्डों का विकास होता है। इस प्रकार स्वरुप रहित अमूर्त

तथा अरुप उस परमात्मा की मूर्ति को और उसके रुप को भी लिंग के रुप में देखा जा सकता है। इससे यह भी स्पष्ट होता है कि ब्रह्मा, विष्णु और रूद्र की त्रिमूर्ति में रूद्र का प्रतीक लिंग नहीं है। यह महेश्वर लिंग परात्पर ब्रह्म का ही है, जो 'सर्वं खल्विदं ब्रह्म' का बोध कराने वाला है।

प्रत्येक मनुष्य की जागृत, स्वप्न और सुषुप्ति नामक तीन अवस्थाएँ होती हैं। जब हम जागते हुए अपनी दिनचर्या में लगे रहते हैं, उसे 'जागृत अवस्था' कहा जाता है। जब हम रात को सो जाते हैं और सोये-सोये दुनिया भर के विविध दृश्यों को देखते रहते हैं, उसे 'स्वप्नावस्था' कहते हैं। इस प्रकार जब हम गहरी नींद में होते हैं और हमें कुछ भी पता नहीं चलता है, उस अवस्था को 'सुषुप्ति' कहा जाता है। इन तीन अवस्थाओं के अनुसार ही मानव का शरीर भी तीन प्रकार का बतलाया गया है। इस संसार में दिखाई देने वाला स्थूल शरीर है, इसके भीतर *लिंग अथवा सूक्ष्म शरीर* है, जो स्वप्न देखता है। उसके भी अंतस् में कारण-शरीर विद्यमान है जिसका अनुभव सुषुप्तिकाल में ही संभव है।

दार्शनिक ग्रंथों के अनुसार तमाम स्थूल शरीरों की समष्टि को ईश्वर कहा जाता है। जिस प्रकार व्यष्टि रुप में स्थूल तथा लिंगशरीर अवयवों/अंगों (पंच कर्मेन्द्रियाँ, पंचज्ञानेंद्रियाँ, पंचतंमात्राएँ, मन, बुद्धि और अहंकार कुल मिलाकर अठारह) से युक्त हैं, किंतु कारणशरीर उन अंगों से रहित है, उसी प्रकार विराट तथा हिरण्यगर्भ भी अवयवों से युक्त है, किंतु ईश्वर अवयव विहीन है।

ईश्वर उस अविद्या का अतिक्रमण करता है, उसे किनारे करके अपने परमात्म स्वरुप का ज्ञान रखता है। परमात्मा को अपने स्वरुप का ठीक-ठीक बोध रहता है, जिसके कारण ही वह असंसारी बना रहता है।

व्यष्टिभाव में उपाधि युक्त चेतन के समान ही तुरीयभाव शुद्ध है।

ठीक इसी प्रकार सोपाधिक ईश्वरभाव से शिवभाव अर्थात् ब्रह्मभाव अभिन्न रहता हुआ भी मोक्ष का आश्रय है। इस प्रक्रिया के विवेचन से यह स्पष्ट होता है कि शिवभाव यानि ब्रह्मभाव निरावृत्त है, अर्थात् अविद्यारुपी उपाधि से रहित है, जबकि ईश्वर भाव अविद्यारुपी उपाधि से युक्त पूर्ण है।

शिवलिंग रचना में जलहरी सहित लिंग की आकृति स्पष्ट होती है। इसमें माया (प्रकृति) या अविद्या को सूचित करने वाली जलहरी है। उस जलहरी के बीच में गोलाकार घेरा वाला भाग ईश्वर हैं, जो हिस्सा जलहरी से बाहर निकला हुआ रहता है, अर्थात् शिवलिंग पर जल चढ़ाते समय चारों ओर का एकत्रित जल जिस भाग से नीचे गिरता है, वही निरावृत्तभाव शिव का सूचक है।

जिस पदार्थ का अंग व्यक्त या स्पष्ट न हो, ऐसा पदार्थ पिण्डीभाव में ही विद्यमान रहता है। निगुण-निर्विकार का कोई भी अंग व्यक्त नहीं होता है। सुषुप्ति की अवस्था में जो विशिष्ट आत्मभाव की प्रतीति होती है, उस आत्मभाव और ईश्वरभाव में किसी भी प्रकार से कोई अंग व्यक्त नहीं होता है।

इसीलिए उस ईश्वरभाव का प्रतीक जलहरी के मध्य में स्थापित पिंडी ही है। उस अव्यक्त, निराकार, निर्विकार ईश्वर को प्रतीक के रुप में पिंडीभाव में दर्शाना या स्थापित करना उंचित प्रतीत होता है। जिस प्रकार भगवान शिव के अव्यक्त भाव की प्रतिमा पिंडी के रुप में है, उसी प्रकार भगवान विष्णु की भी निराकार अवस्था पिंडीभाव में होती है। जहाँ शिव अर्थात् ईश्वर की अव्यक्त भाव वाली प्रतिमा शिवलिंग कहलाती है, वहीं भगवान विष्णु की अव्यक्त भाव वाली प्रतिमा को 'शालिग्राम' (लिंग) कहा जाता है।

शिव रुप महान सत्ता को प्राप्त कर प्रकृति अपने आप ही विकार

रुप में प्रवाहित होने लगती है, जिससे जगत की सृष्टि होती है। इसी सृष्टि के भाव को स्पष्ट करने के लिए पिंडी (लिंग) का आश्रयभूत (आधार-पीठिका) जलहरी का अर्घा गोलाकर न होकर सर्वथा दीर्घ (लंबा) रहा करता है।

शिवलिंग की विधा में त्रिदेवों का स्थान निर्धारित है। लिंगपूजन से तीनों देव प्रसन्न होते हैं। इस संबंध में लिंग पुराण कहता है कि 'लिंग के मूल भाग में ब्रह्माजी, उसके मध्य भाग में तीनों लोकों के स्वामी भगवान श्रीविष्णु तथा ऊपरी भाग में प्रणव नामक भगवान शिव विराजमान रहते हैं। उस लिंग की वेदिका या जलहरी साक्षात महादेवी हैं और लिंग महेश्वर हैं। लिंग की वेदी और लिंग का पूजन करने से सभी देवी-देवताओं का पूजन सम्पन्न हो जाता है।

वाल्मीकि के अनुसार राक्षसों का राजा रावण जहाँ भी जाता, अपने साथ सोने का बना हुआ शिवलिंग अवश्य ले जाता। वह उस स्वर्णलिंग को बालुका की वेदी बनाकर उस पर स्थापित करता, फिर गंध-पुष्प आदि से उस मूर्ति का श्रद्धापूर्वक पूजन करता था। अत: यह स्पष्ट होता है कि लिंगपूजन की प्रथा अति प्राचीन है।

जिस लिंग के द्वारा सृष्टि उत्पन्न होती है और पुन: उसी के अवलंबन से यह जीव लय की ओर बढ़ता है, इस सम्पूर्ण ब्रह्माण्ड का विकास भी लिंगसत्ता तथा प्रकृतिसत्ता के द्वारा ही हुआ है, क्योंकि चैतन्य लिंग के द्वारा प्रकृति से ही जगतरुप प्रसव हुआ है। प्रकृतिरुपी सत्ताओं के प्रतीक के रुप में लिंग तथा वेदी की स्थापना की गई है। उपासक इसी व्यापक भाव को अपने हृदय में स्थापित करके शिवपूजन या लिंगपूजन करता है, तो उसका चित्त इस स्थूल लिंग-विग्रह की सहायता से सर्वव्यापक परमात्मा की सत्ता में लीन होने के लिए सर्वथा समर्थ हो जाता है।

इस भावप्रधान उपासना में जब वह अत्यंत दृढ़ हो जाता है, तब वह

अनंतमयी माया की लीला के विस्तार से मुक्त हो जाता है। उसके बाद लिंगोपासना की दृढ़ता के कारण ही कार्यब्रह्म उसकी सहायता करता है और वह कार्यब्रह्म से मुक्त होकर कारणब्रह्म को प्राप्त करते हुए मोक्ष-लाभ को प्राप्त करता है। यही लिंगपूजन का मुख्य उद्देश्य और रहस्य है, जिसके लिए शास्त्रों में लिंगपूजन के महत्त्व को बार-बार दर्शाया गया है।

वसुधैव लिंगम्

विश्व में शिवलिंग की पूजा अनादि काल से प्रचलित है। काल गणना के संदर्भ में लिंगपूजा के समय को निर्धारित करना अत्यंत कठिन है। लिंगपूजा और उसके क्षेत्र पर विचार करने से प्रतीत होता है कि किसी न किसी रुप में विश्व के प्रत्येक क्षेत्र में शिवलिंग-पूजन का प्रचलन रहा है।

ईसाई धर्म के प्रचार से पहले पश्चिमी देशों की विभिन्न जातियों में सर्वत्र लिंगपूजा होती रही है। रोम और यूनान में 'प्रियेपस' और 'फल्लुस' के नाम से लिंग की अर्चना-वंदना की जाती थी। इन दोनों देशों के प्रचलित प्राचीन धर्मों में लिंगपूजन का महत्त्वपूर्ण स्थान था। लिंगपूजा के साथ ही वृष (वृषभ/बैल) की मूर्ति भी पूजनीय थी जिसे भगवान शंकरजी का वाहन माना जाता है।

हिंदूधर्म की तरह ही उनकी पूजा में भी फूल, धूप, दीप आदि सामग्री का प्रयोग होता था। मिस्र देश के निवासियों में 'हर' और 'ईशि' की उपासना प्रमुख रुप से की जाती थी। हमारे शास्त्रों के अनुसार 'हर' शिव का नाम है, जबकि 'ईशि' शब्द ईशानी का ही प्रतिरुप है, जो मातृशक्ति हैं।

प्रतिवर्ष फाल्गुन (मार्च) मास में उपर्युक्त इन देशों में लिंग की पूजा हुआ करती थी। यह पूजन वसंतोत्सव के रुप में मनाया जाता था।

इसे उन राष्ट्रों का वार्षिक समारोह भी माना जाता था। मिस्र देश में एथिओपिया के चंद्रशैल पहाड़ से निकलने वाली नील नदी का अधिष्ठाता 'ओसरि' (लिंग) नामक देवता को माना जाता है।

'फल्लुस' शब्द का अर्थ है-अद्‌भुत, जो संस्कृत के 'फलेश' शब्द का बिगड़ा हुआ रुप है। इसका तात्पर्य यह है कि यज्ञपूजन करने वाले अपने भक्तों को भगवान शंकर अतिशीघ्र फल प्रदान करते हैं। 'फल्लुस' की अर्चना में उस समय की ऋतु वसंत में उत्पन्न होने वाले फल भी चढ़ाये जाते थे। प्लुतार्क के लेखों से ज्ञात है कि तत्कालीन मिस्र में प्रचलित लिंगपूजा संपूर्ण पश्चिमी देशों में प्रचलित थी। चीन और जापान के प्राचीन साहित्य के अनुसार उन देशों में भी लिंगपूजन का प्रचलन था। वहाँ की उपलब्ध पुरानी मूर्तियों को देखकर ऐसा प्रतीत होता है कि अमेरिका के महाद्वीपों के प्राचीन निवासी लिंगपूजा करते थे।

ईसाइयों के मूल धर्मग्रंथ के पुराने 'सुसमाचार' में राजाओं की पुस्तक के पन्द्रहवें अध्याय में एक कथा आती है। रैहोबोयम के पुत्र आशा ने अपनी माता मामाका को लिंग के समक्ष बलि चढ़ाने से रोका था। इस बलि प्रकरण से क्षुब्ध होकर आशा ने क्रोध में उस लिंगमूर्ति को तोड़ डाला था। यहूदी धर्म में भी लिंगपूजा का प्रमाण मिलता है। यहूदियों के देवता 'बेलफेगो' की पूजा लिंग रुप में की जाती थी। परंपरा के अनुसार एक गुप्तमंत्र की दीक्षा भी यहूदियों को दी जाती थी। उन यहूदियों में मोयावी और मरिना निवासियों के उपास्य देवता लिंग के रुप में ही फेगोशैल पहाड़ी पर स्थापित थे।

मिस्रवासियों की उपासना-पद्धति से ही उनकी भी पूजाविधि मिलती-जुलती थी। पहाड़ों के ऊपर तथा जंगली वृक्षों के नीचे यहूदियों ने जगह-जगह लिंग की स्थापना की थी और उन लिंगों के सामने बछड़ों की मूर्तियाँ भी लगायी थीं। यहूदी पत्थर का बालेश्वरलिंग बनाकर स्थापित करते थे और उसे 'बाल' नाम से पुकारते थे। उनकी लिंग पूजा

बालपूजा के नाम से प्रसिद्ध थी। वे बालेश्वर की वेदी के समक्ष दीप-धूप जलाकर प्रार्थना करते और प्रत्येक अमावस्या को लिंग के सामने स्थापित वृष को पूजा चढ़ाते थे।

मिस्र में पूजित ओसिरिस नामक लिंग के सामने भी बैल की मूर्ति की स्थापना की जाती थी।

इतिहासकार टॉड के अनुसार मुहम्मद साहब से पूर्व अरब में 'लात' नामक देवता की उपासना की जाती थी। वह लातदेवता लिंग के रुप में ही स्थापित थे। यही कारण है कि पश्चिमी देशों के लोग सोमनाथ के शिवलिंग को भी 'लात' शब्द से पुकारते थे। 'लात' देवता की स्थापित दोनों मूर्तियाँ (लिंग) किसी पुरुष की मान्य ऊँचाई से पचास गुना ऊँची थीं अर्थात् लगभग तीन सौ फुट ऊँची थीं। इन विशाल मूर्तियों को विविध प्रकार के रत्नों से सजाया जाता था।

एक ही पत्थर से निर्मित विशाल और ऊँचे इस लिंग की अपनी विशेषता थी। जिन मंदिरों में 'लात' नाम लिंगों की स्थापना की गई थी, उन्हें सम्हालने के लिए सोने के ठोस छप्पन खंभे लगे हुए थे। बाद में बेशकीमती स्तंभों को ध्वंस कर महमूद गजनवी ने लूट लिया था।

रिचर्डसन के अनुसार अल्लाह की सबसे बड़ी कन्या का नाम भी 'लात' था, जिसकी पहचान-मूर्ति भी लिंग के समान ही थी। आज 'लात' लिंग का ध्वंशावशेष भी नहीं है। मक्का के काबे में आज भी काले पत्थर से निर्मित लिंग स्थापित है, जिसे तीर्थयात्रा पर जाने वाले मुसलमान चूमते हैं। भविष्यपुराण के ब्राह्म पर्व में इस मक्केश्वर लिंग का वर्णन उपलब्ध होता है।

इस काले पत्थर के लिंग को मुसलमान 'सगे असवद' बोलते हैं, जिसका पूजन पहले यहूदी और इस्रायली लोग किया करते थे। महुम्मद साहब के समय में इस लिंग की पूजा चार हिस्सेदार पंडे किया करते

थे। जिस समय इस लिंग को स्थानांतरित कर काबे में ले जाकर स्थापित करने का निश्चय हुआ, उस समय अलग-अलग खानदान के उन चारों पंडों में आपस में झगड़ा हो गया। झगड़े का मुख्य हेतु यह था कि उस लिंग के स्थानांतरण का श्रेय कौन लेगा? ऐसी स्थिति में मुहम्मद साहब ने अपना फैसला सुनाया। उस फैसले के अनुसार उन चारों पंडों ने उस लिंग को एक चादर में रखकर और उसके चारों कोनों को पकड़ कर एक साथ निर्धारित स्थान पर स्थापित किया।

काबे के अंदर इस लिंगमूर्ति का पूजन निषिद्ध है, किंतु जो भी तीर्थयात्री मुसलमान हज यात्रा पर जाता है, वह इस लिंगमूर्ति को अवश्य चुमता है।

फ्रांस आदि देशों में अब लिंगपूजा नहीं दिखाई पड़ती है, किंतु वहाँ के प्रमुख प्रसिद्ध स्थानों में लिंग दर्शन आज भी होता है। वहां के धार्मिक स्थानों-संग्रहलयों आदि में लिंग पत्थर स्मारक सुरक्षित हैं। इससे स्पष्ट होता है कि फ्रांस सहित अनेक देशों में प्राचीन काल में लिंगपूजा प्रचलित थी।

पूर्व काल में पश्चिमी देशों मे लिंगपूजन का इतना अधिक प्रचलन था कि 'लिंगार्चा' नाम से एक संप्रदाय ही प्रसिद्ध हो चुका था। हमारे देश में प्रसिद्ध 'लिंगायत' सम्प्रदाय शैव मतावलंबियों के हैं, जो दक्षिण भारत में 'जंगम' कहलाते हैं।

देवचिह्न के लिए लिंग का प्रयोग मात्र शिवजी के लिए ही किया गया है। इनके अतिरिक्त अन्य प्रतिमाओं के लिए 'मूर्ति' का प्रयोग किया जाता है। मूर्तिमान के ध्यान (स्वरुप) के अनुसार ही प्रतिमा अर्थात् मूर्ति का निर्माण किया जाता है, किंतु लिंग में आकार अथवा रुप का उल्लेख नहीं किया गया है।

शास्त्रों के अनुसार महाप्रलय की अग्नि में सब कुछ भस्म होकर

शिवलिंग में ही समाहित हो जाता है। सृष्टि के प्रारंभ में सब लिंग से ही प्रकट होते हैं।

शिव की उपासना में पार्थिव पूजन भी एक विधा है, जो मिट्टी निर्मित लिंग से किया जाता है। देश के विभिन्न महत्त्वपूर्ण स्थानों में पत्थर के शिवलिंगों की स्थापना की गई है, ये शिवलिंग स्थायी तौर पर विराजमान होते हैं।

बाण लिंग और स्वर्ण तथा चाँदी से निर्मित छोटे लिंग जंगम (सचल) होते हैं, जिन्हें लिंगायत संप्रदाय वाले पूजा हेतु अपने साथ लिये फिरते हैं। इनमें कुछ गले और कुछ लोग अपनी बाँहों में बाँधते हैं।

प्रकार एवं पूजन

गरुड़पुराण के अनुसार अनेक पदार्थों से लिंग का निर्माण किया जाता है। शिवसायुज्य मुक्ति प्राप्ति के लिए दो भाग कस्तूरी, चार भाग चन्दन तथा तीन भाग कुंकम मिलाकर गन्धलिंग का निर्माण कर उसकी पूजा की जाती है। भूमिलाभ के लिए अनेक प्रकार के सुगंधित फलों से पुष्पलिंग बनाकर उसकी अर्चना-वंदना की जाती है। कपिला गाय के गोबर से गोशक्रलिंग बनाकर पूजा करने से धन-ऐश्वर्य की प्राप्ति होती है, किंतु जिसके लिए बनाया जाता है, उसकी मृत्यु हो जाती है। इस पूजन हेतु गोबर को पृथ्वी पर गिरने नहीं दिया जाता, बल्कि गाय के गोबर करते समय ऊपर से ही ग्रहण कर लिया जाता है।

विद्या की प्राप्ति के लिए रज अर्थात् धूल से रजोमय लिंग बनाकर पूजा की जाती है। अतीव धनाढ्य बनने हेतु तथा पुत्रलाभ के लिए भी जौ, गेहूँ और चावल के आटे का यवगो धूमशालिज लिंग बनाकर पूजन किया जाता है। रोग से निवृत्ति और स्वास्थ्य लाभ के लिए शर्करा से निर्मित सिताखंडमय लिंग की अर्चना की जाती है।

हरताल और त्रिकुट को नमक में मिला लवणज लिंग बनाया जाता है। इस लिंग की अर्चना से सब प्रकार का उत्तम वशीकरण किया जा सकता है।

इसी प्रकार तिलपिष्टौत्थ लिंग की पूजा इच्छा पूर्ति करने वाली है, तो तुषोत्थ लिंग मृत्युकारक है, भस्ममय लिंग संपूर्ण प्रकार के फल देने वाला है, तो गुड़ोत्थ लिंग प्रेम बढ़ाने वाला तथा शर्करामय लिंग सुखों को देने वाला है।

वंशांकुरमय लिंग के पूजने से कुलज की वृद्धि होती है और केशास्थि लिंग की पूजा से शत्रु का नाश होता है। जो व्यक्ति दुमोद्भूत लिंग की पूजा करता है वह दरिद्र होता है जबकि पिष्टमय लिंग विद्या को देने वाला है। इसी प्रकार दधिदुग्धोद्भव लिंग कीर्ति, लक्ष्मी तथा सुख को प्रदान करता है।

धान्यज लिंग धान्य प्रदान करता है फलोत्थ लिंग फल प्रदान करता है, धात्रीफलजात लिंग मुक्ति प्रदान करता है और नवनीतज लिंग कीर्ति तथा सौभाग्य का दाता है। गरुड़पुराण के अनुसार दूर्वाकांडजलिंग की अर्चना-वंदना करने से दुर्घटना व अपमृत्यु से बचाव होता है, तो कर्पूरज लिंग मुक्ति प्रदान करता है, अयस्कांतमणिज लिंग सिद्धिप्रद है, तो मौक्तिक अर्थात् मोती से निर्मित लिंग सौभाग्य प्रदान करने वाला होता है।

स्वर्ण निर्मित लिंग की पूजा से महामुक्ति मिलती है, जबकि चाँदी का लिंग ऐश्वर्य को बढ़ाने वाला है। पित्तलज और कांस्यज लिंग मुक्तिदाता है, जबकि आयस और सीसकज शत्रुनाशक होते हैं।

अष्टधातु निर्मित शिवलिंग सब प्रकार की सिद्धि देता है, जबकि अष्टलौहजात लिंग कुष्टनाशक, वैदूर्यज शत्रु दमनकारक तथा स्फटिक

लिंग सर्वकामप्रद होता है। पारे का शिवलिंग महाऐश्वर्य प्रदान करने वाला है। तांबा, सीसक, रक्तचंदन, शंख, काँसा तथा लोहा आदि से निर्मित शिवलिंगों की पूजा कलियुग में सर्वथा निषिद्ध है।

लिंग विज्ञान

लिंग का शास्त्र-विधि से संस्कार कर उनकी प्रतिष्ठा की जाती है, तदनंतर स्थापना कर पूजा की जाती है। पाषाणादि का लिंग जितना बड़ा बनाया जाता है, उससे दुगुनी उसकी वेदीका और उसका आधा योनिपीठ का निर्माण किया जाता है। शास्त्रों के अनुसार लिंग की लंबाई कम होने पर शत्रुओं की वृद्धि होती है। योनिपीठ अथवा मस्तक आदि अंग बनाये बिना ही लिंग का निर्माण करना अत्यन्त अशुभ माना गया है। पार्थिव लिंग का निर्माण अँगूठे के ऊपरी पर्व के बराबर और सुंदर करना चाहिए।

लिंग के मूल में ब्रह्मा, मध्य में विष्णु और ऊपरी भाग में प्रणव रुप महादेव विराजमान रहते हैं। वेदी महादेवी हैं और लिंग महादेव। इस प्रकार एक लिंग की पूजा करने से सभी देवताओं की पूजा हो जाती है। लिंग साफ-सुथरा और सुंदर होगा तभी उत्तम फल देगा। खुरदरा बाणलिंग पुत्र-स्त्री आदि का क्षयकारक होता है।

इसी प्रकार चिपटा लिंग गृहभंग करता है, तो एक पार्श्वस्थित एक ओर से दबा हुआ पुत्र, स्त्री, धन आदि का क्षय करता है। कर्णिकायुक्त लिंग रोगकारक है, तो अगला हिस्सा तीक्ष्ण, टेढ़ा सिर वाला व त्रिकोणयुक्त लिंग की पूजा वर्जित है।

मेघ के रंग वाला तथा कपिलवर्ण का लिंग शुभ है। गृहस्थ के लिए लघु या मोटा कपिलवर्ण लिंग निषिद्ध है। भौंरे की तरह काला लिंग पूज्य है। जामुन तथा मुर्गी के अंडे के आकार-प्रकार में बाणलिंग प्राप्त होता है। अत्यंत मोटा या अत्यन्त पतला, छोटा तथा आभूषणयुक्त बाणलिंग

की पूजा मोक्ष चाहने वालों के लिए विहित है, किन्तु शास्त्रकारों ने ऐसे लिंग की पूजा गृहस्थियों के लिए वर्जित किया है।

बाण लिंग सफेद, नीला और शहद के रंगवाला भी प्राप्त होता है, जिसकी पूजा का विधान किया गया है। ऐसा लिंग अत्यंत शुभ माना गया है। शिवलिंग की पूजा तथा उनके दर्शनों से आध्यात्मिक स्वरुप की झलक मिलती है।

शास्त्रीय ग्रंथों में अनेक प्रकार के शिवलिगों के निर्माण का विधान बताया गया है तथा उनका विशेष अंश द्वादश ज्योतिर्लिंगों में विद्यमान है। स्कन्दपुराण, पद्मपुराण, लिंगपुराण, वाल्मीकीय रामायण आदि ऐतिहासिक ग्रंथों में शिवलिंग की उत्पत्ति की रोचक कथा वर्णित हैं।

जहां शालिग्राम शिला की उत्पत्ति होती है, उस स्थान में उत्पन्न लिंग पर, पारा, पत्थर तथा चाँदी से निर्मित लिंग पर, स्वर्णनिर्मित शिवलिंग पर, देवता तथा सिद्धों के द्वारा प्रतिष्ठित लिंग पर, केसर, स्फटिक तथा विभिन्न प्रकार के रत्नों से निर्मित शिवलिंग पर एवं समस्त ज्योतिर्लिंग पर चढ़ाये गये नैवेद्यों को ग्रहण करने से चन्द्रायण व्रत करने का फल प्राप्त होता है।

ऊपर गिनाये गये शिवलिंगों का नैवेद्य सभी प्रकार के भक्त ग्रहण कर सकते हैं, जिससे उनका पाप नष्ट हो जाता है। इनके अतिरिक्त शिवलिंगों का निर्माल्य केवल शिवभक्त जिसने दीक्षा ली हो, उसी को ग्रहण करना चाहिए।

8

ज्योतिर्लिंग कथा

शिवमहापुराण के कोटिरूद्र संहिता में वर्णित कथानक के अनुसार भगवान शिव प्राणियों के कल्याण हेतु जगह-जगह तीर्थों में भ्रमण करते रहते हैं तथा लिंग रूप में वहाँ निवास भी करते हैं। कुछ विशेष स्थानों पर शिव के उपासकों ने महती निष्ठा के साथ शिव की आराधना की थी। उनके भक्तिभाव से प्रसन्न भगवान शिव ने उन्हें दर्शन दिया तथा उनके मन की अभिलाषाएँ पूर्ण की।

उन स्थानों में प्रकट दयालु शिव अपने भक्तों के अनुरोध पर सदा के लिए वहीं स्थित हो गये। लिंग रूप में भगवान शिव जिन-जिन स्थानों में विराजमान हुए, वे सभी तीर्थ महत्त्व को प्राप्त हुए।

संपूर्ण चराचर जगत पर अनुग्रह करने के लिए ही भगवान शिव ने देवता, असुर, गंधर्व, राक्षस तथा मनुष्यों सहित तीनों लोकों को लिंग रूप में व्याप्त कर रखा है।

संपूर्ण लोकों पर कृपा करने की दृष्टि से ही भगवान महेश्वर तीर्थ में तथा विभिन्न जगहों में अनेक प्रकार के लिंग रुप धारण करते हैं। जहाँ-जहाँ जब भी उनके भक्तों ने भक्तिपूर्वक उनका स्मरण या चिंतन किया, वहीं वे स्थित हो गये। जगत का कल्याण करने हेतु भगवान शिव

ने स्वयं अपने स्वरूप के अनुकूल लिंग की परिकल्पना की और उसी में प्रतिष्ठित हो गये। ऐसे लिंगों की पूजा करके शिवभक्त सब प्रकार की सिद्धियों को प्राप्त कर लेते हैं।

द्वादश ज्योतिर्लिंगों के संबंध में शिवपुराण की कोटि रूद्रसंहिता के निम्नलिखित श्लोक उल्लेखनीय है-

सौराष्ट्रे सोमनाथंच श्री शैले मल्लिकार्जुनम्।
उज्जयिन्यां महाकालमोंकारं परमेश्वरम्।।
केदारं हिमवत्पृष्ठे डाकिन्यां भीमकंशरम्।
वाराणस्यांच विश्वेशं त्र्यम्बकं गौतमीतटे।
वैद्यनाथं चिताभूमौ नागेशं दारुकावने।
सेतुबन्धे च रामेशं घुश्मेशंच शिवालये।।
द्वादशैतानि नामानि प्रातरुत्थाय यः पठेत्।
सप्तजन्मकृतं पापं स्मरणेन विनश्यति।।
यं यं काममपेक्ष्यैव पठिष्यन्ति नरोत्तमाः।
तस्त तस्त फलप्राप्तिर्भविष्यति न संशयः।।

'जो भी मनुष्य प्रतिदिन प्रातःकाल उठकर इन ज्योतिर्लिंगों से संबंधित श्लोकों का पाठ करता हुआ शिवलिंगों का ध्यान करता है, उसके सात जन्मों तक के पाप नष्ट हो जाते हैं। जिस कामना की पूर्ति के लिए मनुष्य नित्य इन नामों का पाठ करता है, शीघ्र ही उसे फल की प्राप्ति हो जाती है। इन लिंगों के दर्शन मात्र से सभी पापों का क्षय हो जाता है, यही प्रसन्न भगवान शंकर की विशेषता है।'

ज्योतिर्लिंग में प्रकट होने के बाद ब्रह्माजी और भगवान विष्णु ने शिव स्तुति की, भगवान शंकर जिससे प्रसन्न होकर अपने वास्तविक स्वरूप में प्रकट हो इन देवताओं से कहा- 'देववरो! मैं आप लोगों पर बहुत प्रसन्न हूँ। आप दोनों ही मेरी इच्छा के अनुरूप प्रकृति से उत्पन्न

हुए हैं। मैंने अपने निर्गुण स्वरूप को तीन रूपों में बाँटकर अलग-अलग गुणों से युक्त कर दिया है। मेरे दाहिने भाग में लोक पितामह ब्रह्मा, बायें भाग में विष्णु तथा हृदयप्रदेश में परात्पर परमात्मा अवस्थित हैं। यद्यपि मैं निर्गुण हूँ, फिर भी गुणों के संयोग से मेरा बंधन नहीं होता है। इस लोक के सारे दृश्य पदार्थ मेरे ही रूप हैं। मैं, आप दोनों तथा सब एक हैं। हम लोगों में कोई भेद नहीं है क्योंकि भेद ही बंधन है।

प्रसन्न शिव ने विष्णु से कहा- 'हे सनातन विष्णो! आप जीवों को मुक्ति प्रदान करने का दायित्त्व सम्हालिए। मेरे दर्शन करने से जो भी फल प्राप्त होता है, वही फल आपके दर्शन करने से भी मिलेगा। मेरे हृदय में आप निवास करते हैं और मैं आपके हृदय में निवास करता हूँ। इस प्रकार का भाव जो भी मनुष्य अपने हृदय में रखता है और मेरे तथा आपमें कोई भेद नहीं देखता, ऐसा मनुष्य मुझे अत्यंत प्रिय है।' इस प्रकार रहस्यमय उपदेश देने के बाद भगवान शिव अन्तर्धान हो गए।

श्री सोमनाथ

श्री सोमनाथ ज्योतिर्लिंग गुजरात के काठियावाड़ क्षेत्र के अंतर्गत प्रभास पाटण नगर में स्थित है। द्वादश ज्योतिर्लिंगों में सोमनाथ की गणना प्रथम है। इनके आविर्भाव का प्रकरण प्रजापति दक्ष और चंद्रमा के साथ जुड़ा है। प्रजापति दक्ष ने अपनी अश्विनी आदि सभी सत्ताईस पुत्रियों का विवाह चंद्रमा के साथ कर बहुत प्रसन्न हुए।

दक्षकन्याएँ अपने स्वामी के रूप में सर्वसुंदर चंद्रमा को प्राप्त कर शोभायमान हो उठीं। चंद्रमा को उन सत्ताईस पत्नियों में रोहिणी अतिशय प्रिय थी। रोहिणी की भांति चंद्रमा का प्रेम अन्य पत्नियों में नहीं था। चंद्रमा की उदासीनता और उपेक्षा को देखकर शेष स्त्रियाँ बहुत दुखी हुईं। वे अपने पिता दक्ष की शरण में गयीं और उनसे अपने कष्टों का वर्णन किया। अपनी पुत्रियों की व्यथा और चंद्रमा के दुर्व्यवहार को

सुनकर दक्ष भी बड़े दुखी हुए। उन्होंने चंद्रमा से भेंट कर सभी पत्नियों के प्रति समभाव और अन्य दायित्त्वों का उपदेश दिया किंतु प्रबल भावी के कारण विवश चन्द्रमा ने अपने ससुर प्रजापति दक्ष की बात नहीं मानी।

दुबारा समाचार प्राप्त कर प्रजापति दक्ष बड़े दुखी हुए। वे पुनः चंद्रमा के पास आकर उन्हें उत्तम नीति के द्वारा समझाने लगे। दक्ष ने चंद्रमा से न्यायोचित बर्ताव करने की प्रार्थना की। बार-बार आग्रह करने पर भी चंद्रमा ने अवहेलनापूर्वक जब दक्ष की बात नहीं मानी, तब उन्होंने चंद्रमा को क्षयरोग होने का शाप दे दिया।

दक्ष द्वारा शाप देने के साथ ही क्षण भर में चंद्रमा क्षयरोग से ग्रसित हो गये। उनके क्षीण होते ही सर्वत्र हाहाकार मच गया। सभी देवगण तथा ऋषिगण भी चिंतित हो उठे।

परेशान चंद्रमा ने अपनी अस्वस्थता तथा उसके कारणों की सूचना इंद्रादि देवताओं तथा ऋषियों को दी। उनकी सहायता के लिए इंद्र आदि देवता तथा वसिष्ठ आदि ऋषिगण ब्रह्माजी की शरण में गये। ब्रह्माजी ने उन देवताओं को एक उपाय बताया।

ब्रह्मा ने चंद्रमा को देवताओं के साथ कल्याणकारक शुभ प्रभास क्षेत्र जाने और वहाँ विधिपूर्वक मृत्युंजय-मंत्र का अनुष्ठान करते हुए श्रद्धापूर्वक शिवलिंग की स्थापना करके प्रतिदिन कठिन तपस्या करने को कहा।

दस करोड़ मृत्युंजय मंत्र का जप तथा ध्यान करते हुए चंद्रमा स्थिर चित्त से वहाँ निरंतर खड़े रहे। कालांतर में उनकी उत्कट तपस्या से भक्तवत्सल भगवान शंकर प्रसन्न हो गये।

चंद्रमा ने विनयपूर्वक अपने अपराधों को क्षमा करने और क्षय रोग दूर करने की प्रार्थना की। भगवान शिव का कृपा प्रसाद प्राप्त कर

चंद्रदेव बहुत प्रसन्न हुए। उन्होंने भक्तिभावपूर्वक शंकर की स्तुति की। ऐसी स्थिति में निराकार शिव उनकी दृढ़ भक्ति को देखकर साकार लिंग रूप में प्रकट हो गए तथा प्रभास क्षेत्र के महत्त्व को बढ़ाने हेतु देवताओं के सम्मान तथा चंद्रमा के यश का विस्तार करने के लिए स्वयं सोमेश्वर कहलाने लगे। चंद्रमा के नाम पर सोमेश्वर बने भगवान शिव संसार में सोमनाथ के नाम से प्रसिद्ध हुए।

सोमनाथ भगवान की पूजा और उपासना करने से उपासक भक्त के क्षय तथा कोढ़ इत्यादि रोग सर्वथा नष्ट हो जाते हैं और वह स्वस्थ हो जाता है। यशस्वी चंद्रमा के कारण ही सोमेश्वर भगवान शिव इस भूतल को परम पवित्र करते हुए प्रभास क्षेत्र में विराजते हैं।

श्री मल्लिकार्जुन

दक्षिण भारत के तमिलनाडु राज्य में कृष्णा जिले के अंतर्गत श्री मल्लिकार्जुन नामक द्वितीय ज्योतिर्लिंग है। यह कृष्णा नदी के किनारे श्री शैलपर्वत पर अवस्थित है। इसे दक्षिण का कैलास भी कहा जाता है। महाभारत के अनुसार श्री शैल पर्वत पर भगवान शिव का पूजन करने से अश्वमेध-यज्ञ करने का फल प्राप्त होता है।

कुछ ग्रंथों मे तो यहाँ तक लिखा है कि श्रीशैल शिखर के दर्शन मात्र करने से दर्शकों/भक्तों के सभी प्रकार के कष्ट दूर हो जाते हैं, उसे अनंत सुखों की प्राप्ति होती है और वक आवागमन के दुःचक्र से मुक्त हो जाते हैं। इस आशय का वर्णन शिवमहापुराण के कोटिरूद्र संहिता के पंद्रहवें अध्याय में उपलब्ध होता है।

शिव-पार्वती के दोनों पुत्र स्वामी कार्तिकेय और श्री गणेश विवाह के लिए आपस में कलह करने लगे। दोनों भाईयों में से पहले किन का विवाह हो, यही कलह का कारण था। फैसले के लिए दोनों माता-पिता भवानी और शंकर के पास पहुँचे। उनके माता-पिता ने कहा कि उन

दोनों में जो कोई इस पृथ्वी की परिक्रमा कर पहले यहाँ आ जाए, उसी का विवाह पहले होगा।

एक मजाक में रख दी गई शर्त को सुनते ही कार्तिकेय पृथ्वी की परिक्रमा करने के लिए दौड़ पड़े। स्वयं स्थूलकाय और वाहन मूषक के कारण गणेशजी के सामने भारी समस्या उपस्थित थी। बुद्धि के सागर गजानन ने कुछ सोच-विचार कर अपनी माता पार्वती और पिता महेश्वर को एक आसन पर बैठा अपने वाहन सहित उनकी सात परिक्रमा कर विधिवत् पूजन किया।

इस प्रकार श्रीगणेश जी अपने माता-पिता की महानता एवं पुत्र से महासम्मान की नैसर्गिक अभिलाषा की परिक्रमा करके पृथ्वी की परिक्रमा से प्राप्त होने वाले फल की प्राप्ति के अधिकारी बन गये। उनकी महानता और बुद्धि को देख शिव और पार्वती फूले नहीं समाए और उन्होंने श्रीगणेश का विवाह कर दिया। स्वामी कार्तिकेय के पृथ्वी की परिक्रमा करके वापस लौटने से पूर्व श्री गणेशजी का विवाह प्रजापति की पुत्रियों रिद्धि-सिद्धि के साथ हो चुका था एवं उन्हें 'सिद्धि' नामक पत्नी से 'क्षेम' और बुद्धि नामक पत्नी से 'लाभ' दो पुत्ररत्न भी मिल गए थे।

भ्रमणशील देवर्षि नारद ने स्वामी कार्तिकेय से यह सारा वृत्तांत कह सुनाया। सुनकर कार्तिकेय जल उठे। नाराज कार्तिकेय ने शिष्टाचार वश अपने माता-पिता के चरण तो छुए परंतु माता-पिता से अलग होकर क्रौंच पर्वत पर रहने लगे। शिव और पार्वती ने अपने पुत्र कार्तिकेय को समझा-बुझाकर बुलाने हेतु देवर्षि नारद को क्रौंच पर्वत भेजा। देवर्षि नारद ने बहुत प्रकार से स्वामी को मनाने का प्रयास किया, किन्तु वे वापस नहीं आए।

तत्पश्चात् माता पार्वती पुत्र स्नेह में व्याकुल हो उठीं। वे भगवान

शिवजी को लेकर क्रौंच पर्वत पहुँच गईं। स्वामी कार्तिकेय अपने माता-पिता के आगमन की सूचना मिलते ही वहां से तीन योजन दूर चले गए। भगवान शिव अपनी शक्ति विग्रह के साथ अपने पुत्र के निवास-स्थान पर सदा उपस्थित रहने हेतु क्रौंच पर्वत पर ज्योतिर्लिंग के रूप में प्रकट हो गए एवं वे मल्लिकार्जुन ज्योतिर्लिंग के नाम से प्रसिद्ध हुए। मल्लिका माता पार्वती तथा अर्जुन भगवान शंकर के सम्मिलित रूप से मल्लिकार्जुन नामक ज्योतिर्लिंग का अवतरण हुआ।

इस पर्वत पर बहुत से शिवलिंग मिलते हैं। यहाँ महाशिवरात्रि के दिन मेला लगता है। मल्लिकार्जुन ज्योतिर्लिंग की पहाड़ी से पाँच किलोमीटर नीचे पातालगंगा के नाम से प्रसिद्ध कृष्णा नदी है, जिसमें स्नान करने का महत्त्व शास्त्रों में वर्णित है।

श्री महाकाल

शिवमहापुराण में श्रीमहाकाल की कथा का वर्णन है। इस महाज्योतिर्लिंग की कथा श्रीमहाकाल महाअध्याय में पूर्णतः वर्णित है।

श्री ओंकारेश्वर

श्री ओंकारेश्वर चौथा ज्योतिर्लिंग हैं। इनके साथ ही श्री अमलेश्वर ज्योतिर्लिंग भी है। इन दोनों शिवलिंगों की गणना एक ही ज्योतिर्लिंग के रूप में हैं। श्रीओंकारेश्वर स्थान भी मालवा क्षेत्र में ही है। स्कन्दपुराण के रेवाखंड में श्रीओंकारेश्वर की महिमा का बखान होता है।

श्रीओंकारेश्वर-तीर्थ नर्मदा नदी के किनारे उज्जैन से खांडवा जाने वाले रेलमार्ग पर मोरटक्का नामक रेलवे से लगभग बारह किलोमीटर की दूरी पर स्थित है।

इस ज्योतिर्लिंग को शिव महापुराण में परमेश्वर लिंग कहा गया है। परमेश्वर लिंग की स्थापना के संबंध में वर्णित कथा इस प्रकार है:

भगवान शिव के अनेक रूप व नाम हैं। एक बार नारद ऋषि परम श्रद्धा और भक्ति के साथ गोकर्ण नामक शिव के पास गये और बड़ी लगन के साथ उनकी सेवा करने लगे। कुछ समय सेवा में बिताने के बाद मुनिश्रेष्ठ वहाँ से गिरिराज विन्ध्य पर पहुँचे। विन्ध्य ने बड़े आदर-सम्मान के साथ उनकी विधिवत पूजा की।

'मैं सर्वगुण सम्पन्न हूँ, मेरे पास हर प्रकार की सम्पदा है, किसी वस्तु की कमी नहीं है'-इस प्रकार के नाना अहं भाव को मन में लिये विन्ध्याचल नारदजी के समक्ष खड़ा हो गये। अहंकारनाशक श्री नारदजी विन्ध्याचल की अभिमान मुद्रा देख लम्बी साँस खींचते हुए चुपचाप खड़े रहे।

विन्ध्य पर्वत ने मूढ़ता एवं उद्वंडता पूछा-'आपको कौन-सी कमी दिखाई दी? आपने किस कमी को देखकर लम्बी साँस खींची?' सुधीर नारदजी ने विन्ध्याचल को बताया कि तुम्हारे पास सब कुछ है, किन्तु मेरु पर्वत तुमसे बहुत ऊँचा है। उस पर्वत के शिखरों का विभाग देवताओं के लोकों तक पहुँचा हुआ है। मुझे लगता है कि तुम्हारे शिखर के भाग वहां तक कभी नहीं पहुँच पाएँगे।

ऐसा कह ऋषि नारद के चले जाने पर विन्ध्याचल को बहुत पछतावा हुआ। वह दु:खी हो मन ही मन शोक करने लगा। उसने निश्चय किया कि वह विश्वनाथ भगवान सदाशिव की महा आराधना और महा तपस्या कर महा महत्ता अवश्य प्राप्त करेगा। ऐसा महा विचार कर वह भगवान शंकर जी की सेवा में चला गया।

उसने प्रसन्नता और प्रेमपूर्वक पार्थिव शिवलिंग बनाई और छ: महीने तक लगातार उसके पूजन में तन्मय रहा। उसकी कठोर तपस्या को देखकर भगवान शिव प्रसन्न हो गये। अपना महा दिव्य महा स्वरूप प्रकट कर महा सदाशिव ने प्रसन्नता पूर्वक विन्ध्याचल से वर मांगने को कहा।

'यदि आप मुझ पर प्रसन्न हैं, तो भक्तवतसल! हमारे कार्य की सिद्धि करने वाली अभीष्ट बुद्धि प्रदान करने की कृपा करें।' वहाँ स्थित एक ही ओंकार लिंग दो रूपों में विभक्त हो गया। प्रणव के अंतर्गत जो सदाशिव विद्यमान हुए, उन्हें ओंकार नाम से जाना जाता है। इसीप्रकार पार्थिवमूर्ति में ज्योति प्रतिष्ठित हुई थी, वह परमेश्वर लिंग के नाम से विख्यात हुई।

परमेश्वर लिंग को ही अमलेश्वर भी कहा जाता है। इस प्रकार भक्तजनों को अभिष्ट फल प्रदान करने वाले श्री ओंकारेश्वर और श्री परमेश्वर नाम से शिव के ये महाज्योतिर्लिंग जगत में प्रसिद्ध हुए।

भगवान शिव के प्रादुर्भाव और निरंतर निवास से विंध्याचल पर्वत को अतीव प्रसन्नता हुई। अभीष्ट वर की प्राप्ति से उसने अपने कार्य की सिद्धी की और अपने मानसिक परिताप का परित्याग किया। शिव पुराण का ऐसा उद्घोष है कि जो मनुष्य भगवान शंकर का पूजन कर निरंतर ध्यान करता है, उसे दुबारा माता के गर्भ में नहीं आना पड़ता, उसकी मुक्ति हो जाती है। इस महा ज्योतिर्लिंग का पूजन सभी प्रकार के मनोवांछित फल देने वाला है।

श्री केदारेश्वर

उत्तराखंड प्रदेश के हिमालय क्षेत्र में चार धाम बद्रीनाथ, केदारनाथ, गंगोत्तरी तथा यमुनोत्तरी प्रसिद्ध हैं। इनमें बद्रीनाथ और केदारनाथ तीर्थों के दर्शन का विशेष महत्त्व है। केदारखंड के ज्योतिर्लिंग श्री केदारनाथ के दर्शन के संबंध में लिखा है कि जो कोई व्यक्ति बिना केदारनाथ भगवान का दर्शन किए यदि बद्रीनाथ क्षेत्र की यात्रा करता है तो उसकी यात्रा निष्फल हो जाती है।

श्री केदारनाथ जी का मंदिर पर्वतराज हिमालय के केदार नामक चोटी पर अवस्थित है। इस चोटी के पूर्व दिशा में अलकनंदा नदी के

तट पर भगवान बद्री विशाल का पवित्र देवालय स्थित है तथा पश्चिम में मंदाकिनी नदी के किनारे भगवान श्री केदारनाथ विराजमान हैं।

श्री केदारेश्वर ज्योतिर्लिंग के प्राचीन मन्दिर का निर्माण पांडवों ने कराया था, जो पर्वत की 11,750 फुट की ऊँचाई पर अवस्थित है। श्री केदारनाथ महामंदिर की ऊँचाई 80 फुट है जो एक महाविशाल चौकोर चबूतरे पर खड़ा है। इस महामंदिर के निर्माण में भूरे रंग के पत्थरों का उपयोग किया गया है।

मंदिर के गर्भगृह में केदारनाथ का स्वयम्भू ज्योतिर्लिंग है, जो अनगढ़ पत्थर का है। यह लिंग मूर्ति चार हाथ लम्बी तथा डेढ़ हाथ मोटी है, जिसका स्वरूप भैंसे की पीठ के समान दिखाई पड़ता है।

मंदिर के जगमोहन में द्रौपदी सहित पाँच पांडवों की सुंदर विशाल मूर्तियाँ हैं।

भगवान विष्णु के नर और नारायण नामक दो अवतार हुए हैं। नर और नारायण दोनों ने पवित्र हिमालय के बदरिकाश्रम में महा तपस्या की। उन्होंने मिट्टी का शिवलिंग बनाकर श्रद्धा और भक्तिपूर्वक उसमें विराजने के लिए भगवान शिव से प्रार्थना की।

पार्थिव लिंग में शिव के विद्यमान होने पर दोनों ने शास्त्र-विधि से उनकी पूजा-अर्चना की। प्रतिदिन निरन्तर शिव का पार्थिव-पूजन करना और उनके ही ध्यान में मग्न रहना उन तपस्वियों की संयमित दिनचर्या थी।

बहुत दिनों बाद उनकी आराधना से सन्तुष्ट परमेश्वर शंकर भगवान ने प्रसन्न हो वर मांगने को कहा। नर और नारायण ने जनकल्याण की भावना से शिव की सदा के लिए वहीं स्थित होने की प्रार्थना की। भगवान शंकर उन दोनों तपस्वी-बन्धुओं के अनुरोध को

स्वीकारते हुए हिमालय के केदारतीर्थ में ज्योतिर्लिंग के रूप में स्थित हो गये।

उन दोनों अनन्य भक्तों से परम पूजित, सम्पूर्ण भय और दुःख का नाश करने तथा अपने भक्तों को दर्शन देने के हेतु से श्री केदारेश्वर महादेव वहाँ सदा ही विद्यमान रहते हैं। भगवान केदारनाथ दर्शन-पूजन करने वाले अपने भक्तों को सर्वदा उनका अभीष्ट प्रदान करते हैं। जो मनुष्य बदरीवन की यात्रा करके नर तथा नारायण और श्री केदारेश्वर शिव का दर्शन करता है, निस्संदेह वह मोक्षपद का भागी बन जाता है।

महाशिव पुराण का अभिमत है कि श्री केदारतीर्थ में केदारनाथ ज्योतिर्लिंग का पूजन कर जो मनुष्य वहां का जल पी लेता है, उसका पुनर्जन्म नहीं होता।

शिव महापुराण में एक अन्य कथा भी प्राप्त होती है। उसके अनुसार भारतवर्ष की वीरता महाभारत के युद्ध में विलीन हो गई, युद्ध का परिणाम भयंकर हुआ, सारे क्षत्रिय योद्धाओं का संहार हो गया। युद्ध समाप्त होने के बाद जब पांडवों ने उस पर विचार किया, तो वे दुख से अत्यंत व्याकुल हो उठे।

उन्होंने स्वयं अपने ही हाथों अपने सगे-संबधियों तथा कुल के लोगों का नाश कर डाला था। पांडवों ने आत्मकुल नाश और गोत्र हत्या के पाप से मुक्ति प्राप्त करने हेतु देव ऋषि वेदव्यासजी से प्रायश्चित का विधान जानना चाहा। व्यासजी ने उन पांडवों को बताया कि संसार में सबका भला होता देखा गया है, किंतु अपने वंश की हत्या करने वाले कुलघाती का कभी कल्याण नहीं होता। उन्होंने कहा कि यदि तुम लोग इससे मुक्त होना चाहते हो, तो केदारक्षेत्र में जाकर भगवान केदारनाथ का तपस्यापूर्वक अनुकंपा प्राप्त करो।

श्री भीमशंकर

ज्योतिर्लिंगों में श्री भीमशंकर ज्योतिर्लिंग को छठा स्थान प्राप्त है। इस ज्योतिर्लिंग में कुछ मतभेद है। द्वादश ज्योतिर्लिंग स्तोत्र के अनुसार भीमशंकर ज्योतिर्लिंग मुंबई से पूरब और पूना से उत्तर भीमा नदी के तट पर अवस्थित है।

शिवपुराण के अनुसार भीमशंकर ज्योतिर्लिंग असम प्रांत के कामरूप जनपद में गोहाटी के पास ब्रह्मरूप पहाड़ी पर स्थित है। कुछ लोग तो उत्तराखंड प्रदेश के नैनीताल जिले में 'उज्जनक' स्थान पर स्थित भगवान शिव के विशाल मंदिर को भी भीमशंकर ज्योतिर्लिंग कहते हैं।

श्री शिव महापुराण के कोटिरूद्र संहिता में श्री भीमशंकर ज्योतिर्लिंग के संबंध में इस प्रकार लिखा है:

पूर्वकाल में भीम नामक एक महाबलशाली और पराक्रमी राक्षस जगह-जगह धर्म का नाश करता हुआ संपूर्ण प्राणियों को सताया करता था। वह कुंभकरण और कर्कट की पुत्री कर्कटी से उत्पन्न था। भीम अपनी माता कर्कटी के साथ सह्य नामक पर्वत पर निवास करता था। उसने अपने जीवन में अपने पिता को कभी नहीं देखा। अत: एक दिन उसने अपनी माता से अपने पिता के बारे में जानना चाहा।

उसकी माता ने उसे विस्तार से बताया। उसके पिता का नाम कुम्भकर्ण था, जो रावण के छोटे भाई थे। महाबलशाली और पराक्रमी श्रीराम ने उन्हें मार डाला था। उसके नाना का नाम कर्कट और नानी पुष्कसी थी। उसके पूर्व पति विराध थे जिन्हें पहले ही श्रीराम ने मार डाला था।

अपनी माता की शोकपूर्ण बात सुन महाराक्षस अतिकुपित हो उठा। उसने अपनी माता के सामने तमाम शोकों के लिए श्री हरि से बदला लेने का महाव्रत लिया।

अपनी महाशक्ति को और अधिक बढ़ाने के लिए उसने महासंकल्प ले ब्रह्माजी को प्रसन्न करने हेतु एक हजार वर्षों तक महातप किया। उसके महातप से प्रसन्न श्री ब्रहमान उसे अतुलनीय बल प्रदान किया। इस प्रकार राक्षस भीम ब्रह्मा जी के वरदान पाकर अत्यंत बलशाली हो गया। उसने महादंभ में इंद्रादि देवताओं पर चढ़ाई कर उन्हें स्वर्ग से भगा दिया। उसने घोर युद्ध कर देवताओं के पक्ष लेने वाले श्री हरि को भी पराजित कर दिया।

सम्पूर्ण पृथ्वी को जीतने का अभियान चलाकर ने वह सर्वप्रथम कामरूप देश के राजा सुदक्षिण को युद्ध में परास्त कर कैद कर लिया। महाराक्षस भीम ब्रह्मा जी के वरदान के कारण अत्यंत अंहकार में डूब गया। अभिमान में मोहित होकर वह यज्ञों का विध्वंस करने लगा और तमाम धार्मिक कृत्यों में बाधा डालने लगा। उसने स्वयं को संसार का महाअधिनायक घोषित किया। उस दुष्ट राक्षस ने एक महाविशाल सेना इकट्ठी करके संपूर्ण पृथ्वी को अपने महाअधिकार में कर लिया। उसके बाद उसके महादुराचारों की कोई सीमा नहीं रही।

राक्षस भीम के अत्याचार से पीड़ित सभी देवता और ऋषिगण महाकोशी नदी के किनारे जाकर भगवान शिव की विशेष आराधना और स्तुति करने लगे। उनकी सामूहिक स्तुति और प्रार्थना से भगवान शिव शीघ्र ही प्रसन्न हो गये। अत्यंत प्रसन्न भगवान शंकर ने देवताओं से उनके आगमन का अभिप्राय जानना चाहा, देवताओं ने महाराक्षस भीम की सारी कथा कह सुनाई।

भगवान शिव ने उन देवताओं को आश्वस्त करते हुए कहा कि कामरूप देश के राजा सुदक्षिण के पास मेरा एक संदेश सुना दो। उनसे बोलना कि अपने [illegible] [illegible] [illegible] को नहीं सहन करने वाले भगवान शिव शीघ्र ही निःसंदेह उस दुष्ट राक्षस भीम का नाश करने वाले हैं।

उन संदेश के बाद जगत का हित करने वाले भगवान शंकर अपने गणों के साथ उस राजा के निकट जाकर गोपनीय रूप से वहीं ठहर गये।

एक दिन किसी व्यक्ति ने राक्षस से बताया कि राजा पार्थिव पूजन करके तुम्हारे मृत्यु का अनुष्ठान कर रहे हैं। समाचार पाते ही महाक्रोधित राक्षस राजा का वध करने चल पड़ा। उसने राजा को फटकार लगाते हुए पूछा कि तुम यह क्या कर रहे हो? राजा ने निर्भयता पूर्वक कहा कि मैं भगवान शिव की पूजा कर रहा हूँ।

यह सुन महामद में उस महाराक्षस ने भगवान शिव के प्रति बहुत से दुर्वचन बोले और उनका अपमान किया तथा पार्थिव लिंग पर तलवार का प्रहार किया। उसकी तलवार लिंग को छू नहीं पायी, तभी भगवान शिव तत्काल ही प्रकट हो गये। अपने हुँकार मात्र से भीम सहित समस्त राक्षसों को भस्म कर डाला।

ऋषियों ने शिव की विशेष स्तुति और प्रार्थना कर उनसे लोककल्याण की भावना से वहीं निवास करने को कहा। इस प्रकार यह ज्योतिर्लिंग सर्वथा पूजनीय और सभी प्रकार के संकटों का हरण करने वाला श्री भीमशंकर के नाम से प्रसिद्ध हैं।

श्री विश्वेश्वर

श्री विश्वेश्वर ज्योतिर्लिंग उत्तर प्रदेश के वाराणसी जिले के काशी नगर में अवस्थित हैं। काशी तीनों लोकों में न्यारी नगरी है, जो भगवान शिव के त्रिशूल पर विराजती है। इसे आनंदवन, आनंदकानन, अविमुक्त क्षेत्र तथा काशी आदि अनेक नामों से स्मरण किया गया है। स्कंदपुराण के अनुसार श्री विश्वेश्वर ज्योतिर्लिंग किसी मनुष्य की पूजा, तपस्या आदि से प्रकट नहीं हुए, अपितु यहाँ निराकार पर-ब्रह्म परमेश्वर श्रीमहेश्वर ही श्री शिव बनकर श्री विश्वनाथ के रूप में साक्षात् प्रकट हुए।

श्री त्र्यम्बकेश्वर

श्री त्र्यम्बकेश्वर ज्योतिर्लिंग महाराष्ट्र प्रान्त के नासिक जिले में नासिक शहर से तीस किलोमीटर पश्चिम में स्थित हैं। गोदावरी के उद्गम-स्थल के समीप ही श्री त्र्यम्बकेश्वर शिव अवस्थित हैं। ऋषि गौतम और पवित्र गोदावरी की प्रार्थना पर शिव ने इस स्थान पर अपने वास की स्वीकृति दी थी।

श्री शिव महापुराण में ऋषि गौतम, गौतम-गोदावरी तथा त्र्यम्बकेश्वर ज्योतिर्लिंग के सम्बन्ध में विस्तार से वर्णन किया गया है।

श्री त्र्यम्बक ज्योतिर्लिंग का भक्ति-भावपूर्वक दर्शन-पूजन से समस्त पापों से मुक्ति मिलती है। ऋषि गौतम द्वारा पूजित यह श्री त्र्यम्बक ज्योतिर्लिंग इस लोक में मनुष्य के समस्त अभीष्ट फलों को प्रदान करने वाले और मोक्ष पद को देने वाले हैं।

श्री वैद्यनाथ

ज्योतिर्लिंग की गणना में श्री वैद्यनाथ शिवलिंग का नौवाँ स्थान बताया गया है। श्री वैद्यनाथ ज्योतिर्लिंग झारखण्ड प्रान्त के दुमका जिले के देवघर शहर में स्थित हैं।

वैद्यनाथ लिंग की स्थापना के सम्बन्ध में श्री शिव महापुराण में उल्लेख है। एक बार राक्षसराज रावण ने हिमालय पर शिव की घोर तपस्या कर एक अपूर्व ज्योतिर्लिंग को लंका में स्थापित करने का वर प्राप्त किया। शंकरजी ने रावण को एक सावधानी बरतने को कहा। स्थापना-स्थल से पूर्व उक्त ज्योतिर्लिंग को भूमि पर नहीं रखना था।

लेकिन मार्ग में लघुशंका निवृत्ति के लिए उसने ज्योतिर्लिंग को एक अहीर (विष्णु) को पकड़ा दिया। शिवलिंग भारी होने के कारण कुछ देर पश्चात् उस अहीर ने उसे भूमि पर रख दिया। ज्योतिर्लिंग वहीं अचल हो

गया और रावण खाली हाथ लंका लौट गया। ब्रह्मा, विष्णु, इन्द्र आदि देवताओं ने उस ज्योतिर्लिंग की विधिवत पूजा, नामकरण, प्रतिष्ठा और स्तुति कर स्वर्ग लोक लौट गये।

यह वैद्यनाथ ज्योतिर्लिंग मनुष्य को उसकी इच्छा के अनुकूल फल देने वाला है।

श्री नागेश्वर

श्री नागेश्वर ज्योतिर्लिंग गुजरात प्रान्त के द्वारकापुरी से लगभग 25 किलोमीटर की दूरी पर स्थित हैं। इस प्रसिद्ध शिवलिंग की स्थापना के सम्बन्ध में कथा इस प्रकार है:

एक समय शिवजी के अनन्य वैश्य भक्त 'सुप्रिय' को 'दारुक' नामक एक भयंकर बलशाली राक्षस ने अपहरण कर बंदी बना लिया। सुप्रिय शिवजी की आराधना में तन्मय रहता और कारागार के अन्य साथियों को भी शंकरजी की आराधना के प्रति जागरूक किया। दारुक ने इसे अपने प्रति षड्यंत्र बताकर अपने अनुचरों को सुप्रिय का वध करने का आदेश दिया। भयहीन सुप्रिय भगवान शिव को ही पुकारने में लगा रहा। तब भगवान शिव ने एक ऊँचे चमकीले सिंहासन पर ज्योतिर्लिंग रूप में दर्शन दे सुप्रिय को अपना एक पाशुपतास्त्र दिया और अन्तर्धान हो गये। पाशुपतास्त्र प्राप्त कर सुप्रिय ने समस्त राक्षसों का संहार कर डाला। भगवान शिव के निर्देशानुसार इस प्रकार स्तंभ का 'नागेश्वर ज्योतिर्लिंग' नाम पड़ा। श्री नागेश्वर ज्योतिर्लिंग के दर्शन करने और उत्पत्ति तथा माहात्म्य सम्बन्धी कथा सुनने से समस्त पापों से मुक्ति तथा सम्पूर्ण भौतिक और आध्यात्मिक सुखों की प्राप्ति होती है।

श्री सेतुबन्ध-रामेश्वरम्

यह स्थान दक्षिण भारत के तमिलनाडु प्रान्त में रामेश्वर नामक

समुद्र तटीय नगर में स्थित है। श्री शिव महापुराण में रामेश्वरम् ज्योतिर्लिंग की उत्पत्ति कथा का उल्लेख है।

भगवान श्रीविष्णु रामावतार में लंकापति रावण से युद्ध में विजय के लिए शिवलिंग की स्थापना कर शास्त्रीय पूजा-अर्चन की। शिव पार्वती ने संग प्रकट हो श्रीराम को अभीष्ट लाभ का वर दिया।

भगवान शिव श्रीराम की प्रार्थना स्वीकार कर वहीं ज्योतिर्लिंग के रूप में स्थित हो गये। उसके बाद संसार में रामेश्वरम् ज्योतिर्लिंग के नाम से उनकी प्रसिद्धि हुई। उनकी कृपा से श्रीराम ने रावण आदि राक्षसों का संहार करके अपनी त्रिया सीता को प्राप्त कर लिया। श्री रामेश्वरम् भोग और मोक्ष के प्रदाता हैं तथा भक्तों की सभी कामनाओं को सिद्ध करते हैं।

जो मनुष्य परम पवित्र गंगाजल से भक्तिपूर्वक श्री रामेश्वर शिव का अभिषेक करता है अथवा उन्हें स्नान कराता है, वह भय मुक्त हो जाता है। वह इस संसार में देवदुर्लभ सम्पूर्ण भोगों का उपभोग करने के बाद ज्ञान को प्राप्त हो कैवल्य को प्राप्त कर लेता है।

श्री घुश्मेश्वर

श्री घुश्मेश्वर ज्योतिर्लिंग दक्षिण भारत के आन्ध्र प्रदेश में वेरूल गाँव के पास है। घुश्मेश्वर को लोग घुसृणेश्वर और घृष्णेश्वर भी कहते हैं। श्री शिव महापुराण में घुश्मेवर ज्योतिर्लिंग की कथा का उल्लेख इस प्रकार है:

देवगिरि नामक पर्वत के समीप भारद्वाज कुल में उत्पन्न एक सुधर्मा नामक ब्रह्मवेत्ता ब्राह्मण निवास करते थे। सदा शिवधर्म के पालन में तत्पर रहने वाली उनकी पत्नी का नाम सुदेहा था।

सब कुछ होने पर भी सुधर्मा को कोई सन्तान न थी। यद्यपि उस ब्रह्मवेत्ता ब्राह्मण को कोई कष्ट न था, किन्तु उनकी धर्मपत्नी सुदेहा बड़ी

दु:खी रहती थी। संतान-प्राप्ति हेतु ब्राह्मणी ने अपनी छोटी बहन घुश्मा के साथ अपने पति का दूसरा विवाह करा दिया।

घुश्मा को एक सुन्दर पुत्र प्राप्त हुआ। पुत्र प्राप्ति से घुश्मा का मान बढ़ गया, और सुदेहा के मन में ईर्ष्या पैदा हो गई। समय के साथ पुत्र बड़ा हो गया, उसका विवाह हुआ और पुत्रवधू भी घर में आ गई।

यह सब देखकर सुदेहा अधिक जलने लगी। उसने अनिष्ट करने की ठान ली। एक रात उसने सोते घुश्मा के पुत्र को तलवार से टुकडे कर पास के सरोवर में डाल दिया, जहाँ घुश्मा प्रतिदिन पार्थिव लिंग का विसर्जन करती थी।

प्रतिदिन की भाँति घुश्मा और ब्राह्मण सुधर्मा प्रातः होने पर अपने नित्य के कार्यों में लग गये। सुदेहा भी जगने पर आनन्दपूर्वक घर के काम-काज में जुट गई। जब बहू की नींद खुली, तो उसने बिस्तर पर खून और शरीर के कुछ टुकड़े देख अपने पति के मारे जाने की सूचना दे यह करूण विलाप करने लगी।

घुश्मा विचलित नहीं हुई और वह अपने पार्थिव-पूजन व्रत में लगी रही। इसी प्रकार ब्राह्मण सुधर्मा भी अपने नित्य पूजा-कर्म में लगे रहे। उन दोनों ने भगवान के पूजन में किसी अन्य विषय की चिन्ता नहीं की। दोपहर को जब पूजन समाप्त हुआ, तब घुश्मा ने अपने पुत्र की महाभयानक शय्या को देखा। परन्तु उसे किसी प्रकार का दु:ख नहीं हुआ।

उसने महाविचार किया, जिसने मुझे यह पुत्र दिया है, वे ही इसकी रक्षा भी करेंगे। उसने शिव के भरोसे धैर्य धारण कर लिया, किन्तु शोक का अनुभव नहीं किया।

प्रतिदिन की भाँति उसने पार्थिव लिंगों को तालाब में डाल वापस होने को मुड़ी ही थी को उसे अपना पुत्र वहीं खड़ा दिखाई पड़ा। भगवान शिव ने घुश्मा के भक्तिपूर्ण विकार शून्य स्वभाव से अत्यन्त प्रसन्न उससे वर

मांगने को कहा। लोगों की रक्षा और कल्याण के लिए आप यहीं सदा निवास करें और आपकी ख्याति मेरे ही नाम से संसार में प्रसिद्ध हो, घुश्मा ने ऐसा वर मांगा।

इस प्रकार महाज्योतिर्लिंग 'घुश्मेश' नाम से प्रतिष्ठित हुआ। सुदेहा ने अपने पति तथा बहन से क्षमायाचना कर प्रायश्चित के द्वारा अपने पाप का शोधन किया। श्रीघुश्मेश्वर ज्योर्तिलिंग के दर्शन और पूजन करने से सब प्रकार के सुखों की वृद्धि होती है।

9

प्रतिनिधि शिवलिंग

उप-ज्योतिर्लिंग

श्री शिवपुराण के कोटिरूद्र संहिता के प्रथम अध्याय में प्रसिद्ध बारह ज्योतिर्लिंगों के बारह उप-ज्योतिर्लिंग भी बताये गये हैं। इन उप-ज्योतिर्लिग. के उपलिंगों का भी अपार महत्त्व बताया गया है। श्री सोमनाथ ज्योतिर्लिंग के उपलिंग श्री 'अंतकेश्वर' समुद्र और मही नदी के संगम पर अवस्थित हैं।

श्री रुद्रेश्वर नामक उपलिंग श्री मल्लिकार्जुन ज्योतिर्लिंग से प्रकट हुए, जो भृगुकक्ष (क्षेत्र) में अवस्थित हैं। श्री महाकालेश्वर ज्योतिर्लिंग के उपलिंग श्री दुग्धेश्वर दूधनाथ नर्मदा नदी के तट पर अवस्थित हैं।

श्री कर्दमेश्वर उपलिंग बिन्दु सरोवर के तट पर श्री ओंकारेश्वर ज्योतिर्लिंग से संबंधित हैं। श्री केदारेश्वर से संबंधित उपलिंग श्री भूतेश्वर के नाम से यमुना नदी के किनारे स्थित हैं। भीमशंकर ज्योतिर्लिंग से संबंधित उपलिंग भीमेश्वर सह्य पर्वत पर ही विद्यमान हैं।

श्री नागेश्वर ज्योतिर्लिंग से संबंधित उपलिंग श्री भूतेश्वर

मल्लिका-सरस्वती के तट पर अवस्थित हैं। श्री रामेश्वर ज्योतिर्लिंग के उपलिंग श्री गुप्तेश्वर और श्री घुश्मेश्वर के श्री व्याघ्रेश्वर हैं। ज्योतिर्लिंगों की तरह ये उपलिंग भी अपने उपासकों को अभीष्ट फल प्रदान करने में पूर्ण समर्थ हैं।

अष्टमूर्ति

शास्त्रों के अनुसार महेश्वर शिव ही परमात्मा और ब्रह्म हैं। कार्यों के भेद, विभिन्न सृष्टि, स्थिति और प्रलय को लेकर उन्हें ही ब्रह्मा, विष्णु और शिव के नाम से पुकारा जाता है।

शिवपुराण में लिखा है कि 'मैं शिव हूँ, यह शिव है, तुम भी शिव हो, यह सब कुछ शिवमय है, शिव के अतिरिक्त और कुछ भी नहीं है।' पृथ्वी, जल, तेज, वायु और आकाश ये पंचभूत, चंद्रमा और सूर्य प्रत्यक्ष देव, जीवात्मा क्षेत्रज्ञ अर्थात् उक्त सभी को जानने-समझने वाला यजमान-भगवान शिव का स्वरूप इन आठ तत्त्वों से निर्मित है, इसलिए महादेवजी को अष्टमूर्ति भी कहा जाता है।

इन आठ तत्त्वों से निर्मित भगवान शिव का आठ नाम शिवपुराण में इस प्रकार लिखा है– शर्व, भव, रुद्र, उग्र, भीम, पशुपति, महादेव तथा ईशान-महादेवजी की यही आठों मूर्तियाँ ब्रह्मांड में पृथ्वी, जल, अग्नि, वायु, आकाश, क्षेत्रज्ञ सूर्य तथा चंद्रमा को व्याप्त करके स्थिति हैं। इन मूर्तियों के माध्यम से उसी भूतभावन महाशिव की उपासना होती है।

शिव की ये आठ मूर्तियाँ ही संपूर्ण संसार में व्याप्त हैं, इसलिए अष्टमूर्ति विश्वात्मा शिव की पूजा करने से संपूर्ण संसार की स्वमेव पूजा हो जाती है।

सभी प्राणियों में ब्रह्म अर्थात शिव का दर्शन करने से जन्म और मृत्यु से मुक्ति मिलती है। मनुष्य को अपने अंदर इस भाव को विकसित

करने के लिए अष्टमूर्तियों की पूजा करनी चाहिए। अष्टमूर्तियों की पूजा से प्रसन्न हो सदाशिव अज्ञानता तथा जीव-बंधन समाप्त कर देते हैं।

सूर्य

अष्टमूर्ति में प्रथम सूर्य हैं, शिव और सूर्य एक हैं। सभी सूर्य मन्दिर शिवालय हैं।

चन्द्र

चंद्र का अन्य नाम सोम है। सौराष्ट्र के सोमनाथ का मंदिर और पूर्व बंगाल के चंद्रनाथ क्षेत्र महादेव के सोममूर्ति के क्षेत्र हैं। चंद्रनाथ का मंदिर पूर्वी बंगाल के चटगाँव शहर से लगभग 50 किलोमीटर उत्तर-पूर्व एक पर्वत के ऊपरी शिखर पर स्थित है।

इस स्थान को सीताकुंड के नाम से पुकारा जाता है। देवीपुराण के अनुसार, काशी, प्रयाग, गंगासागर, नैमिषारण्य आदि तीर्थों के दर्शन का जो फल प्राप्त होता है, वही फल श्री चंद्रनाथ के दर्शन से मिलता है।

पशुपतिनाथ

अष्टमूर्तियों में पशुपतिनाथ महादेव यजमान-मूर्ति हैं। ये मानव-विग्रह रूप में नेपाल की राजधानी काठमांडू में विष्णुमती के तट पर स्थित हैं। पशुपतिनाथ को महिषरूपधारी भगवान शिव का शिरोभाग माना जाता है।

अष्टमूर्तियों में पंचभूतलिंगों की भी गणना और उल्लेख है।

पंचभूतलिंग

अष्टमूर्तियों में पंचमहाभूत की गणना की गई है। पाँचों महाभूत-शिवलिंग तमिलनाडु प्रदेश में हैं।

1. श्री एकामेश्वर

एकामेश्वर नामक क्षितिलिंग शिवकांची नामक स्थान पर तमिलनाडु में है। इस शिवलिंग की जल से नहीं अपितु चमेली के तेल से स्नान-अभिषेक किया जाता है। यह मंदिर भव्य और विशाल है। अप्रैल माह में क्षितिलिंग मन्दिर का वार्षिकोत्सव आयोजित किया जाता है और यहां विशाल मेला लगता है। क्षितिलिंग तीर्थ की कथा इस प्रकार है:

एक बार पार्वती के द्वारा कौतुकवश अपने दोनों हाथों से भगवान शंकर के तीनों नेत्रों को बंद कर देने से सारे संसार में घोर अंधकार छा गया।

अन्धकार में ब्रह्मांड के लोप होने की स्थिति आ गई। पार्वती ने प्रलयकारी अन्याय का कार्य किया, जो शिवजी को पसंद नहीं आया। उन्होंने प्रायश्चित के लिए पार्वतीजी को तपस्या करने का आदेश दिया।

भस्म लपेटे तपस्विनी पार्वती काँचीपुरी में कम्पा नदी के तट पर रेत से लिंग स्थापना कर आराधना में तत्पर हो गयीं। गौरी की भक्ति और निष्ठा की परीक्षा लेने के लिए भगवान शंकर ने कम्पा नदी में बाढ़ ला दी। जल में बालुका लिंग के विलीन होने से तपस्या में विघ्न उपस्थित हो सकता था।

भगवती पार्वती ने उस बालुकामय शिवलिंग को अपनी छाती से लगा ध्यानमग्न हो गई। उस शिवलिंग को अपनी छाती से चिपकाये रहीं। उनकी भक्ति और तपस्या को देखकर भगवान शिव प्रसन्न हो उठे। देवताओं से पूजित यह पार्थिव लिंग सिद्ध तथा वरदाता बन गया है।

भगवान शंकर ने माता पार्वती से कहा कि मैं अपने ज्योतिर्मय लिंग को त्याग कर यहाँ स्थावर लिंग में परिणत हो गया हूँ, इसलिए देवि! तुम अरुणाचल के गौतम आश्रम में जाकर तपस्या करो। उस अरुणाचल तीर्थ में मैं तुम्हें तेज के रुप में मिलुँगा।

देवी पार्वती ने कंपा नदी के किनारे एक आम के वृक्ष की छाया में तपस्या की थी, इसलिए क्षितिलिंग का नाम भी एकाम्रनाथ क्षितिलिंग पड़ा। यह पवित्र सैकत-लिंग सभी प्रकार के पापों को नष्ट करने वाला तथा सब प्रकार से सौभाग्यशाली बनाता है। इस स्थावर लिंग के दर्शन और पूजन से अभीष्ट फल, ऐश्वर्य तथा विभूतियों का लाभ प्राप्त होता है।

2. श्री जम्बुकेश्वर

पंचमहाभूत लिंगों में श्री जम्बुकेश्वर लिंग तमिलनाडु राज्य के त्रिचिनापल्ली जिले के श्री रंगनाथ से लगभग 2 किलोमीटर की दूरी पर अवस्थित हैं। स्थापत्य कला की दृष्टि से श्री जम्बुकेश्वर मंदिर अति उत्तम विधि से निर्मित है। श्री जम्बुकेश्वर शिवलिंग जल के स्रोत पर स्थित हैं, इस शिवलिंग की जलहरी के नीचे से हमेशा जल ऊपर उठता रहता है। यह अप (जल) लिंग भी कहलाते हैं।

3. श्री तिरुवण्णमल्ले

तिरुवणमल्ले को अरुणाचल तीर्थ भी कहा जाता है। तेजोलिंग अरुणाचल पर्वत पर अग्निशिखा के रूप मे अवस्थित है। क्षितिलिंग की प्रतिष्ठा के बाद महादेवजी की आज्ञा से पार्वती ने अरुणाचल तीर्थ में पहुँचकर कुछ दिनों तक तपस्या की थी। भगवती की महा तपस्या के बाद अरुणाचल पर्वत पर अग्निशिखा के रूप में एक तेजोलिंग का आर्विर्भाव हुआ।

भगवान शिव ने शिवकांची में माता पार्वती से गौतम आश्रम (अरुणाचल तीर्थ) में तेज के रूप में प्रकट होने की बात कही थी। अरुणाचल तीर्थ तमिलनाडु राज्य के चिदंबरम् से उत्तर-पश्चिम की दिशा में विल्लुपुरम् से कठपड़ी जाने वाले रेलमार्ग पर स्थित है।

इस मंदिर में 'कीर्ति गाई' नामक उत्सव बड़े धूमधाम से मनाया जाता है।

4. श्री वायुलिंग (कालहस्तीश्वर)

पंचमहाभूत लिंगों में वर्णित वायुलिंग ही श्री कालहस्तीश्वर के नाम से विख्यात हैं। यह स्थान तिरुपति बालाजी से थोड़ी ही दूरी पर उत्तर दिशा में आर्कट जिले में पड़ता है। श्री कालहस्तीश्वर का मंदिर स्वर्णमुखी नदी के तट पर स्थित है। इस अंधेरे मंदिर में दीपक की रोशनी में भगवान का दर्शन प्राप्त होता है। लोगों की मान्यता है कि भगवान सदाशिव एक विशेष वायु के झोकों के साथ विराजमान रहते हैं।

यहाँ पर स्थापित भगवान शिव की मूर्ति चौकोर है। शिवजी की प्रतिमा के सामने कण्णप भील की भी एक मूर्ति स्थापित है, जिसने कभी अपने दोनों नेत्र भगवान शिव को अर्पित कर दिये थे।

जब भगवान शंकर ने अति प्रसन्न हो उससे वर माँगने को कहा तो उसने शिव की सेवा में सदा उपस्थित रहने का वर माँगा था। महाशिवरात्रि के पर्व पर श्री कालहस्तीश्वर मे बहुत भारी मेला लगता है, जो सात दिनों तक चलता है।

श्री कालहस्तीश्वर के दर्शन से मोक्ष की प्राप्ति होती है।

5. श्री आकाश लिंग (चिदम्बरम्)

पंचमहाभूत लिंगों में श्री चिदबरम् आकाश लिंग हैं। श्री चिदंबरम् मंदिर समुद्र से लगभग पाँच किलोमीटर की दूरी पर कावेरी नदी के तट पर अवस्थित है।

इसके प्रमुख मंदिर में किसी भी प्रकार की कोई मूर्ति स्थापित नहीं है। दूसरे मंदिर में नटराज शिव की तांडव मुद्रा वाली एक सुंदर मूर्ति है। इस मूर्ति को श्री चिदंबरेश्वर कहा जाता है। इस मंदिर के एक ओर पर्दा लगा रहता है, जिसको उठाने पर स्वर्णनिर्मित कुछ मालाओं के अतिरिक्त सिर्फ आकाश दिखाई देता है। इस प्रतीक को ही भगवान

शिव का आकाश लिंग कहा जाता है। चिदंबरम् में प्रतिवर्ष जून के महीने में 'अरुददर्शनम्' नामक दो बड़े-बड़े महोत्सव आयोजित किये जाते हैं। इन अवसरों पर भगवान की विशाल शोभायात्रा निकाली जाती है।

अन्य प्रसिद्ध शिवलिंग

श्री अमरनाथ

श्री अमरनाथ के दर्शन हेतु उनकी पवित्र गुफा श्रावण मास की पूर्णिमा के दिन खोल दी जाती है। अमरनाथ पर्वत की तलहटी में स्थित अंतिम पड़ाव पंचतरणी उसका द्वार-सा ही प्रतीत होता है। यहाँ पर्वत पर लगभग डेढ़ किलोमीटर तक बर्फीला मार्ग तय करना पड़ता है।

इस बर्फीले रास्ते की समाप्ति पर अमरगंगा बहती हुई मिलती हैं। मान्यता के अनुसार उस जल में स्नान करके ही श्री अमरनाथ का दर्शन किया जाता है।

गुफा के भीतर तीन श्री हिमलिंग दिखाई पड़ते हैं। इनके शिव-पार्वती और गणेश जी का प्रतीक-विग्रह माना जाता है। कन्दरा की छत से बर्फीला जल बूँद-बूँद कर उन लिंगों पर टपकता रहता है। ये हिमलिंग शुक्ल पक्ष में चन्द्रमा की तरह क्रमशः बढ़ते रहते हैं और कृष्ण पक्ष में क्रमशः क्षीण होते हुए अमावस्या के दिन लुप्त हो जाते हैं।

मान्यता है कि इन श्री हिमलिंगों के पिघल जाने के बाद गुफा से सफेद कबूतरों के जोड़े उड़ते हुए बाहर आते हैं जिनका दर्शन बहुत सौभाग्यपूर्ण माना जाता है। तीर्थयात्री इन कबूतर के जोड़े को शिव-पार्वती के रूप में स्वीकार करते हैं तथा उनके दर्शन कर अपने को धन्य मानते हैं। इसीलिए इसे पक्षितीर्थ भी कहा जाता है।

श्री अमरनाथ की यात्रा के लिए सर्वप्रथम दशनामी सन्यासियों द्वारा छड़ी यात्रा निकाली जाती है। स्थानीय लोग इसे 'छड़ी मुबारक' भी बोलते हैं। इस छड़ी यात्रा में जूना अखाड़ा की प्रधानता रहती है।

छड़ी यात्रा चंदबड़ी, शेषनाग और पंजतरणी होते हुए श्रावण मास की पूर्णिमा के दिन अमरनाथ की गुफा में पहुँचती है। छड़ी को धारण करने वाले ब्राह्मण सन्यासी ही पुजारी के रूप में पूजा-अर्चना करते हैं।

श्री अमरनाथ के यात्रियों को अपनी यात्रा से पहले पंजीकरण कराना पड़ता है। यह महा यात्रा अनेक जत्थों में चलती है, जिसे सरकारी सुरक्षा उपलब्ध कराया जाता है।

श्री लिंगराज

भगवान भुवनेश्वर का गगनचुंबी विशाल मंदिर अत्यंत प्राचीन है। भगवान भुवनेश्वर को लिंगराज भी कहा जाता है। यह मंदिर उड़ीसा प्रांत के श्री जगन्नाथ धाम के समीप अवस्थित है।

भारतवर्ष में प्रसिद्ध चार सरोवरों में बिंदुसरोवर यहीं स्थित है, जिसका वर्णन ब्रह्मपुराण, पद्मपुराण तथा कपिल संहिता आदि में किया गया है।

प्रसिद्ध अन्य तीन सरोवर- उत्तर में मानसरोवर, दक्षिण में पंपासरोवर और द्वारकापुरी के समीप नारायणसरोवर हैं।

भुवनेश्वर का पौराणिक नाम एकाम्रकानन बताया गया है। श्री लिंगराज भुवनेश्वर का मंदिर जंगल में है। लिंगराज भुवनेश्वर का श्री लिंग अति विशाल पत्थर का स्तंभ-सा प्रतीत होता है। इस लिंग का व्यास आठ फुट है तथा ऊँचाई भी आठ फुट है। इसमें तीन भाग परिलक्षित होते हैं, जिन्हें शिवभक्त ब्रह्मा, विष्णु और महेश कहते हैं। शिवलिंग के नीचे हमेशा जल भरा रहता है। मंदिर के विशाल गर्भगृह

में अँधेरा रहता है। इस गर्भगृह के ऊपर 190 फुट ऊँचा महामंदिर का महा शिखर एक ही महापत्थर का बना हुआ है।

मंदिर में गर्भगृह, भोग-मंदिर, जगमोहन तथा नट-मंदिर नामों से चार विभाग हैं। लोग जगमोहन में खड़े होकर गर्भगृह में स्थित भगवान का दर्शन करते हैं, जबकि अन्नकूट जैसे महोत्सवों पर भोग-मंदिर में भगवान के लिए छप्पन भोग सजाया जाता है। नट-मंदिर में भगवान के लिए नृत्य का आयोजन होता है। सिंहद्वार अर्थात् मंदिर के प्रधान द्वार के सामने अरुणस्तंभ नाम से एक बहुत ही सुंदर स्तंभ स्थापित है।

बताया जाता है कि भुवनेश्वर में बिंदुसरोवर के आस-पास सात हजार मन्दिर हुआ करते थे। इस समय वहां मंदिरों की संख्या लगभग पाँच सौ ही हैं।

श्री शूलपाणीश्वर

मध्य प्रदेश में सिंदूरी और नर्मदा नदियों के संगम-स्थल से लगभग 17 किलोमीटर की दूरी पर श्री शूलपाणीश्वर तीर्थ अवस्थित है। यह मंदिर अतिप्राचीन है और इसका मुख्य द्वार पश्चिम दिशा में है।

श्री शूलपाणीश्वर तीर्थ की पौराणिक कथा स्कंदपुराण के रेवाखंड में वर्णित है। ब्रह्मा का पौत्र और दैत्यों का महास्वामी अंधकासुर ने समस्त लोकों को जीत लेने के लिए शिव की कठोर तपस्या की। उसके हठपूर्वक विविध कठोर तपों से भगवान शंकर प्रसन्न हो गए और वे भवानी सहित भृगु पर्वत पर अंधकासुर के पास पहुँच वर माँगने को कहा।

अंधकासुर ने भगवान शिव से सामने आने वाले सभी को परास्त करने का वरदान माँगा। भगवान शिव ने 'एवमस्तु, तुम भगवान विष्णु को छोड़कर सबको पराजित करोगे' कह अंतधान हो गए। वर प्राप्त वह अपनी राजधानी पहुंचकर सभी प्राणियों को सताने लगा।

सर्वत्र कुहराम मच गया, देवता भी व्याकुल हो उठे। तब भगवान विष्णु की प्रेरणा से घमंड में उस महादैत्य ने युद्ध के लिए भगवान शंकर को भी चुनौती दे डाली।

इस भयंकर युद्ध में शिवजी ने अपने त्रिशूल से प्रहार कर उसे पूर्णतः घायल कर दिया। अपनी मृत्यु से पूर्व उसने दयालु शिव की प्रार्थना कर मोक्ष पद पा लिया। अंधकासुर की पराजय के बाद आनंदित देवगणों ने विविध प्रकार से भगवान शंकर की प्रार्थना की।

देवताओं के परामर्श से शंकरजी ने समस्त तीर्थों में जाकर अपने त्रिशूल के रक्त को धोया किंतु रक्त के धब्बे नहीं मिटे। अंत में वे क्रोध में उस त्रिशूल को भृगु पर्वत पर दे मारा।

उस शूल के भयंकर महाघात से भृगु पर्वत धंसकर पाताल चला गया और त्रिशूल में लगे रक्त के धब्बे भी संघर्ष से साफ हो गये। प्रहार के स्थान से सरस्वती गंगा प्रकट हो गयीं तथा एक शिवलिंग की स्थापना हुई, जो श्री शूलपाणीश्वर के नाम से विख्यात अत्यंत पवित्र माना जाता है।

श्री केदारेश्वर

श्री काशी में गंगा के पवित्र केदार घाट पर पवित्र श्री केदारेश्वर (केदार लिंग) का मंदिर स्थित है। श्री केदारेश्वर ज्योतिर्लिंग बदरीक्षेत्र के केदार घाटी में प्रकट हुए और केदारनाथ के नाम से प्रसिद्ध हुए। पुराणों के अनुसार ब्रह्मदेव से अपराध हो जाने के कारण वह लिंगमूर्ति लुप्त हो गई और पृष्ठ भाग का चिह्न मात्र रह गया।

पद्मकल्प में नंदिकेश्वर अनुनय-विनय कर श्री केदारेश्वर को काशी लाए। केदारेश्वर लिंग के प्रकट होने के सम्बन्ध में काशी के केदार-माहात्म्य में उल्लेख है। शिवभक्त महाराजा मान्धाता की मूँग की खिचड़ी पाषाण में परिवर्तित हो लिंग बन गई। राजर्षि मान्धाता ने अतिथि के भाग की खिचड़ी अलग करने के लिए एक रेखा खींच दी थी।

मान्धाता द्वारा खीची गई रेखा आज भी केदार लिंग में दिखाई देती है। तेज प्रकाश से केदार लिंग में मूँग-सी आभा झलकती है। काशी में केदारखंड और श्री केदारेश्वर लिंग की बड़ी महिमा है।

गंगा के किनारे स्थित केदारनाथ कष्टरहित मृत्यु के बाद जीव को मुक्ति प्रदान करते हैं।

श्री एकलिंग

भगवान श्री एकलिंग का स्थान राजस्थान प्रान्त के उदयपुर जिले में स्थित है। मेवाड़ क्षेत्र में यह उदयपुर से लगभग 21 किलोमीटर उत्तर की ओर अवस्थित है। द्वादश ज्योतिर्लिंग के मंदिरों की भांति यह स्थान भी अतीव प्राचीन है तथा संपूर्ण देश में प्रताप प्रसिद्ध है। इस एकलिंग मूर्ति की स्थापना मेवाड़ के महाराणाओं के पूर्वज महारावल बप्पा कालभोज ने अपने इष्टदेव के रूप में विक्रम सम्वत् 791 से 810 के मध्य किया था। यह स्वयम्भू मूर्ति गुप्तरूप से स्थित थी।

जंगल में हारीतराशि नामक एक तपस्वी ऋषि ने मूर्ति का प्रथम दर्शन तथा पूजन किया था।

उन्होंने उस स्थान पर एक सुंदर मंदिर बनवा दिया। संत हारीतराशि ने उस पहाड़ी पर एकलिंग की कठोर उपासना की और उनकी कृपा से बप्पा को आशीर्वाद मिला।

10

शिवपूजन व भक्ति

शिवलिंग की पूजा अति प्राचीन है तथा वैदिक काल से प्रचलित है। भगवान शिव ही रूद्र के रूप में वैदिक देवता हैं। तत्त्व की दृष्टि से जो विष्णु हैं, वही शिव हैं और जो शिव हैं वही विष्णु। लिंग पूजा में पीठिका अर्थात अर्घा विष्णु का और उस पर स्थापित श्रीलिंग महेश्वर के स्वरूप हैं। इसलिए संसार के सभी प्राणियों के लिए शिवलिंग का पूजन परम हितकारी है।

स्कंदपुराण के अनुसार ब्रह्माजी अनवरत मणिमय लिंग का पूजन करते हैं। देवताओं के राजा इंद्र रत्नमय लिंग का पूजन करते हैं तो चंद्रमा मुक्तामय और सूर्य ताम्रमय लिंग की पूजा करते हैं। कुबेर चाँदी के शिवंलिग की पूजा करते हैं तो वरुण देवता लाल वर्ण के शिवलिंग की पूजा करते हैं।

इसी प्रकार यमराज नीले रंग के लिंग की और वायु देवता केसरिया रंग के शिवलिंग की अर्चना करते हैं। इंद्र आदि सभी लोकपाल शिवंलिग की उपासना करते हैं। पुराणों के पाठ, भगवत् चरित्र कथा, इतिहास, संगीत आदि विभिन्न प्रकार के उपयोगी एवं

सांस्कृतिक आयोजन भगवान शिव को प्रिय हैं, जिनकी व्यवस्था करनी चाहिए। इस प्रकार की व्यवस्था करने वाला यदि पापी भी हो तो वह अपने किए हुए पापों से मुक्त हो जाता है तथा उसे शिवलोक की प्राप्ति होती है।

जो अपने धर्मों का पालन करने वाले हैं, महात्मा और शिवपूजन के विशेषज्ञ हैं, जिन्होंने अपने गुरु के मुख से शिव की दीक्षा ली है और निरंतर शिवजी की पूजा में अपना जीवन लगाया है, ऐसे लोग भगवान शिव के परम प्रिय होते हैं। जो अपने मन में दृढ़ निश्चय रखकर समस्त विश्व को शिव के रूप में देखते हैं, उत्तम बुद्धि का आश्रय लेकर सदाचार का पालन करते हैं, उन पर भगवान सदाशिव परम प्रसन्न रहते हैं।

भगवान शंकर ही इस संपूर्ण चराचर जगत के आधार हैं, इसलिए सब कुछ शिव स्वरूप ही है। मनुष्य निष्काम हो अथवा सकाम, उसे भगवान सदाशिव की आराधना अवश्य करनी चाहिए। मानव जीवन के दैनिक कार्यों में भगवान शिव की सामान्य पूजा इस प्रकार बतायी गई है-नित्य नियमानुसार प्रातःकाल, दोपहर और शाम के समय भगवान शंकर का भजन करना चाहिए।

उनके दर्शन और स्पर्श से मनुष्य धन्य बन जाता है। पहले स्नान कर, यदि बीमार हो, तो भस्म-स्नान कर, यदि स्नान संभव न हो, तो मंत्र-स्नान कर स्वच्छ वस्त्र धोती व उत्तरीय धारण करके पूजा के लिए तैयार होना चाहिए। जो पुरूष अपने ललाट, हृदय तथा दोनों कंधों पर भस्म का त्रिपुण्ड धारण करके प्रसन्नता के साथ महादेवजी का पूजन करता है, उसे शीघ्र ही भगवान शिव का दर्शन प्राप्त होता है। उपासक को चाहिए कि वह अपने सब दोषों को मन से निकालकर भगवान शिव के मंदिर में प्रवेश करे।

पुनः हाथ-पैर धोकर गर्भगृह में जाए और मन ही मन भगवान का चिंतन करते हुए उनके श्री विग्रह पर चढ़े हुए निर्माल्य को हटावे। ऐसा बताया गया है कि जो भगवान के मन्दिर का मार्जन करता है, भगवान शंकर उसके अंतःकरण का मार्जन कर देते हैं।

'ॐ नमः शिवाय' का जप करते हुए जल अथवा दूध मंदिर में लाएँ। एक सौ आठ या कम से कम चार जल राशि तो होनी ही चाहिए। दूध, दही, घी, शहद और गन्ने का रस भगवान शिव की प्रतिमा के वाम भाग में रख लें। धूप, दीप, नैवेद्य, पत्र, पुष्प आदि पूजन सामग्रियों को भी पवित्रता के साथ रखे। सबसे पहले शिवजी के द्वारपालों की पूजा करें।

ॐ गं गणपतये नमः, ॐ क्षेंक्षेत्रपालाय नमः, ॐ गुं गुरुभ्यो नमः, इस प्रकार बोलता हुआ आकाश को लक्ष्य करते हुए पूजन-सामग्री छोड़ें। उसके बाद चारों दिशाओं में कुलदेवता, नंदी, महाकाल और धाता-विधाता की पूजा करें। उनके लिए निम्नलिखित मंत्र बोलें-

ॐ कुं कुलदेवतायै नमः, ॐ नं नंदिने नमः,

ॐ मं महाकालाय नमः, ॐ धां धात्रे विधाते नमः।

उसके बाद पूजन के लिए मंदिर के भीतर आएँ। शिवलिंग से दक्षिण दिशा में उत्तर मुँह करके बैठ जायें और थोड़ी देर भगवान का ध्यान करें। ऐसा भाव करें कि सूर्यमंडल कमल के स्वरूप में है और उसके बीच में चंद्रमंडल स्थित है।

उसके भी बीच में अग्निमंडल धर्म आदि से घिरा हुआ है। अब उस अग्निमंडल का चिंतन करते हुए उसके मध्यभाग में विश्वरूप भगवान शंकर का साक्षात्कार करें। ऐसे शिव की जो अपनी वामा और ज्येष्ठा शक्तियों से संयुक्त हैं। उनके पाँच मुख और दस भुजाएं हैं,

हरेक आनन में तीन नेत्र शोभित हो रहे हैं, उसके मस्तक पर चंद्रमा विराजमान हैं, शिव के वामभाग में गिरिराजनंदिनी उमा शोभायमान हैं तथा सिद्धगण बार-बार उनकी स्तुति कर रहे हैं। इस प्रकार भगवान शिवरूप का ध्यान करना चाहिए।

तत्पश्चात् भगवान शिव की सेवा में पाद्य, अर्घ्य निवेदित करें। अर्घ्य में जल, अक्षत, कुशा, चंदन, फूल, सरसों, दूध, दही तथा शहद - ये नौ वस्तुएँ लेनी चाहिए।

अब शिवलिंग को स्नान करावें। कलश के निर्मल जल से स्नान कराकर लिंग-विग्रह को साफ-स्वच्छ कर लेना चाहिए, फिर स्नान कराकर धूप, दीप आदि से पूजन करें। शिव को प्रणाम करने के बाद 'ॐ हूं विश्वमूर्त्तये शिवाय नमः'-इस मूलमंत्र से दूध, दही, शहद, घी और गन्ने के रस से अलग-अलग स्नान करावें। फिर शुद्ध जल से स्नान कराने के बाद इत्र से स्नान कराकर चंदन का लेपन करें।

उसके बाद विविध प्रकार के फूलों से श्रद्धा-भावनापूर्वक भगवान शंकर का पूजन करना चाहिए। शिवलिंग के चारों ओर तथा उनके कोणों में पूजन करने का विधान है। उनके लिए निम्न मंत्रों का प्रयोग किया जाता है-

ॐ धर्माय नमः, ॐ ज्ञानाय नमः,
ॐ वैराग्यायनमः, ॐ ॐ ॐ ऐश्वर्याय नमः,
ॐ अधर्माय नमः, ॐ अज्ञानाय नमः,
ॐ अवैराग्याय नमः, ॐ अनैश्वर्याय नमः,
ॐ अनन्ताय नमः, ॐ पद्माय नमः,
ॐ अर्कमण्डलाय नमः, ॐ सोममण्डलाय नमः,
ॐ बुद्धिमण्डलाय नमः, ॐ वह्निमण्डलाय नमः,
ॐ वामज्येष्ठादिपंचमन्त्रशक्तिभ्यो नमः,

ॐ परमप्रकृत्यैदेव्यै नमः, ॐ ईशानाय नमः,
ॐ अघोराय नमः, ॐ वामदेवाय नमः,
ॐ सद्योजाताय नमः, ॐ तत्पुरुषाय नमः।

इसके बाद शिव के त्रिशूल आदि अस्त्रों के पूजन का विधान है- इसके लिए 'त्रिशूलधनुः खंगकपालकुठारेभ्यो नमः' मंत्र का प्रयोग किया जाता है। इस प्रकार विधिपूर्वक पूजन सम्पन्न करने के बाद अंत में पूजा की सफलता के लिए पुनः अर्घ्य अर्पित किया जाता है।

इस भावना के साथ कि 'हे महादेव! यह जल, अक्षत, फूल तथा उत्तम फलों से युक्त अर्घ्य स्वीकार करें तथा मेरी पूजा को सफल बनावें' अर्घ्य चढ़ावें।

इसके बाद धूप, दीप, नैवेद्य और अपने सामर्थ्य के अनुसार अन्य वस्तुएँ निवेदित करने के बाद घण्टा बजाते हुए आरती करें।

शंख, नगाड़ा आदि वाद्यों के साथ भक्तिपूर्वक शिवजी की कपूर और घी की बत्तियों से आरती की जाती है। यहाँ नृत्य, संगीत, वाद्य आदि का भी विशेष महत्त्व है। उसके बाद स्तोत्र पाठ से भगवान की स्तुति की जाती है और पृथ्वी पर लेटकर दंडवत नमस्कार किया जाता है।

अंत में महादेव से अपने अपराधों के लिए क्षमा-याचना की जाती है। इस प्रकार जो भक्त भगवान शिव की पूजा करता है, वह निष्पाप होता हुआ अपने पितरों का उद्धार करता है तथा अधिक समय तक रूद्रलोक में निवास करता है। सदाचारी मनुष्य की ही पूजा सफल होती है और वह एक शिवलिंग के पूजन से समस्त संसार को तृप्त कर देता है।

मंत्र महिमा

भगवान शिव को प्रसन्न करने के लिए उनके मंत्रों के जप का

विधान है। ॐ नमः शिवाय, यह पंचाक्षर मन्त्र सबसे सरल किन्तु प्रभावकारी है। इसे स्त्री, पुरूष, बाल, वृद्ध सभी जप सकते हैं। मंत्र का प्रभाव अति शक्तिशाली होता है। अन्य सभी देवता भी अधीन हो जाते हैं, जैसे कि छोटे से अंकुश से मतवाला हाथी।

भगवान शंकर का अत्यन्त प्रभावशाली मंत्र है- मृत्युंजय मंत्र, यह मृत्यु को भी जीत लेने वाला है। इस मंत्र के प्रभाव के संबंध में एक पौराणिक कथा इस प्रकार है।

दशार्ण देश के राजा वज्रबाहु की पत्नी सुमति को जब वह गर्भवती थी, उसकी सौतों ने विष दे दिया। भगवत् कृपा से उसका गर्भपात तो नहीं हुआ, किंतु उसके शरीर में घाव बन गये। उससे उत्पन्न बच्चे के शरीर में भी घाव हो गये थे।

राजा ने अनेक उपचार करवाये, किंतु सफलता नहीं मिली। फिर उसने अपनी अन्य स्त्रियों की प्रेरणा से बच्चा सहित उसे जंगल में छुड़वा दिया। सुमति वन में एक झोपड़ी में रहने लगी, किंतु शारीरिक पीड़ा से वह कराह उठती थी। उसके ही रोग से उसके बच्चे की भी मौत हो गई।

वह शोक-विह्वला बहुत ही कातरभाव भाव से शिव की प्रार्थना करने लगी- 'हे प्रभो! आप सर्वव्यापक, सर्वज्ञ तथा दीन-दुखियों के कष्टों का हरण करने वाले हैं। मैं दुखियारी आपकी शरण में आई हूँ। भगवान मेरा कल्याण करें।' सुमति की करुण पुकार सुनकर योगी-शिव शीघ्र ही प्रकट हो गये।

उन्होंने उसे मृत्युंजय मंत्र का जप करने को कहा और अभिमन्त्रित भस्म उसके तथा उसके बच्चे के शरीर में लगा दिया। भस्म के स्पर्श से उसका समूचा कष्ट दूर हो गया और वह बच्चा भी प्रसन्नता के साथ उठ खड़ा हुआ। शिव ने उस बच्चे का नाम 'भद्रायु' रखा। सुमति और

भद्रायु मृत्युंजय मंत्र के जप मे लग गये और निर्दोष पत्नी तथा अनाथ बच्चे को कष्ट देने के कारण राजा वज्रबाहु घोर संकट में पड़ गया।

उसका राज्य शत्रुओं ने हड़प लिया, उसे बंदी बनाकर कैद कर लिया। भद्रायु के मंत्रजप से प्रसन्न शिव पुनः प्रकट हुए और उन्होंने उसे एक खड्ग, एक शंख तथा बारह हजार हाथियों का बल प्रदान किया। भद्रायु ने पिता के शत्रुओं को मार भगाया और राज्य पर अधिकार करने के बाद अपने पिता को भी बंदीगृह से मुक्त किया। उसका यश चारों ओर फैल गया और चित्रांगद ने अपनी कन्या कीर्तिमालिनी का विवाह भद्रायु के साथ कर दिया।

भद्रायु ने शिवपूजन करते हुए वर्षों सुख-शांतिपूर्वक राज्य किया और अंत में शिवसायुज्य को प्राप्त हुआ।

व्रत महिमा

भगवान शिव को प्रसन्न करने हेतु व्रत और उपवास की भी बड़ी महिमा है। प्रदोषव्रत, सोमवारव्रत, शिवरात्रि और महाशिवरात्रि भगवान शंकर के निमित्त प्रमुख व्रत बताये गये हैं। व्रतों के सम्बन्ध में पुराणों में अनेक कथाएँ वर्णित हैं।

विदर्भ देश के राजा सत्यरथ परम शिवभक्त थे। वे राजकाज करते हुए कभी भी शिव जी की पूजा नहीं छोड़े। एक बार कई राजाओं के साथ शाल्वदेश के राजा ने विदर्भ पर चढ़ाई कर दी और सात दिनों तक घनघोर युद्ध होने के बाद सत्यरथ की पराजय हो गई। शत्रु नगर में घुस गये।

गर्भवती रानी चुपके-से राजमहल से निकलकर जंगल की ओर चल पड़ी। तमाम कष्ट झेलने के बाद जंगल में ही उसे एक पुत्ररत्न प्राप्त हुआ। वह अकेली प्यास से तड़पती हुई बच्चे को वहीं छोड़ पानी के लिए एक सरोवर के पास गई। वहाँ उसे मगर ने निगल लिया। उमा

नाम की एक ब्राह्मणी विधवा अपने एक वर्ष के बच्चे के साथ जब इधर से गुजर रही थी, तो उसकी दृष्टि उस नवजात शिशु पर पड़ी।

वह असमंजस में पड़ गई। यदि अपने घर उस बच्चे को ले गई, तो उसकी बदनामी होगी, क्योंकि वह बदचलन समझी जाएगी और बच्चे को छोड़ देती है, तो जंगली जानवर उसे खा जाएंगे और वह पाप की भागी बनेगी। उस द्विधा में पड़ी उमा को के सामने सहसा भगवान शंकर प्रकट हो गये।

उन्होंने कहा कि इस बच्चे को तुम अपने घर ले जाकर अपने पुत्र के समान ही पालन-पोषण करो। यह राजकुमार है और इससे तुम्हारा भी भला होगा, किंतु इसे गुप्त रखना।

उस ब्राह्मणी ने अपने पुत्र का नाम शुचिव्रत और राजकुमार का नाम धर्मगुप्त रखा। वह विधवा ब्राह्मणी बच्चे के माता-पिता को ढूँढ़ते हुए शाण्डिल्य ऋषि के आश्रम में पहुँच गई।

ऋषि ने बताया कि राजा सत्यरथ का देहांत हो गया है। उसने प्रदोषव्रत अधूरा छोड़ दिया था, जिसके कारण उसकी यह गति हुई है। रानी ने पूर्वजन्म में अपनी सौत को मार डाला था, जिसका बदला उसकी सौत ने इस जन्म में मगर बन कर ले लिया है। ब्राह्मणी ने उन बच्चों को ऋषि के चरणों में डाल दिया, फिर ऋषि ने उन्हें पंचाक्षरी मंत्र देकर प्रदोषव्रत करने का उपदेश दिया। उसके बाद वे सब एकचक्रा नगरी में निवास करते हुए चार महीने तक शिव की आराधना करते रहे।

संयोग से एक दिन नदी के किनारे खेलते हुए शुचिव्रत को अशर्फियों से भरा एक स्वर्णकलश प्राप्त हुआ, जिसको लेकर वह अपने घर आया। उस कलश को देखकर उसकी माता ने उसे प्रदोषव्रत का फल माना। एक दिन वे दोनों लड़के वन-विहार कर रहे थे, तो उन्हें अंशुमती नाम की एक गन्धर्वकन्या क्रीड़ा करती हुई दिखाई पड़ी।

कन्या ने धर्मगुप्त से कहा कि 'मैं कोद्रविण नामक गन्धर्वराज की कन्या हूँ। शिव जी ने मेरे पिता से कहा कि तुम अपनी कन्या को सत्यरथ राजा के पुत्र धर्मगुप्त को प्रदान करो। इसलिए तुम मुझसे विवाह करो।'

लड़के ने जब अपनी माता से बताया, तो उसने उसे शिवजी की कृपा और शाण्डिल्य ऋषि का आशीर्वाद मानते हुए अंशुमती के साथ धर्मगुप्त का विवाह कर दिया।

उसके बाद धर्मगुप्त ने विदर्भ राज्य पर चढ़ाई कर अपने पिता का राज्य प्राप्त कर लिया और व्रतों का पालन तथा शिवाराधना करते हुए ब्राह्मणी उमा और उसके पुत्र शुचिव्रत के साथ सैकड़ों वर्षों तक सुखपूर्वक राज्य करने के बाद अन्त में शिवलोक को प्राप्त हुआ।

रूद्राभिषेक और रूद्राक्ष

भगवान शिव ने कालकूट विष का पान किया था, जिसके शमन हेतु इन्हें जल की धारा बहुत प्रिय है। रूद्राक्ष अर्थात् भगवान शिव के नेत्र यानि ज्ञान का प्रतीक है। इसलिए रूद्राक्ष की माला (ज्ञान की माला) भगवान शंकर का आभूषण है। मानवीय नियमानुसार अपनी प्रिय वस्तुओं के मिलने की अपेक्षा सभी को रहती है और मिलने पर अधिक प्रसन्नता होती है। रूद्राभिषेक और रूद्राक्ष की महिमा के संबंध में एक कथा इस प्रकार है:

कश्मीर के राजा भद्रसेन का पुत्र सुधर्मा और उनके मंत्री पुत्र तारक दोनों ही पक्के शिवभक्त और पितृभक्त थे। दोनों अपने संपूर्ण शरीर में विभूतिधारण कर गले में रूद्राक्ष की माला पहनकर शिवजी की अर्चना-वंदना करते थे।

एक बार महामुनि पराशर ने राजा को बताया कि आज से सातवें

दिन राजकुमार की अकाल मृत्यु होने वाली है। इस सूचना से पीड़ित राजा ने पराशरजी से इसका समाधान पूछा, तो उन्होंने बताया कि 'यदि दस हजार रूद्रावर्तन से शंकरजी का अभिषेक किया जाए, तो तुम्हारे पुत्र की अपमृत्यु टल सकती है।' मुनि के निर्देशानुसार राजा ने हजारों ब्राह्मणों को आमंत्रित कर रूद्राभिषेक प्रारंभ करवा दिया।

सातवें दिन दोपहर को ही सुधर्मा की मृत्यु हो गई। मुनि पराशर ने रूद्राभिषेक के जल से सुधर्मा के मृत शरीर का सिंचन किया और पवित्र मंत्र से अभिमंत्रित रूद्राक्ष की माला से कुछ जल उसके मुँह में डाल दिया। भगवान शंकर की कृपा से राजकुमार का प्राण वापस आ गया। उसने बताया कि उसे यम ले जा रहे थे, किंतु एक जटाधारी श्वेतकाय प्रिय मूर्ति ने उन्हें फटकार लगाते हुए मुझे छुड़ा लिया।

उसके बाद राजकुमार सुधर्मा और मंत्रीपुत्र तारक ने समाज में शिवभक्ति का बहुत प्रचार-प्रसार किया।

भस्म

भस्म वैराग्य और संसार की नश्वरता का प्रतीक है। श्मशान में जाकर भस्मित होना खेदजनक अनिवार्य सत्य है। यह संदेश प्रत्येक मनुष्य को स्मरण में रखते हुए इसके संकेतानुसार सदाचार को अपनाकर हुए संसार के कार्यों को आनंदपूर्वक निश्चिंत्य करना चाहिए। भस्म भगवान शिव के (मानव) शरीर का परम पवित्र अलंकरण है। इसकी महिमा का ज्ञान इस कथा से होता है:

दुर्जन नामक एक महापापी ब्रह्मराक्षस एक समय क्रौंच नामक वन में गया। वहाँ एक शिवभक्त योगी तप कर रहे थे, जिनको खाने के लिए वह दौड़ पड़ा। योगी अपने हृदय में भगवान शिव के मंगलमय रूप का ध्यान कर रहे थे, इसलिए वे निश्चल होकर बैठे थे। विकराल मुँह वाले उस निर्दयी राक्षस ने उस महात्मा को पकड़ लिया।

उसे महान आश्चर्य तब हुआ कि महात्मा का शरीर पकड़ते ही वह पापरहित हो गया। उस सच्चे महात्मा के दर्शन और स्पर्श से उसकी बुद्धि अत्यंत निर्मल हो गई।

उस ब्रह्मराक्षस ने योगी को अपने पूर्वजन्म के पापों का विवरण सुनाते हुए उनसे पूछा कि यह सब क्यों हुआ? योगिराज ने उसे बताया कि यह सब शिवजी की विभूति का फल है। हमारे परम आराध्यदेव शिवजी की विभूति के स्पर्श से ही तुम्हे दिव्य बुद्धि प्राप्त हुई है। इस भस्म के प्रभाव से तुम शिवलोक के अधिकारी बन गये हो, क्योंकि भस्मधारण की महिमा अनिर्वचनीय है।

शिव-निर्माल्य

शिव की पूजा में अर्पित की गयी वस्तु को शिव-निर्माल्य कहते हैं। जो वहाँ से उठायी गई है। किसी भी देवप्रतिमा की पूजा में प्रयुक्त की गई वस्तु को भक्तगण प्रसाद के रूप में ग्रहण करते हैं।

भगवान शिव की पूजा में प्रयुक्त सामग्री, शिव-निर्माल्य, को प्रसाद के रूप में ग्रहण करने के संबंध में मतभेद है। कुछ आचार्यों का कहना है कि शिवलिंग पर चढ़ाया गया निर्माल्य चण्डक अथवा गिरि (गोसाई) जाति के लोग अधिकार पूर्वक ग्रहण करते हैं। कुछ धार्मिक विद्वानों का मानना है कि शिवपूजन में प्रयुक्त सामग्री भगवान का परम पवित्र प्रसाद है, उसे अवश्य ग्रहण करना चाहिए। इन दोनों प्रकार के विद्वानों के लिए अपने-अपने तर्क भी हैं और शास्त्रीय प्रमाण भी।

इसलिए शिवपूजन में प्रसाद ग्रहण एक महत्त्वपूर्ण पक्ष है, जिसका विचार किया जाना आवश्यक प्रतीत होता है। शिवपुराण विद्येश्वर संहिता के अनुसार शिव का निर्माल्य ग्रहण नहीं करना चाहिए-

अग्राह्यं शिवनैवेद्यं पत्रं पुष्पं फलं जलम्।

शालग्रामशिलासंगात् सर्वं याति पवित्रताम्।।

पाद्मशिवोक्ति में भी शिव के निर्माल्य और नैवेद्य ग्रहण करने से मना किया गया है-

अनर्हं मम नैवेद्यं पत्रं पुष्पं फलं जलम्।

मह्यं निवेद्य सकलं कूप एवं विनिःक्षिपेत्।।

'मेरा नैवेद्य और पत्र, पुष्प, फल आदि नैवेद्य पूजन में निवेदित करने के बाद उन्हें कुएं में डाल देना चाहिए।'

स्कन्दपुराण में सूतजी का कथन है कि शिव-निर्माल्य में वस्त्र-आभूषण आदि छोड़कर अन्य वस्तुएं गन्ध, पुष्प आदि चण्डेश को दे देना चाहिए-

विसर्जितस्यस देवस्य गन्धपुष्पानिवेदनम्।
निर्माल्यं तद्विजानीयाद् वर्ज्यं वस्त्र विभूषणाम्।।
अर्पयित्वा तु ते भुयश्चर्चण्डेशाय निवेदयेत्।।

निर्णय सिंधु के एक श्लोक के अनुसार-पृथ्वी, सुवर्ण, गौ, रत्न, चांदी, तांबा, वस्त्र आदि को छोड़कर अन्य सामग्री चण्डेश को दे देना चाहिए-

धराहिरण्यगोरत्नताम्ररौप्यांशुकादिकान्।
विहाय शेषं निर्माल्य चण्डेशाय निवेदयत्।।

इन सब शास्त्र वचनों से स्पष्ट होता है कि शिवजी पर चढ़ाई गयी वस्तुएं और नैवेद्य सब कुछ चण्डेश्वर का हिस्सा है, इसे स्वयं ग्रहण नहीं करना चाहिए।

इससे यह भी ज्ञात होता है कि जो चण्डेश्वर का भाग नहीं है, उस निर्माल्य को ग्रहण किया जा सकता है।

शिवपुराण के विद्येश्वर संहिता का श्लोक इसे प्रमाणित करता है-

चण्डाधिकारों यत्रास्ति तद्भोक्तव्य न मानवैः।

चण्डाधिकारों नो यत्र भोक्तव्यं तच्च भक्तितः।।

जो रूद्र का निर्माल्य ग्रहण करता है, उसे सचैल अर्थात् अपने पहने हुए वस्त्रों के साथ स्नान करना चाहिए-

स्पृष्ट्वा रुद्रस्य निर्माल्यं सवासा आप्लुतः शुचिः।

शिव-निर्माल्य के ग्रहण के संबंध में भी ढेर सारे प्रमाण दिये गये हैं और कहा गया है कि शिव का निर्माल्य प्रसाद के रूप में अवश्य ही ग्रहण करना चाहिए।

जिसने शिवमंत्र की दीक्षा ग्रहण की है, उसे शिव-निर्माल्य का प्रसाद अवश्य ही लेना चाहिए।

द्वादश ज्योतिर्लिंगों तथा सिद्धलिंगों का निर्माल्य प्रसाद के रूप में सबको ग्रहण करना चाहिए-

स्नपयित्वा विधानेन यो लिंगस्नपनोदकम्।

त्रिः पिबेत्त्रिविधं पापं तस्येहाशु विनश्यति।।

'जो मनुष्य विधिपूर्वक शिवलिंग को स्नान कराकर उस जल का तीन बार आचमन करता है, उसके शारीरिक, वाचिक और मानसिक तीनों प्रकार के पाप शीघ्र ही नष्ट हो जाते हैं।'

स्कन्दपुराण के अनुसार विश्वेश्वर के स्थान का जल मस्तक पर धारण करने से महान पुण्य होता है। शिवपुराण के अनुसार, बाणलिंग,

लौहलिंग, सिद्धलिंग तथा स्वयम्भू लिंगो एवं शिव-प्रतिमाओं के निर्माल्य सभी के लिए ग्राह्य हैं।

बाणलिंग च लौहे च सिद्धलिंगे स्वयंभुविं।
प्रतिमासु च सर्वासु च चण्डोऽधिकृतो भवेत्।।

इसी प्रकार पारदनिर्मित लिंग और रत्ननिर्मित लिंग पर चण्डक का अधिकार नहीं है। काशी आदि तीर्थों में पुराण प्रसिद्ध जितने भी लिंग भक्तों-उपासकों के अनुग्रह के लिए प्रकट हुए हैं, वे स्वयम्भू लिंग कहलाते हैं; जो लिंग सिद्ध महात्माओं द्वारा प्रतिष्ठित और उनके द्वारा पूजित हैं, वे सिद्धलिंग कहलाते हैं।

इन लिंगों का निर्माल्य और प्रसाद ग्रहण करने में किसी भी प्रकार का दोष या निषेध नहीं है, क्योंकि इनमें चण्डक का अधिकार नहीं बनता है।

नैवेद्य

जिसने शिव की दीक्षा नहीं ली है अथवा जो शिवभक्त नहीं है, उसे पार्थिव लिंग पर चढ़ाया गया नैवेद्य अथवा निर्माल्य ग्रहण नहीं करना चाहिए। जो वस्तु शिवलिंग पर चढ़ायी जाती है, उस नैवेद्य या निर्माल्य को ग्रहण नहीं करना चाहिए। शिवपुराण विद्येश्वर संहिता का निम्नलिखित श्लोक इसकी पुष्टि करता है-

लिंगोपरि च यद् द्रव्यं तदग्राह्यं मुनीश्वराः।
सुपवित्रं च तज्ज्ञेयं यल्लिंगस्पर्शबाह्यतः।।

विद्येश्वर संहिता में ही शिव के नैवेद्य प्रसाद के भक्षण की प्रशंसा तथा उसके त्याग करने की निंदा की गई है। शिव-नैवेद्य के भक्षण से सभी प्रकार के पाप नष्ट हो जाते हैं तथा पुण्यकाल की प्राप्ति होती है।

जिसमें शिव का नैवेद्यभक्षण का इच्छा नहीं होती, वह महापापी नरक में जाता है।

सारांश यह है कि जिन भक्तों को शिव की दीक्षा हुई हैं, उन्हें शिव के सभी प्रकार का निर्माल्य और नैवेद्य ग्रहण करने का अधिकार है तथा जिन्होंने अन्य देवता की दीक्षा ली है, उंन्हें शिव नैवेद्य ग्रहण का निषेध है; ऐसा शिवपुराण का अभिमत है-

शिवदीक्षान्वितो भक्तो महाप्रसादसंज्ञकम्।
सर्वेषामपि लिंगानां नैवेद्यं भक्षयेच्छुभम्।।
अन्यदीक्षायुतनृणां शिव भक्तिरतात्मनाम्।
श्रृणुध्वं निर्णयं प्रीत्य शिवनैवेद्यभक्षणे।।
शालग्रामोद्‌भवे लिंगे रसलिंगे तथा द्विजाः।
पाषाणे राजते स्वर्णे सुरसिद्ध प्रतिष्ठिते।।
काश्मीरे स्फाटिके रत्ने ज्योतिलिंगेषु सर्वशः।
चान्द्रायणसमं प्रोक्तं शम्भोर्नैवेद्यभक्षणम्।।
ब्रह्महापि शुचिर्भूत्वा निर्माल्यं यस्तु धारयेत्।
भक्षयित्वा द्रुतं तस्य सर्वपापं प्रणश्यति।।

'शिव-दीक्षा ग्रहण करने वाला मनुष्य सभी प्रकार के शिवलिंगों का नैवेद्य प्रसाद के रूप में ग्रहण कर सकता है।

जिसने किसी अन्य देवी-देवता की दीक्षा ली है और भगवान शिव के प्रति उसका अनुराग है, वह भी शिवजी को चढ़ाया हुआ नैवेद्य प्रसाद के रूप में ले सकता है।

जिस स्थान पर शालिग्राम शिला की उत्पत्ति होती है और वहाँ यदि

शिवलिंग उत्पन्न होता है, तो उस पर चढ़ाया गया प्रसाद सभी के द्वारा ग्रहण करने के योग्य है।

पारा से निर्मित शिवलिंग, पत्थर का लिंग, चांदी और सोने द्वारा बने लिंग, केसर से निर्मित लिंग, स्फाटिक लिंगों पर चढ़ाया गया नैवेद्य भक्षण करने से चन्द्रायण व्रत के समान पुण्य प्राप्त होता है।

ब्रह्महत्या करने वाला पुरूष भी यदि पवित्र होकर शिवजी को चढ़ाया गया निर्माल्य या नैवेद्य ग्रहण करता है, तो उसका सम्पूर्ण पाप नष्ट हो जाता है।'

ऊपर गिनाये गये शिवलिंगों को छोड़कर अन्य शिवलिंगो का प्रसाद उस व्यक्ति को नहीं लेना चाहिए, जिसने शिव-दीक्षा नहीं ली है।

11

शक्तिपीठ

कालिका पुराण के अनुसार जहाँ-जहाँ सती (शव) के अंगों का निपात हुआ, वहाँ सती-स्नेह से आबद्ध शिव भी लिंगरूप में स्थित हो गए। इन अंग-निपात के महास्थलों पर कालांतर में सिद्ध शक्तिपीठों का अवतरण हुआ। योनिपीठ के रूप में कामरूप कामाख्या तीर्थों का चूड़ामणि ब्रह्मानद तीर स्थित, नीलांचल पर्वत पर महायोग स्थल है।

कालिका पुराण में चार दिशाओं में चार पीठों का उल्लेख है, जिसमें प्रथम औंड्रपीठ उड़ीसा, दूसरा जैलशैल, तीसरा पूर्णपीठ तथा चौथा कामरूप है।

देश में विद्यमान अनेक शक्तिपीठों की वास्तविक स्थान की स्थिति अज्ञात है, तो कई के स्थानों को लेकर मतभेद है। 51 शक्तिपीठों में नौ भारत के बाहर हैं, कुछ देवी स्थानों की मान्यता शक्तिपीठ के रूप में है, किंतु तंत्रचूड़ामणि में उनका उल्लेख नहीं है, जबकि देवी भागवत् में उनका उल्लेख है।

इसी प्रकार कुछ ऐसे पीठ हैं, जो जीवंत देवीपीठ माने जाते हैं, किंतु उनका उल्लेख तंत्रचूड़ामणि में नहीं है। कहीं-कहीं शक्तिपीठों की गणना 108 की गयी है। उल्लेखनीय है कि जिन पवित्र स्थानों पर

देवी-देवताओं ने अधर्म का नाश कर धर्म की स्थापना की, उन स्थानों को तीर्थ या सिद्धपीठ कहा गया।

1. श्री युगाद्या

प. बंगाल, बर्द्धमान जिले के अंतर्गत क्षीरग्राम में स्थित युगाद्या शक्तिपीठ की अधिष्ठात्री देवी हैं-'युगाद्या' तथा भैरव हैं 'क्षीर कंटक'। तंत्र चूड़ामणि के अनुसार यहाँ सती के दाहिने चरण का अँगूठा गिरा था।

अहिरावण ने पाताल में जिस काली की उपासना की थी, वह युगाद्या ही थीं। राम-लक्ष्मण को पाताल से लेकर लौटते हुए हनुमान जी देवी को भी साथ लाए। क्षीरग्राम की भूतधात्री महामाया के साथ देवी युगाद्या की भद्रकाली मूर्ति एक हो गई और कालांतर में देवी का नाम युगाद्या हो गया।

2. श्री शोणदेश

मध्य प्रदेश के अमरकंटक के नर्मदा नदी के उद्‌गम-स्थल स्थित नर्मदा देवी शक्तिपीठ के स्थान पर सती के दक्षिणी नितंब का निपात हुआ था। एक अन्य मान्यता के अनुसार सासाराम का ताराचंडी मंदिर ही शोण तट स्थित शक्तिपीठ है। यहाँ सती का दायाँ नेत्र गिरा था।

यहाँ की 'शक्ति' 'नर्मदा' या 'शोणाक्षी' तथा भैरव 'भद्रसेन' हैं।

3. श्री रत्नावली

यह पीठ आनंदमयी मंदिर के रूप में सुविख्यात प. बंगाल के हुगली जिले के खानामुल कृष्णनगर (रत्नावली) में स्थित है। बंगाल पंजिका के अनुसार यह चेन्नई में कहीं है। यहाँ सती का दायाँ कंधा गिरा था। यहाँ की शक्ति 'कुमारी' तथा भैरव 'शिव' हैं।

4. श्री पंच सागर

यहां सती के नीचे के दाँत गिरे थे। शक्ति 'वाराही' तथा भैरव

'महारूद्र' हैं। इस शक्तिपीठ का अज्ञात स्थान हरिद्वार के समीप अनुमान किया जाता है।

5. श्री कालमाधव

कालमाधव में सती के वाम नितम्ब का निपात हुआ था। यहां की शक्ति 'काली' तथा भैरव 'असितांग' हैं। यह पीठ अमरकंटक के नजदीक सोन नदी के तट पर पहाड़ियों की किसी गुफा में स्थित है।

6. श्री ज्वालादेवी (ज्वालामुखी)

हिमाचल प्रदेश की कांगड़ा घाटी में कालीधर पर्वत की तलहटी में ज्वालादेवी या ज्वालामुखी शक्तिपीठ है। यहाँ सती की जिह्वा का निपात हुआ था। यहाँ की शक्ति 'सिद्धिदा' (अंबिका) व भैरव 'उन्मत्त' हैं। मंदिर के अंदर कुल 10 ज्योतियाँ निकलती हैं। ये लपटें पर्वतीय अग्नि से प्रस्फुटित तथा प्रज्ज्वलित रहती हैं। यहाँ स्थित कुण्ड में जल सदैव खौलता रहता है, किंतु आश्चर्य यह कि छूने पर बिल्कुल ठंडा लगता है। ये ज्योतियाँ अनंत काल से जल रही हैं।

7. श्री कामरूप कामाख्या (कामगिरि)

कालिका पुराणानुसार जिस स्थान पर शिव के त्रिनेत्र से भस्म कामदेव अपने पूर्व रूप की प्राप्ति का वरदान पाए, वह स्थान कामरूप है।

ब्रह्मवैवर्तपुराणानुसार कामदेव ने यहां देवी मंदिर के निर्माण हेतु विश्वकर्मा को बुलाया। मंदिर की दीवारों पर 64 योगिनियों एवं 18 भैरवों की मूर्तियाँ खुदवा कर कामदेव ने इसे आनंदाख्य मंदिर कहा।

कामरूप कामाख्या में सती के योनि का निपात हुआ था, इसलिए इसे योनिपीठ कहा जाता है।

कालिका पुराण तथा देवीपुराण में 'कामाख्या' शक्तिपीठ को सर्वोत्तम कहा गया है। ब्रह्मपुत्र नदी के पावन तट पर गुवाहाटी के कामगिरि पर्वत पर कामाख्या का पावन पीठ है। यहाँ की शक्ति कामाख्या तथा भैरव 'उमानंद' हैं। कालिका पुराण के अनुसार पर्वत पर देवी का योनिमण्डल गिरा, जिससे समस्त पर्वत नीलवर्ण हो गया। इस तरह यह पर्वत नीलांचल पर्वत कहा जाने लगा।

यहाँ देवी के योनि का पूजन होता है। इस नील प्रस्तरमय योनि में माता कामाख्या साक्षात् वास करती हैं। जब योनि का निपात हुआ, तब यह पर्वत डगमगाने लगा। अत: त्रिदेवों ने इसके एक-एक श्रृंग को धारण किया।

यह पर्वत तीन श्रृंगों में विभक्त है। ब्रह्मपर्वत स्थित भुवनेश्वरी पीठ, जहाँ महामाया पीठ है वह शिवपर्वत मध्य भाग, तथा पश्चिमी भाग विष्णुपर्वत या बराह पर्वत है। आषाढ़ माह में मृगशिरा नक्षत्र के चौथे चरण आर्द्रा नक्षत्र के पहले चरण के मध्य देवी का दर्शन तीन दिनों तक बंद रहता है और माना जाता है कि मां कामाख्या ऋतुमती हैं। चौथे दिन ब्रह्म मुहूर्त में देवी का श्रृंगार, स्नानोपरांत दर्शन पुन: प्रारंभ होता है।

देवी का योनिमुद्रा पीठ दस सीढ़ी के नीचे एक अंधकारपूर्ण गुफा में स्थित है, जहाँ हमेशा दीपक का प्रकाश रहता है। उसे कामदेव भी कहते हैं। कामाख्या देवी मंदिर के अलावा महाविद्याओं के सात मंदिरों में से भुवनेश्वरी मंदिर शक्ति महापीठ नीलांचल पर्वत के सर्वोच्च श्रृंग पर होने से विशिष्ट महत्त्व वाला माना जाता है।

ज्योतिष शास्त्र के अनुसार मृगशिरा नक्षत्र के चौथे चरण तथा आर्द्रा नक्षत्र के प्रथम चरण के बीच पृथ्वी ऋतुमती होती है। इस अवधि में कामाख्या में दर्शन बंद रहता है। इस अवधि को अंबुवाची कहते हैं। इस उत्सव-व्रत की महिमा असम तथा बंगाल में अधिक है। यही काल

भगवती के ऋतुमती होने का माना गया है, जिसमें देवी के रक्त-सिक्त वस्त्र का प्रसाद दिया जाता है। कहते हैं कि इस रक्त-सिक्त वस्त्र को धारण करके उपासना करने से भक्त की समस्त मनोकामनाएँ अवश्य पूर्ण होती हैं। इस अम्बुवाची व्रत में मात्र फलाहार किया जाता है।

एक अन्य उत्सव है-देव ध्वनि, जिसमें ढोलक, नगाड़ा, झंडा आदि वाद्य की उच्च ध्वनि की जाती है, साथ ही नृत्य भी होता है। इसे देउधा कहते हैं। देउधा का अर्थ है-देवता की कृपा का पात्र।

पौष मास के कृष्णपक्ष की द्वितीया, तृतीया को पुष्य नक्षत्र में पुष्पाभिषेक उत्सव मनाया जाता है, जिसमें श्री कामेश्वर की चलता मूर्ति को कामेश्वर मंदिर से अधिवासन के लिए कामाख्या मंदिर में लाया जाता है। दूसरे दिन कामेश्वर मंदिर से कामेश्वर की मूर्ति ढाक, ढोल, वाद्ययंत्रों की ध्वनि के साथ लाई जाती है एवं भगवती के पंचरत्न मंदिर में दोनों मूर्तियों का शुभ परिणय-समारोह, पूजा, यज्ञादि तथा हर-गौरी विवाह महोत्सव का आयोजन होता है।

8. श्री कात्यायनी

ब्रह्मवैवर्त पुराणानुसार देवी कात्यायनी चंद्रहास नामक तलवार सहित सिंहासनासीन रहती हैं। यहाँ सती के केशपाश का निपात हुआ था। वृंदावन (उत्तर प्रदेश) में यमुना के निकट राधाबाग स्थित मां कात्यायनी देवी का यह सिद्धपीठ अति प्रख्यात है। कात्यायनी नवदुर्गा में षष्ठ दुर्गा हैं। ब्रज बालाओं ने श्रीकृष्ण को पाने के लिए इस सिद्धपीठ में माँ कात्यायनी की पूजा-उपासना की थी। तत्त्व चिंतामणि के अनुसार केश का निपात मथुरा के चामुण्डा शक्तिपीठ के स्थान पर हुआ था।

9. श्री देवीकूप भद्रकाली

हरियाणा राज्य के कुरुक्षेत्र जंक्शन से 4 किलोमीटर दूर झाँसी रोड

पर, द्वैपायन सरोवर के पास यह देवीकूप पीठ है, जहाँ सती के दाएँ चरण (गुल्फ) का निपात हुआ था। यह शक्तिपीठ श्री देवीकूप (भद्रकाली) पीठ के नाम से मान्य है। यहाँ की शक्ति 'सावित्री' तथा भैरव 'स्थाणु' हैं। इस स्थान का माहात्म्य तंत्र चूड़ामणि में भी मिलता है। पांडवों ने महाभारत युद्ध से पूर्व विजय की कामना से यहाँ माँ काली की उपासना की थी और विजय के पश्चात् स्वर्ण का अश्व चढ़ाया था। आज भी यह प्रथा है कि भक्त यहाँ स्वर्ण या काठ का घोड़ा चढ़ाते हैं। कृष्ण तथा बलराम का यहीं पर मुण्डन-संस्कार भी संपन्न हुआ था।

इस पीठ में भद्रकाली की विलक्षण प्रतिमा तथा स्थाणु शिव का अद्‌भुत शिवलिंग है, जिसमें प्राकृतिक रूप से ललाट, तिलक एवं सर्प अंकित है।

10. श्री कन्याश्रम (कण्यकाचक्र) कन्याकुमारी

हिंद महासागर के तट पर तमिलनाडु राज्य में स्थित कन्याकुमारी के मंदिर परिसर में ही भद्रकाली का मंदिर-शक्तिपीठ है, जहां देवी के देह का पृष्ठ भाग का पतन हुआ था। यहां की शक्ति 'शर्वाणि' या 'नारायणी' तथा भैरव 'निमिष' या 'स्थाणु' (मतांतर से 'संहार') हैं।

कन्याकुमारी एक अंतरीप तथा भारत की अंतिम दक्षिणी सीमा है।

11. श्री शुचींद्रम्

कन्याकुमारी से 13 किलोमीटर दूर शुचींद्रम् में स्थित स्थाणु-शिव के मंदिर में ही शुचि शक्तिपीठ स्थापित है। यहाँ सती के ऊर्ध्वदंत (मतांतर से पृष्ठ भाग) गिरे थे। यहाँ की शक्ति 'नारायणी' तथा भैरव 'संहार' या 'संकूर' हैं। शुचींद्र क्षेत्र को ज्ञानवनम् क्षेत्र भी कहते हैं। महर्षि गौतम के शाप से इंद्र को यहीं मुक्ति मिली थी, वह शुचिता (पवित्रता) को प्राप्त हुए, इसीलिए इसका नाम शुचींद्रम् पड़ा।

12. श्री नंदीपुर

प. बंगाल के वीरभूम जिले में सैंथिया स्टेशन से डेढ़ कि.मी. दूर नंदीपुर नामक स्थान में नंदीकेश्वरी मंदिर-शक्तिपीठ है। यहाँ देवी का कण्ठहार गिरा था। यहाँ की शक्ति 'नन्दिनी' और भैरव 'नंदिकेश्वर' हैं।

13. श्री मानस

तंत्र चूड़ामणि के अनुसार देवी का शक्तिपीठ चीन अधिकृत मानसरोवर में पाषाण रूप में स्थित है। यहाँ सती की बायाँ हाथ का निपात हुआ था। यहां की शक्ति 'दाक्षायणी' (कुमुदा) तथा भैरव 'अमर' हैं। मानस (कैलास) शक्तिपीठ का गौरवपूर्ण वर्णन हिंदू, बौद्ध, जैन धर्म-ग्रंथों में मिलता है।

14. श्रीलंका

श्रीलंका के उत्तरी प्रान्त मनीपलवम में नैनतिबू जहाँ सती का नूपुर गिरा था उस स्थान का पता/स्थिति ज्ञात नहीं है। यहाँ की शक्ति 'इंद्राक्षी' (नागापूरानी, भूवनेश्वरी) तथा भैरव 'राक्षसेश्वर' (नयनायर) हैं।

ऐसी मान्यता है कि इस देवी की स्थापना व पूजा इंद्र के द्वारा की गयी थी। यह देवी राम, रावण (रामायण) एवं नाग तथा गरुड़देव (महाभारत) आदि द्वारा उपास्य रहीं।

15. श्री यशोरेश्वरी

यह शक्तिपीठ बांग्लादेश में सतखिरा जिले के ईश्वरीपुर (श्यामनगर) नामक स्थान पर स्थित है। यहाँ सती की दाई हथेली तथा तलवों का निपात हुआ था। यहाँ की शक्ति 'यशोरेश्वरी' तथा भैरव 'चंद्र' हैं।

16. श्री करतोयाघाट

उल्लेखनीय है कि बांग्लादेश के चहल शक्तिपीठ के शिव मंदिर

को तेरहवें ज्योतिर्लिंग की मान्यता है। 'शक्ति संगम तंत्र' में बांग्लादेश क्षेत्र को सर्वसिद्धि प्रदायक कहा गया है। वहां के चार शक्तिपीठों (करतोयाघाट, विभासपीठ, सुगंधापीठ भवानीपुर गांव तथा चहल पीठ) में करतोया पीठ को अति विशिष्ट कहा गया है। यह शक्तिपीठ बांग्लादेश एवं कामरूप के संगम स्थल पर करतोया नदी के तट पर (बोगरा जिला, बांग्लादेश) में स्थित है।

तंत्र चूड़ामणि के अनुसार यहाँ सती के वाम तल्प (आभूषण) का निपात हुआ था। यहाँ देवी 'अपर्णा' रूप में तथा शिव 'वामन 'भैरव' रूप में वास करते हैं।

17. श्री सुगंधा

बांग्लादेश में बरीसाल से 21 किलोमीटर उत्तर में शिकारपुर ग्राम में सुगंधा (सोनदा), नदी के तट पर स्थित उग्रतारा देवी मंदिर-शक्तिपीठ स्थित है। यहाँ सती की नासिका का निपात हुआ था। यहाँ की देवी 'सुगंधा' तथा भैरव 'त्र्यंबक' हैं।

18. श्री चट्टल

देवी का यह पीठ भी बांग्लादेश में चटगाँव (चितागौंग) से 38 किलोमीटर दूर सीता स्टेशन के पास चंद्रशेखर (चंद्रनाथ) पर्वत पर स्थित भवानी मंदिर है। पर्वत पर ही स्थित चंद्रनाथ मंदीर-शक्तिपीठ का भैरव मंदिर है।

यहाँ सती की दाहिनी भुजा का निपात हुआ था। यहाँ की शक्ति 'भवानी' तथा भैरव 'चंद्रशेखर' हैं।

19. श्री हिंगलाज

श्रीमद्भागवत के अनुसार यह हिंगला (हिगलाज) देवी का प्रिय महास्थान है। ब्रह्मवैवर्त पुराण के अनुसार हिंगुला देवी के दर्शन से

पुनर्जन्म कष्ट नहीं भोगना पड़ता है। बृहन्नील तंत्रानुसार यहाँ सती का ब्रह्मरंध्र गिरा था। तंत्र चूड़ामणि के अनुसार शक्ति 'हिंगुला' (कोट्टारी) तथा भैरव 'भीमलोचन' हैं।

देवी के शक्तिपीठों में कामाख्या, काँची, त्रिपुरा, हिंगुला प्रमुख शक्तिपीठ हैं। हिंगुला का अर्थ सिंदूर है।

यह शक्तिपीठ सिंधु नदी के मुहाने पर (हिंगोल नदी के तट पर) पाकिस्तान के बलूचिस्तान प्रांत के हिंगलाज नामक स्थान पर स्थित है। मुसलमान हिंगुला देवी को 'नानी' तथा वहाँ की यात्रा को 'नानी का हज' कहते हैं। पूरे बलूचिस्तान के मुसलमान भी इनकी उपासना व पूजा करते हैं।

20. श्री गंडकी

नेपाल देश के परिवारों में गंडकी नदी के उद्‌गम स्थल पर मुक्तिनाथ मंदीर के नजदीक गंडकी शक्तिपीठ के स्थान पर सती के दक्षिण गंड (कपोल) का पतन हुआ। यहाँ शक्ति 'गंडकी चंडी' तथा भैरव 'चक्रपाणि' हैं।

21. श्री गुह्येश्वरी

काठमांडू नेपाल में पशुपतिनाथ मंदिर से नजदीक बागमती नदी के तट पर गुह्येश्वरी शक्तिपीठ है। यह नेपाल की अधिष्ठात्री देवी हैं। यहाँ सती के दोनों जानु (घुटनों) का निपात हुआ था। कुछ विद्वान सती के गुह्य भाग का यहाँ पतन मानते हैं। इसी से यहाँ की देवी को गुह्येश्वरी कहा जाता है। यहां की शक्ति 'महाशिरा' और भैरव 'कपाली' हैं।

22. श्री नलहरी

नलहरी (जिला वीरभूमि, प. बंगाल) के समीप एक ऊँचे टीले पर नलहरी शक्तिपीठ है। यहाँ सती की उदर नली का पतन (मतांतर से

शिरोनली का निपात) हुआ था। यहाँ की शक्ति 'कालिका' तथा भैरव 'योगीश' हैं।

23. श्री किरीट

कोलकाता महानगर में लालबाग कोट स्टेशन से तीन किलोमीटर दूर हुगली (गंगा) तट पर किरीट शक्तिपीठ किरीटकोना गाँव (जिला मुर्शीदाबाद, प. बंगाल) में स्थित है। इस स्थान पर सती के किरीट (शिरीभूषण या मुकुट) का निपात हुआ था। कुछ विद्वान मुकुट का निपात कानपुर के मुक्तेश्वरी मंदिर में मानते हैं।

यहाँ की शक्ति 'विमला' अथवा 'भुवनेश्वरी' हैं तथा भैरव हैं 'संवर्त'।

24. श्री बहुला

पं० बंगाल बर्द्धमान जिले के कटवा जंक्शन से आठ कि.मी. पश्चिम की ओर अजय नदी के तट पर बसे केतुग्राम या केतु ब्रह्म गाँव में बहुला शक्तिपीठ स्थित है। यहाँ सती के वाम बाहु का पतन हुआ था। यहाँ की शक्ति 'बहुला' तथा भैरव 'भीरुक' हैं।

25. श्री त्रिस्तोता

जलपाई गुड़ी नगर (प. बंगाल) के शालवाड़ी गांव में तीस्ता नदी के तट पर त्रिस्तोता शक्तिपीठ है, जहां सती के वाम चरण का पतन हुआ था। यहाँ की शक्ति 'भ्रामरी' तथा भैरव 'ईश्वर' (अंबर) हैं।

26. श्री विभाष

पूर्व मिदनापुर जिले (प. बंगाल) के ताम्रलुक ग्राम में रूपनारायण नदी के तट पर स्थित वर्गभीमा का विशाल मंदिर ही विभाष शक्तिपीठ है। यहाँ बाएँ टखने का निपात हुआ था। यहाँ की शक्ति 'कापालिनी' (भीमरूपा) तथा भैरव 'सर्वानंद' हैं ।

27. श्री मिथिला

मिथिला में भारत-नेपाल सीमा पर जनकपुर रेलवे स्टेशन के समीप यह शक्तिपीठ है। यहां सती के वाम स्कंध का निपात हुआ था। मतांतर से तीन विभिन्न स्थानों को शक्तिपीठ माना जाता है, जहाँ वाम स्कंध निपात की मान्यता है: 'उच्चैठ' नामक स्थान का वनदुर्गा मंदिर, सहरसा स्टेशन के पास उग्रतारा मंदिर और सलौना रेलवे स्टेशन समीप 'जयमंगला देवी मंदिर'। यहाँ की शक्ति 'उमा' या 'महादेवी' तथा भैरव 'महोदर' हैं।

28. श्री काँची

तमिलनाडु के कांजीरम् में त्रिपुरसुंदरी कामाक्षी देवी की प्रतिमा है। यह दक्षिण भारत का सर्वप्रधान शक्तिपीठ है। कामाक्षी देवी को कामकोटि भी कहा जाता है। देवी कामाक्षी के नेत्र इतने कमनीय या सुंदर है कि उन्हें कामाक्षी संज्ञा दी गई। कामाक्षी के तीन नेत्र त्रिदेवों के प्रतिरूप हैं। सूर्य-चंद्र प्रधान नेत्र और अग्नि-भाल पर चिन्मय ज्योति तृतीय नेत्र है। 'का' सरस्वती और 'माँ' महालक्ष्मी कामाक्षी में युगल-भाव से समाहित हैं।

यहां देवी का कंकाल गिरा था। शक्ति 'देवगर्भा' तथा भैरव 'रुरु' हैं।

29. श्री प्रयाग

प्रयाग संगम (इलाहाबाद) उत्तर प्रदेश में तीन मंदिरों को, मतांतर से, शक्तिपीठ माना जाता है, प्रयाग में सती की हस्तांगुली का निपात हुआ था। यहाँ की शक्ति '(ललिता), अलोपो, मंदीसेर, माधवेश्वरी' तथा भैरव 'भव' हैं। अक्षयवट किले में कल्याणी ललिता देवी मंदिर है। मत्स्यपुराण में वर्णित 108 शक्तिपीठों में यहां की देवी का नाम

'ललिता' दिया गया है। अलोपी शक्तिपीठ मंदिर इलाहाबाद में दारागंज मुहल्ले के पास है। प्रयाग माहात्म्य के अनुसार कल्याणी तथा ललिता एक ही हैं।

इलाहाबाद नगर में ही मीरापुर में स्थित मां का मंदिर भी शक्तिपीठ माना जाता है।

30. श्री जयंती

मेघालय राज्य के जयंतिया हिल्स जिला अंतर्गत जयंतिया पहाड़ी पर 'जंयती शक्तिपीठ' है, यहाँ सती के वाम जाँघ का निपात हुआ था। यह शक्तिपीठ नारतियांग ग्राम में स्थित है। यहाँ की शक्ति 'जयंती' तथा भैरव 'क्रमदीश्वर' हैं।

31. श्री पर्वत

यह शक्तिपीठ लद्दाख (कश्मीर) में स्थित हैं। कुछ लोग इस शक्तिपीठ की स्थिति असम के जौनपुर में मानते हैं। यहाँ सती के दक्षिण तल्प टखने के आभूषण का निपात हुआ था और यहाँ की शक्ति 'श्री सुंदरी' और भैरव 'सुंदरानंद' हैं। एक अन्य मत के अनुसार यह शक्तिपीठ आंध्रप्रदेश राज्य के करनल जिले के अंतर्गत श्री शैलम नामक स्थान पर श्रीपर्वत नामक पहाड़ियों में स्थित है।

32.श्री कश्मीर (अमरनाथ)

कश्मीर में अमरनाथ चंदनबारी की पवित्र गुफा में हिमनिर्मित पार्वती पीठ ही शक्तिपीठ (हिम-शक्तिपीठ) स्थल है। श्रावण शुक्ल पूर्णिमा को पार्वती शक्तिपीठ का दर्शन होता है। यहाँ सती के अंग तथा अंगभूषण की पूजा होती है, यहाँ उनके कण्ठ का निपात हुआ था। यहाँ की शक्ति 'महामाया' तथा भैरव 'त्रिसन्ध्येश्वर' हैं।

33. श्री विरजा क्षेत्र

तंत्र चूड़ामणि के अनुसार यह स्थान जगन्नाथपुरी में भगवान श्री जगन्नाथ जी के मंदिर के प्रांगण में स्थित है। यहां सती की नाभि का निपात हुआ था। कुछ विद्वान पूर्णागिरि में नाभि का निपात मानते हैं। अन्य मत के अनुसार यह शक्तिपीठ बर्द्धमान (प. बंगाल) में स्थित है।

ओड़ीसा के तीन प्रख्यात स्थलों–भुवनेश्वर, याजपुर तथा कोणार्क में याजपुर को महत्त्वपूर्ण स्थान प्राप्त है। कहते हैं, ब्रह्मा जी द्वारा यहाँ किए गए यज्ञ-कुण्ड से याजपुर की द्विभुनी देवी विरजा का प्राकट्य हुआ। इस स्थान को नाभि क्षेत्र, गया क्षेत्र, चक्र क्षेत्र आदि भी कहते हैं।

कलिकापुराण के अनुसार संपूर्ण ओड़ीसा भगवती का नाभिक्षेत्र या विरजा क्षेत्र कहा जाता है। यहाँ की आराध्या 'विमला' हैं तथा भैरव 'जगन्नाथ पुरुषोत्तम'।

कालिकापुराण के अनुसार प्रथम पीठ 'औंड्र पीठ' है। यहाँ औण्ड्रपीठ ही ओड़ीसा है तथा जगन्नाथ जी के प्रभु पुरुषोत्तम जगन्नाथ ही तंत्र चूड़ामणि के उल्लिखित भैरव (जगन्नाथ) हैं। याजपुर की विरजा देवी उत्कल की प्रधान देवी हैं, जिनका वर्णन ब्रह्मपुराण में मिलता है। कुब्जिकातंत्र, ज्ञानार्णव तंत्रादि में भी इनका उल्लेख है तथा महाभारत के वनपर्व (85/86) में पांडवों के वनवास के दौरान वैतरणी स्थित विरजा देवी तीर्थ का उल्लेख है।

108 शक्तिपीठों की सूची में विरजापीठ का उल्लेख नहीं है अपितु वहाँ पुरुषोत्तम पीठ का उल्लेख है, जिसकी शक्ति का नाम विमला है। यही कात्यायनी विरजा तथा विमला उभय नाम से दो विभिन्न स्थानों पर स्थित हैं। अत: दोनों ही स्थान शक्तिपीठ के रूप में मान्य हैं।

34. श्री विशालाक्षी

तंत्रचूड़ामणि के अनुसार काशी (वाराणसी, उत्तर प्रदेश) के मणि कर्णिका घाट पर गंगा नदी के किनारे सती के दाहिने कान की मणि का निपात हुआ था। यहां विशालाक्षी गौरी का प्रसिद्ध मंदिर तथा विशालाक्षेश्वर महादेव का शिवलिंग है। देवी भागवत के 108 शक्तिपीठों में सर्वप्रथम विशालाक्षी का नामोल्लेख है। स्कंदपुराण (काशी खण्ड) के अनुसार विशालाक्षी नौ गौरियों में पंचम हैं तथा भगवान श्री काशी विश्वनाथ उनके मंदिर के समीप ही विश्राम करते हैं। विशालाक्षी शक्तिपीठ की शक्ति 'विशालाक्षी' या 'मणिकर्णी' तथा भैरव 'काल भैरव' है।

35. श्री उज्जयिनी

स्कंदपुराण, अवंतिका खंड के अनुसार, शिप्रा नदी के तट पर उज्जैन (मध्यप्रदेश) में हरसिद्धि देवी का मंदिर-शक्तिपीठ, रूद्रसागर या रूद्रसरोवर नामक कुंड के निकट है, जहाँ सती की कुहनी-दाँया कलाई का पतन हुआ था। यहाँ की शक्ति 'मंगल चंडिका' तथा भैरव 'कपिलांबर' हैं।

प्रसंगवश, हरसिद्धि देवी का एक मंदिर द्वारका गुजरात में भी है। दोनों स्थानों (उज्जैन तथा द्वारका) की देवी-मूर्तियां एक जैसी हैं।

36. श्री करवीर (शर्करार)

पांच नदियों के संगम-तट पर बसा वर्तमान कोल्हापुर ही पुराण प्रसिद्ध करवीर क्षेत्र है-ऐसा उल्लेख देवीगीता में मिलता है।

यहाँ का महालक्ष्मी मंदिर (अँबाजी मंदिर) ही शक्तिपीठ है, जहां तंत्र चूड़ामणि के अनुसार, सती के तीनों नंत्रों का निपात हुआ था। यहाँ की शक्ति 'महिषासुरमर्दिनी' तथा भैरव 'क्रोधीश' हैं। यहां महालक्ष्मी का निज निवास माना जाता है। मत्स्यपुराण के अनुसार सौराष्ट्र देश के बीच

में श्री लक्ष्मी निर्मित पाँच कोस का करबीर क्षेत्र है, जिसके दर्शन से ही सारे पाप धुल जाते हैं।

चतुर्भुजी माँ के हाथ में मातुलुंग, गदा, ढाल, पानपात्र तथा मस्तक पर नाग, लिंग, योनि है-ऐसा उल्लेख मार्कण्डेय पुराण के देवी माहात्म्य में है। 'करवीर क्षेत्र माहात्म्य' तथा 'लक्ष्मी विजय' के अनुसार विष्णु स्वयं महालक्ष्मी रूप में प्रकट और सिंहारूढ़ होकर करबीर में ही कोलसर दैत्य का युद्ध में संहार किया था। पद्मपुराणानुसार यह क्षेत्र महामातृका कहा गया है, क्योंकि यह आद्याशक्ति का मुख्य पीठस्थान है। एक अन्य मतानुसार, यह शक्तिपीठ कराची (पाकिस्तान) के समीप शिवहर कारे नामक स्थान पर स्थित है।

37. श्री त्रिपुरसुंदरी

त्रिपुरसुंदरी का महाविद्या शक्ति-संप्रदाय में असाधारण महत्त्व का है। त्रिपुरा राज्य के उदयपुर शहर से तीन किलोमीटर दूर, राधा किशोरपुर ग्राम में त्रिपुरसुंदरी का भव्य मंदिर पहाड़ियों पर स्थित है। यहाँ सती के दक्षिण पाद (पैर) का निपात हुआ था। यहाँ की शक्ति 'त्रिपुरसुंदरी' तथा भैरव 'त्रिपुरेश' हैं। इस पीठ को 'कूर्मपीठ' भी कहते हैं।

38. श्री रामगिरि

इस शक्तिपीठ को लेकर मतों में अंतर है। कुछ मैहर (मध्य प्रदेश) के शारदा मंदिर को शक्तिपीठ मानते हैं, तो कुछ चित्रकूट (उत्तर प्रदेश) के रामगिरि पर्वत स्थित शारदा मंदिर को शक्तिपीठ मानते हैं। यहां देवी के दाएँ स्तन का निपात हुआ था। यहां की शक्ति 'शिवानी' तथा भैरव 'चण्ड' हैं।

39. श्री भैरवपर्वत

सती के ऊर्ध्व ओष्ठ का निपात स्थल भैरव पर्वत है। उज्जैन

(मध्य प्रदेश) के निकट शिप्रा नदी तट स्थित भैरव पर्वत शक्तिपीठ है। यहां की शक्ति 'अवंती' तथा भैरव 'लंबकर्ण' हैं।

40. श्री मणिवेदिका (मणिबंध)

अजमेर (राजस्थान) से 11 किलोमीटर दूर पुष्कर के नजदीक पर्वत की चोटी पर गायत्री मंदीर (मणिवेदिका/मणिबंध/शक्तिपीठ) स्थित है। यहाँ सती के मणिबंध (कलाइयों के आभूषण) का पतन हुआ था। यहां की शक्ति 'गायत्री' तथा भैरव 'सर्वानंद' हैं।

41. श्री सर्वशैल

आंध्रप्रदेश राज्य के राजामुंद्री के निकट गोदावरी तट पर कुब्बूर नामक स्थान पर कोटितीर्थ में सती के वाम गंड (गाल) का निपात हुआ था। यहाँ की शक्ति 'विश्वेश्वरी' या 'रुक्मिणी' (राकिनी) तथा भैरव 'दंडपाणि' हैं। यह शक्तिपीठ कोटिलिंगेश्वर मंदीर में स्थित है।

42. श्री विराट

भरतपुर (राजस्थान) के निकट विराट गाँव में विराट शक्तिपीठ स्थित है, जहाँ सती के दायें पाँव का अँगुठा गिरा था। यहाँ की शक्ति 'अंबिका' तथा भैरव 'अमृतेश्वर' हैं।

43. श्री शैल

बंग्लादेश के सिलहेट शहर से तीन कि.मी. उत्तर-पूर्व गोतातीकर के नजदीक जोइनपुर गाँव में श्रीशैल शक्तिपीठ स्थित है, जहां सती की ग्रीवा का पतन हुआ था। यहाँ की शक्ति 'महालक्ष्मी' तथा भैरव 'संबरानंद' अथवा 'ईश्वरानंद' हैं।

44. श्री हार्द

शिव तथा शक्ति के ऐक्य का प्रतीक झारखंड राज्य के दुमका

जिले के देवघर शहर में हार्द शक्तिपीठ स्थित है। यहां सती का हृदय गिरा था। यहाँ की शक्ति 'जयदुर्गा' तथा भैरव 'वैद्यनाथ' हैं। एक मान्यतानुसार यहीं पर सती का दाह-संस्कार भी हुआ था, इसलिए इस स्थान को पुराणों के अनुसार चिताभूमि भी कहते हैं। पद्मपुराणानुसार हृदयपीठ के समान महत्त्वपूर्ण शक्तिपीठ पूरे ब्रह्मांड में अन्यत्र नहीं है। देवी भागवत में वैद्यनाथधाम को बागलामुखी का उत्कृष्ट स्थान कहा गया है तथा यहां की शक्ति को 'आरोग्य' कहा गया है। मत्स्यपुराण में भी समान प्रमाण मिलता है। शंकराचार्य ने 12 ज्योर्तिर्लिंगों के स्वरूप वर्णन में वैद्यनाथ को शक्तियुक्त कहा है। एक अन्य मत के अनुसार गुजरात प्रांत के अहर्त्त नामक स्थान पर अंबाजी शक्तिपीठ है। यहाँ देवी का हृदय पात हुआ था, यहाँ की आराध्या अंबाजी तथा भैरव 'बटुक भैरव' हैं।

45. श्री वज्रेश्वरी

शक्तिपीठों के वर्णन में जालंधर स्थित इस पीठ का नाम आता है, किंतु वर्तमान में जालंधर नगर में कोई प्रधान देवीपीठ नहीं मिलता। अनुमानतः प्राचीन जालंधर को त्रिगर्त प्रदेश (वर्तमान काँगड़ा घाटी) मानना उचित होगा, जिसमें काँगड़ा शक्ति त्रिकोणपीठ की तीन जाग्रत देवियाँ (चिंतापूर्णी, ज्वालामुखी, तथा सिद्धमाता विद्येश्वरी) विराजती हैं। वैसे यहाँ विश्वमुखी देवी का मंदिर है, जहाँ पीठ स्थान पर स्तनमूर्ति कपड़े से ढँकी रहती है और धातु निर्मित मुखमंडल बाहर दिखता है। इसे स्तनपीठ एवं त्रिगर्त तीर्थ भी कहते हैं और यही जालंधर स्थित शक्तिपीठ माना जाता है। यहां सती के वामस्तन का निपात हुआ था। यहां की शक्ति 'त्रिपुरमालिनी' 'स्वजेश्वरी' 'विद्याराजी' 'कालभैरवी' तथा भैरव 'भीषण' है।

जालंधर पीठांतर्गत 108 शक्तिपीठों में कांगडा जिले के बाणगंगा नदी तट पर स्थित चामुंडा मंदिर प्रख्यात सिद्धपीठ है।

46. श्री मगध

पटना की बड़ी पटनेश्वरी देवी मंदिर को ही शक्तिपीठ माना जाता है। यह मंदिर पटना सिटी चौक से लगभग पाँच कि.मी. पश्चिम में स्थित है। यहाँ सती के दाहिने जंघे का पतन हुआ था। यहां की शक्ति 'सर्वानंदकरी' तथा भैरव 'व्योमकेश' हैं।

47. श्री प्रभास

प्रभास शक्तिपीठ गुजरात प्रांत के जूनागढ़ जिले में सोमनाथ मंदीर के समीप वेरावल नामक स्थान से चार कि.मी. दूर गिरनार पर्वत के प्रथम शिखर पर एक गुफा में स्थित है। यहाँ सती का उदर भाग गिरा था। यहाँ की शक्ति 'चंद्रभागा' तथा भैरव 'वक्रतुंड' हैं।

48. श्री जनस्थान

मध्य रेलवे के मुंबई-दिल्ली मुख्य रेल मार्ग पर नासिक रोड स्टेशन से लगभग आठ कि.मी. दूर तंत्रचूड़ामणि के अनुसार पंचवटी (वाणी) नामक स्थान पर स्थित भद्रकाली (सप्तासंगी) मंदिर ही शक्तिपीठ है, यहाँ सती का चिबुक भाग गिरा था। यहां की शक्ति 'भ्रामरी' तथा भैरव 'विकृताक्ष' हैं।

49. श्री काली

कोलकाता में भगवती के अनेक प्रख्यात स्थल हैं। परंपरागत रूप से हावड़ा स्टेशन से 7 कि.मी. दूर काली घाट के काली मंदिर को शक्तिपीठ माना जाता है, जहाँ सती के दाएँ पाँव की 4 उँगलियों (अँगूठा छोड़कर) का पतन हुआ था। यहाँ की शक्ति 'कालिका' व भैरव 'नकुलेश' हैं। इस पीठ में काली की भव्य प्रतिमा मौजूद है, जिनकी लंबी लाल जिह्वा मुख से बाहर निकली है।

कुछ लोग टॉलीगंज बस अड्डे से लगभग 2 किलोमीटर दूर आदि काली के प्राचीन मंदिर को ही शक्तिपीठ मानते हैं। इस मंदिर का कुछ भाग क्षतिग्रस्त हो गया था, जिसका जोर्णोद्धार कराया गया है। यहाँ पर एकादश रूद्र के ग्यारह लिंग भी स्थापित हैं।

50. श्री अट्टहास

जहाँ सती का नीचे का होठ (अधरोष्ठ) गिरा था, इसे अट्टहास शक्तिपीठ कहा जाता है, जो अट्टहास ग्राम जिला बर्द्धमान, प. बंगाल में है। यहाँ की शक्ति 'फुल्लरा' तथा भैरव 'विश्वेश' हैं।

51. श्री वक्त्रेश्वर

दुब्राजपुर से लगभग 12 किलोमीटर उत्तर में अनेक तप्त झरने हैं। यह स्थान वक्त्रेश्वर (जिला वीरभूमि, प. बंगाल) कहा जाता है, जो पापहारा नदी के तट पर स्थित है। यहीं वक्त्रेश्वर शक्तिपीठ है।

यहाँ पर सती का मन गिरा था। कुछ विद्वान यहाँ सती के दोनों भ्रू का निपात मानते हैं। यहाँ की शक्ति 'महिषासुरमर्दिनी' तथा भैरव 'वक्त्रनाथ' हैं।

12

अन्य सिद्ध शक्तिपीठ

श्री पाटेश्वरी

मान्यता है कि सती के शव का पट (वस्त्र) उनके वामस्कंध सहित यहीं गिरा था, अतः यहाँ की अधिष्ठात्री महामाया पाटेश्वरी या पटेश्वरी हैं (स्कंद पुराण, माहेश्वर खंड)।

इस स्थान को पातालेश्वरी शक्तिपीठ भी कहते हैं। ऐसी मान्यता है कि सीता ने यहीं भू-प्रवेश किया था। इस तरह देवीपाटन सिद्ध योगपीठ तथा शक्तिपीठ दोनों हैं। कहते हैं कि कर्ण ने यहीं परशुराम से ब्रह्मास्त्र प्राप्त किया था। सिद्ध शक्तिपीठ देवीपाटन में शिव की आज्ञा से महायोगी गोरखनाथ ने पाटेश्वरी पीठ की स्थापना कर माँ की आराधना तथा योगसाधना की थी, ऐसा उल्लेख देवीपाटन के एक शिलालेख (1874 ई) में मिलता है।

कहते हैं, देवीपाटन नेपाल के सिद्ध योगी बाबा रतननाथ की शक्ति उपासना का स्थल है, जहाँ वे प्रतिदिन योगशक्ति से नेपाल के दाँग पहाड़ी से आकर महामाया पाटेश्वरी की पूजा करते थे। यह पीठ उ.प्र. के बलरामपुर जिले में तुलसीपुर स्टेशन से मात्र 700 मीटर दूर सूर्या (सिरिया) नदी तट पर स्थित है।

क्षीरश्रीभवानी योगमाया

जम्मू-कश्मीर में क्षीर भवानी या राग्याना देवी का योगमाया पीठ, गदरबल जिले के तुलमुला गाँव के एक जलाशय के मध्य स्थित है। किंवदंती है कि श्रीराम ने वनवास के दौरान माँ राग्याना की पूजा की थी।

प्रतिवर्ष ज्येष्ठ शुक्ल अष्टमी को यहाँ माँ के अवतरण का उत्सव मनाया जाता है। इस पीठ को क्षीर भवानी (खीर भवानी) कहते हैं। यहाँ जलाशय लोगों को भावी अनहोनी की पूर्व चेतावनी दे देती है, जिसमें जलाशय के जल का रंग काला हो जाता है। अमरनाथ गुफा के बाद यह सबसे पवित्र स्थान माना जाता है। यह मंदिर हिंदू-मुस्लिम एकता का प्रतीक है। मंदिर के बाहर मुसलमान, हिंदू परंपरानुसार प्रसाद बेचते हैं।

श्री आरासुरी अंबाजी

गुजरात के अर्बुदारण्य क्षेत्र में आरासुर पर्वत शिखर पर सती के हृदय का एक भाग गिरा था, वहीं यह शक्तिपीठ स्थित है। यहाँ उसी अंग की पूजा आरासुरी अंबाजी के शक्तिपीठ में होती है।

आरासुर पर्वत श्वेत-धवल है, अतः देवी को 'धौलागढ़ वाली देवी' कहते हैं। यहाँ अंबाजी का श्रृंगार तीन रूपों में भासता दिखाई देता है। इस मंदिर का उल्लेख पद्मपुराण में भी मिलता है।

श्री महालक्ष्मी

महाराष्ट्र में शक्ति का लोकप्रिय नाम 'भवानी' है। महाराष्ट्र की राजधानी मुंबई में तीन प्रधान शक्तिपीठ हैं। मुंबादेवी, कालबादेवी तथा महालक्ष्मी। महालक्ष्मी का भव्य, मनोरम मंदिर समुद्र तट पर बना है। महालक्ष्मी वहां की प्रधान पीठ मानी जाती हैं। मुम्बादेवी के नाम पर इस शहर का नाम 'मुंबई' पड़ा।

श्री तुलजा भवानी

महाराष्ट्र की कुलस्वामिनी, मराठा सरदार शिवाजी की आराध्या तुलजा भवानी को उनके गुरु समर्थ रामदास ने 'रामबरदायिनी' के रूप में स्मरण किया तथा अपने काव्य में स्तुति की। किम्वदंती है कि सीता की खोज में जब श्रीराम दंडकारण्य से चले, तब आकाशवाणी हुई कि शक्ति की उपासना से ही वह सफल होंगे, अतः उन्होंने देवी की तपस्या तथा उपासना प्रारंभ की। देवी ने प्रकट हो उन्हें विजयी होने का वरदान दिया, इसी से उन्हें 'रामवरदायिनी' कहा गया।

पुराणों में इनके तुलजा, त्वरिता, तुरजा और अंबा- ये चार नाम मिलते हैं। शीघ्र प्रसन्न होने से वह त्वरिता, भक्त की आर्त्त नाद से शीघ्र दौड़ने वाली होने से तुरजा कही गयीं, जो बाद में तुलजा हो गया। यह क्षेत्र कोल्हापुर जिले के श्री शोलापुर के निकट पड़ता है। प्रत्यक्ष देवस्थान एक खोह में है।

श्री रेणुका

महाराष्ट्र के नांदेड़ जिले की कमवट तहसील में माहुरगढ़ गांव से डेढ़ किलोमीटर दूर रेणुका शक्तिपीठ स्थित है, जहाँ माँ का मुख ही दिखता है। यह परशुराम की जननी हैं, इसी आधार पर यह स्थान मातापुर या माहुरीपुर भी कहा जाता है। माता रेणुका का मुख उषा वर्ण है। इसी से वह अदितिमुखा कही गयीं। उनका मूलस्वरूप अदिति का है, जिन्हें देवमाता कहा जाता है। वह स्वयं ही अनादिशक्ति स्वरूपिणी हैं।

पति परम शिव हैं। पुत्र विष्णु के अवतार। यहाँ सती के स्तनद्वय का निपात हुआ था। देवीगीता (7/1) में देवी ने स्वयं मातापुर की श्रेष्ठता सिद्ध की है। उनकी उपासना दुर्गासप्तशती के पाठ से की जाती है। पद्मपुराणांतर्गत 'रेणुका सहस्रनाम स्तोत्र' रेणुका को प्रीतिकारक है।

समर्थ रामदास कहते हैं कि गर्जना कर जिनकी स्तुति की जाती है, वह रेणुका ही हैं। इस पीठ को महाकाली पीठ भी कहते हैं।

श्री मनसा

पंचकुला में चंडीगढ़ के पास शिवालिक पर्वतमाला की गोद में सिंधुवन में सिद्धमाता मनसा देवीपीठ स्थित है। शिवपुराण में देवी माँ के प्राकट्य का उल्लेख है। यहां सती के मस्तिष्क के अग्र भाग का निपात हुआ था।

श्री छिन्नमस्ता

दस महाविद्याओं में से एक माँ छिन्नमस्तिका का विख्यात सिद्धपीठ झारखंड राज्य में रजरप्प रामगढ़-चित्तरपुर मार्ग पर स्थित प्रमुख शक्तिपीठों में है। दामोदर-भैरवी नदी के संगम पर स्थित इस पीठ को शक्तिपीठ माना जाता है।

ज्ञातव्य है कि दामोदर को शिव व भैरवी को शक्ति माना जाता है और यहां पर भैरवी नदी (शक्तिस्वरूपा) का प्रवाह निम्नतर है तथा दामोदर (शिवस्वरूप) नद ऊपर से बहता हुआ भैरवी पर गिरता है, जहाँ दोनों की धाराओं का संगम होता है। उसके बाद उसे भेड़ा नदी कहा जाता है।

यहां स्थित छिन्नमस्तिका मंदिर का प्रख्यात तांत्रिक पीठ भी है। इस मंदिर में ही शेष नौ महाविद्याओं का भी मंदिर है। माँ छिन्नमस्तिका का सिर कटा है, उनके गले के दोनों ओर से बहती रक्तधार को दो महाविद्याएँ ग्रहण करती हुई दिखाई गयी हैं। माँ के पाँव के नीचे कमलदल पर लेटे हुए कामदेव तथा रति हैं। यहाँ बकरे की बलि भी दी जाती है।

बलि के बाद सिर पुजारी ले लेते हैं और धड़ बलि देने वाले को

मिलता है। बलि से जो रक्त फैलता है, उस पर मक्खी बिल्कुल नहीं लगती, यह आश्चर्यजनक है।

श्री नैना

सती के वाम नेत्र के निपात (देवी पुराण) से एक रमणीय सरोवर बना, जिसे नयन ताल (त्रिऋषि सरोवर, स्कंदपुराण) कहा गया। कालांतर में यह नैनीताल हो गया।

सती का दायाँ नेत्र हिमाचल प्रदेश के जिस स्थान पर गिरा, वहीं नैना देवी मंदिर-शक्तिपीठ है। नैनीताल में नैना देवी का मंदिर नैनी झील के किनारे स्थित हैं।

श्री चित्रपूर्णी, विद्येश्वरी

काँगड़ा (हिमाचल प्रदेश) की सिद्ध माता विद्येश्वरी नगरकोटि की देवी कही जाती हैं। सती के मुंड का यहां निपात हुआ था, इसलिए इस मंदिर में माँ के मुंड के दर्शन होते हैं।

इसी तरह ऊना जिले के चित्रपूर्णी में मां के चरण का निपात होने से सिद्धपीठ/शक्तिपीठ बना।

श्री मुक्तेश्वरी

शताब्दियों पूर्व का कानपुर जिला, उत्तर प्रदेश से लगभग 34 किलोमीटर दूर मूसानगर (मुक्तानगर) कस्बे में मां मुक्तेश्वरी का सिद्धपीठ स्थित है।

मान्यतानुसार इसी मूसानगर में सती के मुकुट का निपात होने के कारण से इस मंदिर को मुकुटेश्वरी नाम मिला।

श्री चामुंडा

व्याकरणशास्त्री चामुंडा का अर्थ ब्रह्मविद्या बतलाते हैं, जबकि मार्कण्डेय पुराण में चंड-मुंड का वध करने के कारण 'चामुंडा' शब्द की उत्पत्ति बतलाई गई है। दुर्गा कवच में चामुंडा को शववाहना कहा गया है।

भूतेश्वर मथुरा, उत्तर प्रदेश नामक रेलवे स्टेशन के पास भूतेश्वर मंदिर के प्रांगण में स्थित देवी चामुंडा के शक्तिपीठ को तंत्र चूड़ामणि में 'मौली शक्तिपीठ' कहा गया है। यहां सती के केशपाश का निपात हुआ था। यहां भी शक्ति 'उमा' तथा भैरव 'भूतेश' माने गए हैं।

श्री मीनाक्षी

मदुरई में भगवती मीनाक्षी का भव्य मंदिर-शक्तिपीठ बाईस बीघे भूमि पर अवस्थित है। इसके चारों तरफ कुल 27 गोपुर हैं।

मीनाक्षी मंदिर का शिखर स्वर्णमंडित है। मंदिर के परिक्रमा-मार्ग में ज्ञानशक्ति, क्रियाशक्ति और बलशक्ति की भी मूर्तियाँ दर्शनीय हैं।

संपूर्ण तमिलनाडु में इस मीनाक्षी मंदिर को देवी का पावन सिद्धपीठ तथा शक्तिपीठ माना जाता है।

श्री पूर्णागिरि

पूर्णागिरि शक्तिपीठ भारत के प्रधान पीठों में से एक है, जहाँ सती की नाभि का निपात हुआ था। यह शक्तिपीठ नेपाल की सीमा पर, चंपावत जिले उत्तराखंड के मैदानी नगर टनकपुर से 20 किलोमीटर आगे, शारदा नदी के तट पर अवस्थित अन्नापूर्णा पर्वत के शिखर पर स्थित है।

यहाँ अपवित्र पुरुष या राजस्वला स्त्री का प्रवेश निषिद्ध है, क्योंकि

ऐसे लोग नेत्रज्योति गँवा देते हैं। मंदिर में देवी की नाभि की प्रतिस्थापना है।

श्री चामुंडेश्वरि

मैसूर (आंध्र प्रदेश) रेलवे स्टेशन से लगभग साढ़े पाँच किलोमीटर दूर स्थित है चामुंडा पर्वत, जिस पर महिषासुरमर्दिनी भगवती चामुंडा का विशाल जाग्रत पीठ स्थित है। मंदिर के गोपुर अति ऊँचे हैं। गोपुर के भीतर कई द्वार पार करने के पश्चात् महादेवी चामुंडा का दर्शन होता है।

श्री विंध्यवासिनी

तंत्र चूड़ामणि में विंध्याचल (उत्तर प्रदेश) का उल्लेख नहीं है तथापि श्रीमद्देवी भागवत के 108 पीठों में इसका महत्त्वपूर्ण स्थान है। देश के 108 शक्तिपीठों, 12 महापीठों में से यह अत्यंत महत्त्वपूर्ण स्थान है। रूद्रयामल के अनुसार यहीं पर सती का पृष्ठ भाग गिरा था। पुराणों में विंध्याचल को शक्तिपीठ, सिद्धपीठ, मणिद्वीप कहा गया है। देवी भागवत के अनुसार जिस स्थान पर विंध्यपर्वत तथा गंगा का संगम होता है, वह स्थान मणिद्वीप कहलाता है। बृहन्नील तंत्र में यहीं पर विंध्यवासिनी का निवास स्थान कहा गया है। विंध्वासिनी इस शक्तिपीठ की अधिष्ठात्री देवी हैं, विख्यात श्रीयंत्र त्रिपुर सुंदरी का यंत्र है, जिसे यंत्रराज कहा गया है। इस यंत्र के मध्य में एक बिंदु है, जिसे त्रिकोणावृत्त कहते हैं। इसके बाद षट्कोण है, जो ऊपर से अष्टदलकमल से आवृत्त है। इसके ऊपर 16 दल, उसके ऊपर 24 दल हैं। यंत्र के मध्य में महादेवी ही ब्रह्म रूप में विराजमान हैं।

मार्कंडेय पुराण के अनुसार माता विंध्यवासिनी भगवान श्री कृष्ण की वह बहन हैं, जिन्हें आततायी कंस ने शिला पर पटक कर मारना चाहा था तथा जो श्री कृष्ण के जन्म का समाचार देते हुए अंतर्धान हो गई थीं।

श्री शारदा

माँ विंध्यवासिनी की तरह ही मध्य प्रदेश की माँ मैहर देवी (शारदा) की सहत्ता है। बोलचाल की भाषा में इन्हें मइहर देवी कहते हैं, जबकि मइहर या मैहर उस स्थान का नाम है, जहाँ माँ शारदा का धाम है।

विद्वज्जन कहते हैं कि यहाँ सती के दाहिने स्तन का पतन हुआ था। कुछ लोग कहते हैं कि यहाँ पर सती का हार गिरा था, इसी से इसे 'माईहार' कहते हैं। यहाँ की शक्ति 'शिवानी' और भैरव 'चण्ड' हैं। कुछ विद्वान् कहते हैं कि सती के दाहिने स्तन का निपात रामगिरि में हुआ था जो चित्रकूट में है।

मध्यप्रदेश राज्य के सतना से 38 किलोमीटर दूर एक छोटे कस्बे मैहर में माँ शारदा का धाम है। कैमूर तथा विंध्यपर्वत श्रेणियों के मध्य तमसा के तट पर त्रिकूट पर्वतमालाओं के गोलाकार पहाड़ी के मध्य अति ऊँचाई पर स्थित माँ शारदा का ऐतिहासिक मंदिर 108 शक्तिपीठों में से एक है।

यह पीठ सतयुग के प्रमुख अवतार नृसिंह के नाम पर नरसिंह पीठ के नाम से भी जाना जाता है। जनश्रुति है कि राजा परमाल तथा पृथ्वीराज चौहान के युद्ध में राजा परमाल की पराजय से क्रुद्ध होकर आल्हा चंडीपुत्रद्वय ऊदल ने पृथ्वीराज की सेना का समूल नष्ट करने हेतु तलवार खीच ली, पर उनकी आराध्या शारदा ने उनके हाथ पकड़ लिए और देवी की प्रेरणा से आल्हा-ऊदल मान गए।

मंदिर से दो कि.मी. दूर पश्चिम के जंगल में आल्हा तथा ऊदल अखाड़ा है। किंवदंती है कि आज भी प्रतिदिन माताभक्त आल्हा-ऊदल माँ शारदा को पुष्पांजलि देने आते हैं। यह भी कहा जाता है कि आल्हा-ऊदल तथा चौड़ा-धानू आदि भक्तों ने युद्ध में विजय की

कामना से इस पहाड़ी पर शारदा देवी की प्रतिमा स्थापित की तथा देवी को प्रसन्न करने के लिए आल्हा ने अपने पुत्र इंदल की बलि भी दी थी।

श्री वैष्णो देवी

नीलमत के अनुसार हिमालय के उत्तर-पश्चिम भाग में कश्यप पीठ (कश्मीर) है, जो संपूर्ण विश्व में अपनी सुषमा तथा सौंदर्य के लिए प्रख्यात है तथा उस राज्य के नागरिक शक्ति की उपासना को पूर्ण समर्पित हैं। रूद्रयामल तंत्र के अनुसार यह शक्ति तथा शिव के साक्षात्कार का प्रवेश द्वार है। यहाँ शक्ति के विभिन्न रूपों की उपासना होती है तथा कई सिद्धपीठ, देवीपीठ, शक्तिपीठ हैं।

शंकराचार्य को यहीं के शारदा पीठ (जो अब पाकिस्तान अधिकृत कश्मीर में है) ही 'जगद्गुरू' उपाधि मिली थी। माँ वैष्णवी देवी का पीठ 'शक्तिपीठ शिरोभूषण' कहा जाता है। यहां पर माँ का कोई मंदिर नहीं है वरन् वह त्रिकूट पर्वत की एक गुफा में तीन पिंडियों के रूप में विराजती हैं, जो क्रमश: महालक्ष्मी, महाकाली, महासरस्वती की मानी जाती हैं। यह गुफा ही मां दुर्गा का शक्तिपीठ माना जाता है।

तीन पिंडियों में मध्य पिण्डी महालक्ष्मी की है, जिन्हें ही वैष्णो देवी कहते हैं। मान्यता है कि माँ ने यह गुफा स्वयं त्रिशूल के प्रहार से निर्मित की थी। भौगोलिक अध्ययनों से यह गुफा करोड़ों वर्ष पुरानी है।

महाभारत में महर्षि पुलस्त्य द्वारा जम्मूद्वीप का उल्लेख किया गया है तथा इसे समस्त मनोकामनाएँ पूर्ण करने वाला, ऋषि-महात्माओं की पुण्यस्थली कहा गया है। श्रीकृष्ण ने महाभारत समर से पूर्व श्री अर्जुन माता से श्री वैष्णो देवी की आराधना करने की प्रेरणा दी थी ताकि उन्हें उस अति/महारण में उन्हें विजय-माल मिल सके।

श्री बज्रेश्वरी

हिमाचल प्रदेश की नगरी काँगड़ा में चामुंडी, ज्वालामुखी शक्तिपीठ तथा बज्रेश्वरी मंदिर है।

सांप्रदायिक एकता का प्रतीक यह मंदिर काँगड़ा की प्रसिद्धि के प्रमुख कारणों में एक है। शक्तिपीठ चामुंडा तथा ज्वालामुखी मंदिर भी यहीं हैं। ज्वालामुखी मात्र 34 किलोमीटर दूर स्थित है। काँगड़ा से मात्र तीन किलोमीटर दूरी पर, सिद्ध पीठ ब्रजेश्वरी देवी का मंदिर स्थित है।

श्री तारा

यह शक्तिपीठ प. बंगाल के रामपुर हाट (वीरभूमि जिले) के पास स्थित है। तांत्रिकों की मान्यता है कि यहाँ सती की तीसरी आँख का निपात हुआ था। 'नीलतंत्र' में तारा को 'नील सरस्वती' भी कहा गया है।

ऐसी भी मान्यता है कि सती के तीनों नेत्र वहीं आस-पास इस तरह गिरे कि एक त्रिकोण बन गए। इसी से इस स्थान को वीरभूमि भी कहा जाता है। 'वीर' शब्द वीरतंत्र साधना से बना है। लोग कहते हैं कि इसका पूर्व नाम कामकोटि था। तारापीठ में देवी के तीनों नेत्रों की पुतलियाँ लगभग 200 किलोमीटर के बीच गिरीं, जहाँ तीन पीठ बने।

वे स्थान हैं, मिथिला में भागीरथी के उत्तर त्रियुगी नदी के पूर्व जहाँ वाम नेत्र गिरा, वहां की देवी हैं नीलसरस्वती। बंगकुंडा जिले के करतोया नदी के पश्चिम में देवी का दायाँ नेत्र गिरा, वहां की देवी हैं महादेवी भवानी, तीसरा ऊर्ध्व नेत्र वकोश्वर से पूर्व उत्तराभिमुख प्रवाहित द्वारका नदी के तट पर स्थित महाश्मशान के भीतर एक श्वेत सेमल वृक्ष के नीचे गिरा, जहाँ शिलामयी 'चंडी भगवती उग्रतारा' विद्यमान हैं तथा भैरव हैं-'चंद्रचूड़'। तारा नाम इसलिए पड़ा कि इन तीनों स्थानों पर

देवी के नयन (आँखों) की पुतलियाँ पतित हुई। रामपुर हाट की तारापीठ में तारा की प्रतिमा चमत्कारी है। इसके दो हाथ हैं, भगवती बैठी हुई हैं।

वह नग्न रूप में हैं और अपने स्तन से बालशिव को दुग्ध पान करा रहीं है।

भागलपुर (बिहार) के महिषी नामक ग्राम में भी उग्रतारा नाम का प्राचीन शक्तिपीठ विद्यमान है, जहां भी सती के मन का निपात माना जाता है।

यहाँ पर तारा, एकजटा, नील सरस्वती की प्रतिमाएँ कुमारी रूप में एक यंत्र पर स्थित हैं। 'नीलतंत्र' के 'महाचीन' क्रमांतर्गत ताराचार दर्श के बाईसवें पटल में इस स्थान का उल्लेख मिलता है।

श्री ताराचंडी

माँ ताराचंडी विंध्य पर्वत के कैमूर श्रृंखला में अवस्थित हैं। कुछ विद्वान इसे शोण नदी के किनारे स्थित शक्तिदेवी मानते हैं। सती के तीन नेत्रों में से चक्र से खण्डित होकर उनका बायाँ नेत्र रामपुर (बंगाल) में गिरा, जो तारापीठ नाम से विख्यात हुआ तथा अघोर साधक वामाक्षेपा द्वारा जाग्रत हुआ।

दायाँ नेत्र सोनभद्र नदी के किनारे सटे मनोरम जल-प्रपात एवं प्राकृतिक सौंदर्य के बीच सोनभद्र में गिरा, जो महर्षि विश्वामित्र द्वारा तारा के नाम से जाग्रत किया गया तथा परशुराम ने सहस्रबाहु को पराजित कर माँ तारा की उपासना की, जो बालिका रूप में प्रकटीं और यहीं पर चंड का वध कर चंडी कहलायीं। यही स्थान आज सहस्राम या सासाराम (बिहार) है, जो पहले करूष प्रदेश के नाम से जाना जाता था तथा जहाँ का राजा कार्तवीर्यपुत्र सहस्रबाहु था।

यहाँ से 60 किलोमीटर पश्चिम में मुण्ड का वध करके चंडी ही 'मुंडेश्वरी' कही गयीं, जिनका मंदिर कैमूर जिले में है। कहते हैं गौतम बुद्ध ने बोधगया से सारनाथ जाते हुए यहाँ 21 दिनों तक रहकर माँ ताराचंडी की उपासना की (जिसका उल्लेख मंदिर के गर्भगृह में रखे पत्थर पर पाली भाषा में उत्कीर्ण है)।

माँ ताराचण्डी मंदिर के पास ही भैरव-चंडिकेश्वर महादेव मंदिर है, जो सोनवागढ़ शिवमंदिर कहा जाता है।

श्री सप्तश्रृंगी

सप्तश्रृंगी गिरिक्षेत्र नासिक जिले (महाराष्ट्र) के हिंडोरी और कलवण तालुकों की सीमा पर सह्याद्रि पर्वतमाला का भाग सप्तश्रृंगगढ़ पर्वत श्रृंखला के रूप में है। इसकी सात सींग चोटियों के कारण इसे सप्तश्रृंगी कहते हैं। इसकी तलहटी में वणी नामक गांव है।

एक विशाल गुफा स्थित शक्तिपीठ में माँ सप्तश्रृंगी का भव्य विग्रह है। इस पर्वत के उच्चशिखर पर, जिसे ऊँकार पर्वत कहते हैं, देवी का मूल स्थान है किंतु अत्यंत दुर्गम होने से वहाँ कोई नहीं जाता।

पौराणिक आख्यानानुसार ऋषि मार्कंडेय ने इसी दुर्गम शिखर पर तपस्या की थी और जगदम्बा का साक्षात्कार किया था।

मांडूक्य उपनिषदानुसार साढ़े तीन मात्रा वाले 'ऊँकार' के प्रतीकभूत इन पीठों पर साधक को मुक्ति-भुक्ति स्वतः प्राप्त हो जाती है।

भागवत पुराण में 108 शक्तिपीठों की उल्लेख सूची

क्र.सं.	पीठ	देवता
1.	वाराणसी	विशालाक्षी
2.	नैमिषारण्य	लिंगधारिणी
3.	प्रयाग	ललिता
4.	गंधमादन	कामुकी
5.	दक्षिण मानस	कुमुदा
6.	उत्तर मानस	विश्वकामा
7.	गोमंत	गोमती
8.	मंदर	कामचारिणी
9.	चैत्ररथ	मदोत्कटा
10.	हस्तिनापुर	जयंती
11.	कान्यकुब्ज	गौरी
12.	मलय	रंभा
13.	एकाग्न	कीर्तिमती
14.	विश्व	विश्वेश्वरी
15.	पुष्कर	पुरुहूता
16.	केदार	सन्मार्गदायिनी
17.	हिमवत पृष्ट	मंदा
18.	गोकर्ण	भद्रकर्णिका
19.	स्थानेश्वर	भवानी
20.	विल्वक	विल्वपत्रिका

21.	श्रीशैल	माधवी
22.	भद्रेश्वर	भद्रा
23.	वराहशैल	जया
24.	कमलालय	कमला
25.	रुद्रकोटि	रुद्राणी
26.	कालंजर	काली
27.	शालग्राम	महादेवी
28.	शिवलिंग	जलप्रिया
29.	महालिंग	कपिला
30.	माकोट	मुकुटेश्वरी
31.	मायापुरी	कुमारी
32.	संतान	ललिताम्बा
33.	गया	मंगला
34.	पुरुषोत्तम	विमला
35.	सहस्राक्ष	उत्पलाक्षी
36.	हिरण्याक्ष	महोत्पला
37.	विपाशा	अमोधाक्षी
38.	पुंड्रवर्धन	पाटला
39.	सुपार्श्व	नारायणी
40.	त्रिकूट	रुद्रसुंदरी
41.	विपुल	विपुला
42.	मलयाचल	कल्याणी

43.	सहयाद्रि	एकवीरा
44.	हरिश्चंद्र	चंद्रिका
45.	रामतीर्थ	रमणी
46.	यमुना	मृगावती
47.	कोटितीर्थ	कोरवी
48.	मधुवन	सुगंधा
49.	गोदावरी	त्रिसंध्या
50.	गंगाद्वार	रतिप्रिया
51.	शिवकुंड	शुभनंदा
52.	देविकातट	नंदिनी
53.	द्वारावती	रुक्मिणी
54.	वृंदावन	राधा
55.	मथुरा	देवकी
56.	पाताल	परमेश्वरी
57.	चित्रकूट	सीता
58.	विंध्य	विंध्यवासिनी
59.	करवीर	महालक्ष्मी
60.	विनायक	उमादेवी
61.	वैद्यनाथ	आरोग्या
62.	महाकाल	महेश्वरी
63.	उष्ण तीर्थ	अभया
64.	विंध्य पर्वत	नितंबा

65.	मांडव्य	मांडवी
66.	महेश्वरीपुर	स्वाहा
67.	छलगंड	प्रचण्ड
68.	अमरकंटक	चंडिका
69.	सोमेश्वर	वरारोहा
70.	प्रभास	पुष्करावती
71.	सरस्वती	देवमाता
72.	तट	पारावारा
73.	महालय	महाभागा
74.	पयोष्णी	पिंगलेश्वरी
75.	कृतशौच	सिंहिका
76.	कार्तिक	अतिशाकरी
77.	उत्पलावर्त्तक	लीला (लोला)
78.	शोण संगम	सुभद्रा
79.	सिद्धवन	लक्ष्मी
80.	भरताश्रम	अनंगा
81.	जालंधर	विश्वमुखी
82.	किष्किंधा पर्वत	तारा
83.	देवदारु वन	पुष्टि
84.	कश्मीर मंडल	मेधा
85.	हिमाद्रि	भीमादेवी
86.	विश्वेश्वर	तुष्टि

87.	शंखोद्धार	धरा
88.	पिंडारक	धृति
89.	चंद्रभागा	कला
90.	अच्छोद	शिवधारिणी
91.	वेणा	अमृता
92.	बदरी	उर्वशी
93.	उत्तरकुरु	औषधि
94.	कुशद्वीप	कुशोदका
95.	हेमकूट	मन्मथा
96.	कुमुद	सत्यवादिनी
97.	अश्वत्थ	वंदनीया
98.	कुबेरालय	निधि
99.	वेदवदन	गायत्री
100.	शिवसन्निधि	पार्वती
101.	देवलोक	पार्वती
102	ब्रह्मामुख	सरस्वती
103.	सूर्यबिंब	प्रभा
104.	मातृमध्य	वैष्णवी
105.	सतीमध्य	अरुंधती
106.	स्त्रीमध्य	तिलोत्तमा
107.	चित्रमध्य	ब्रह्म कला
108.	सर्वप्राणी वर्ग	शक्ति

13
भैरव

भैरव (संस्कृत: 'भैरव', अर्थ: 'अत्यंत भयावह या भंयकर') को भैरो, भैरों, भैरादया, भेरुनी (राजस्थान), कालभैरव, काला भैरावर, भवैरावर (तमिल) आदि नामों से पुकारा गया है। भैरव भगवान शिव के ही एक प्रचंड भयंकर अवतार रूप या संहार रूप हैं। ये राजस्थान, तमिलनाडु आदि राज्यों एवं नेपाल देश के प्रमुख देवताओं में अग्रगण्य हैं एवं हिंदू, बौद्ध एवं जैन धर्मों में समान रूप से समादृत एवं पूजनीय हैं। भैरव देव की कथाएँ पुराणों में बहुवर्णित हैं।

भैरव को विभिन्न प्रकार के सर्पों से सुसज्जित एवं भूषणित-चित्रित किया गया है-सर्प ही इनके कर्णफूल, कंगन, पाजेब, कटिबंध एवं यज्ञोपवित हैं। ये व्याघ्र-चर्म को वस्त्र रूप में तथा नर-अस्थियों से निर्मित उत्तरीय धारण करने वाले हैं। भैरव भगवान का दिव्य वाहन श्वान (कुत्ता) है। भैरवी आदिशक्ति स्वरूपा देवी (काली) की एक प्रचंड एवं भय उत्पन्न करने में सक्षम अवतरित रूप हैं, जो काली से भिन्न भगवान भैरव की वामांगी के रूप में प्रतिष्ठित हैं।

भगवान भैरव के भी अपने आठ रूप हैं, जिन्हें अष्टभैरव कहा गया है-असीतरंग भैरव, रूरू भैरव, संक भैरव, क्रोधना भैरव, उन्मत भैरव, कपाल भैरव, विशन भैरव एवं संहार भैरव।

काल भैरव खगोल-देव शनि के गुरु के रूप में प्रतिष्ठित हैं। तमिलनाडु में भैरव को 'भैरावर' या 'वैरावर' कहते हैं एवं ये वहां ग्राम देवता के रूप में प्रतिष्ठित हो अपने भक्तों को सभी प्रकार के अनिष्ट एवं हानियों से रक्षा करते हैं। श्रीलंका के सिंघली भाषा में इन्हें 'बहिरावा' कहते हैं, ये धन-कोषों की रक्षा करने वाले हैं।

भगवान भैरव शैव मत के अधोर पंथ के सर्वप्रमुख देवता हैं।

शिव महापुराण भगवान भैरव की उत्पत्ति का आधार भगवान विष्णु एवं ब्रह्मा के उस वार्त्तालाप को मानता है, जब विष्णु जगत्पिता ब्रह्मा से पूछते हैं कि इस ब्रह्मांड का मुख्य रचचिता कौन है? उद्दंडतावश ब्रह्मा ने भगवान विष्णु से अपनी पूजा करने को कहा, क्योंकि ब्रह्मा ही ब्रह्मांड के मुख्य रचचिता हैं। शास्त्र के अनुसार, ब्रह्मा के ऐसा कहने पर भगवान शिव अत्यंत क्रोधित हो गये, क्योंकि वास्तव में भगवान शिव ही सृष्टि के मुख्य रचनाकार हैं। भगवान शिव ने तत्क्षण ब्रह्मा को दंडित करने हेतु भैरव का अवतार लिया। अवतरित भैरव ने क्षण भर में ब्रह्मा का पाँचवा सिर काट लिया, तब से ब्रह्मा चार सिर वाले देवता के रूप में वर्णित एवं चित्रित हैं। कालभैरव रूप में इन्हें ब्रह्मा का कटा पांचवा सिर हाथ में लिए हुए चित्रित किया जाता है। ऐसा उल्लेख है कि ब्रह्मा का पाँचवाँ सिर काटने पर कालभैरव ब्राह्मण-हत्या के अपराध-बोध से घिर जाते हैं, एवं पाप-प्रायश्चित हेतु वे वर्षों तक उस कटे सिर को लिए भिक्षुक-तपस्वी के रूप में रहते हैं।

इस भयंकर भैरव रूप में, भगवान शिव प्रत्येक शक्तिपीठों के रक्षक हैं। प्रत्येक शक्तिपीठ में भगवान भैरव की पीठ भी प्रतिष्ठित होती है।

भगवान भैरव के पीठ या मंदिर प्राय: सभी शिव ज्योतिर्लिंग मंदीरों के परिसर में या निकट स्थान पर प्रतिष्ठित मिलते हैं। उज्जैन के तृतीय ज्योतिर्लिंग श्रीमहाकाल के मंदिर के निकट कालभैरव मंदिर शैव मत

के कापालिक एवं अघोर पंथ में साधक-साधुओं के लिए सर्वोत्तम पीठ है-यहां पाताल भैरव एवं विक्रान्त भैरव के पीठ हैं।

कालभैरव के मंदिर शक्तिपीठों के इर्द-गिर्द भी मिलते हैं, क्योंकि पुराणों के अनुसार भगवान शिव ने प्रत्येक शक्तिपीठ की सुरक्षा की जिम्मेदारी एक भैरव को सौंपी है। इस तरह से अनेक भैरव स्वयं भगवान शिव के ही अवतरित रूपानुरूप हैं।

परंपरागत तौर पर कालभैरव महाराष्ट्र और तमिलनाडु राज्यों में ग्राम देवता के रूप में पूजे जाते हैं, एवं वहाँ इन्हें 'वैरावर' कहा जाता है।

कालभैरव की उत्पत्ति के उपलक्ष्य में हिंदू पंचाग के अनुसार माघशिर्ष कृष्ण पक्ष अष्टमी को 'कालभैरव अष्टमी' के रूप में एक पूरा दिन-विशेष पूजा-प्रार्थना एवं शास्त्रीय-धार्मिक उपचारों के रूप में अवलोकित किया जाता है। 'भैरवष्टकम्' संहिता भगवान भैरव की वंदना की समर्पित संहिता है।

काठमांडु घाटी में भगवान भैरव

भगवान भैरव नेवार समुदाय के प्रमुख देवता हैं। इस समुदाय के परंपरागत स्थापत्य प्रतिष्ठानों में अवश्य ही एक भैरव मंदिर होता है। नेपाल देश में प्रायः इन मंदिरों की संरक्षा नेवार ब्राह्मणों के हाथों में होती है। काठमांडु घाटी में भगवान भैरव के अनेक मंदिर हैं।

भैरव के प्रमुख मंदिर-पीठ

* भैरवनाथ मंदिर, नासिक, महाराष्ट्र।
* श्री काल भैरवनाथ मंदिर, आदेगांव, मध्यप्रदेश।
* चौमुखा भैरवजी मंदिर, खरखारा, खेत्री, राजस्थान।
* श्री कालभैरव मंदिर, अमेर किला, जयपुर, राजस्थान।

* कालभैरव मंदिर, वाराणसी, उत्तर प्रदेश।
* श्री कालभैरव मंदिर, गुदीयातम, तमिलनाडु।
* श्री स्वर्ा काल भैरावर पीठम्, कागा आश्रम, तिरुवन्नमलई, तमिलनाडु।
* कालभैरव मंदिर, कोर्टलम, तमिलनाडु।
* प्राचीन भैरव मंदिर, नेहरु प्लेस, नई दिल्ली।
* अष्ट भैरवार, श्री कामनाद ईश्वर मंदिर-परिसर, अरागलुर, तमिलनाडु।
* भैरवार मंदिर, वैरावन पट्टी, कराईकुडी, तमिलनाडु।
* भैरवेश्वर मंदिर, चोलापुरम्, कुम्बाकोनम, तमिलनाडु।
* अजेयकपाड भैरव मंदिर, नुवागांव, जगतसिंहपुर, उड़ीसा।
* काल भैरव मंदिर, उज्जैन।
* कालभैरव मंदिर, धारगल, गोवा।
* कालभैरवेश्वर मंदिर, आदियुन्यानागिरि, कर्नाटक।
* कालभैरवेश्वर मंदिर, जोगी मठ, कादरी, मंगलोर, कर्नाटक।
* कालभैरव मंदिर, अधियामन कोटई, धर्मपुरी, तमिलनाडु।
* श्री कालभैरव मंदिर स्वामी मंदिर, रामारेड्डी, निजामाबाद, आंध्रप्रदेश।
* नाग भैरव मंदिर, रतनपुर, इन्हें महामाया मंदिर के संरक्षक देवता के रुप में प्रतिष्ठित माना जाता है।
* काल भैरव मंदिर, पी. के. पडू, सोमसिला, नालौर, आंध्रप्रदेश।

* काल भैरव मंदिर, रतनपुर, इन्हें महामाया मंदिर के संरक्षक देवता के रुप में प्रतिष्ठित माना जाता है।
* भैरवनाथ मूर्ति मंदिर, मोरेपलयम, तिरुचेनगोदू तालूक, नामाकल, तमिलनाडु।
* श्री वैरवमूर्त्ति, इल्लु पाइकूदी मंदिर, करईकुदी, तमिलनाडु।
* कोंगुवादूकानाथ स्वामी, कुन्दादम, धारापूरम, तमिलनाडु।
* कालभैरव मंदिर, गदाग, कर्नाटक।
* श्री नकोदा भैरव जैन मंदिर, बारमेर, राजस्थान।
* भैरव सेला, या बाच्चान्ना सेला, श्री शैलम, आंध्रप्रदेश।
* श्री कालभैरवनाथ महादेव, राष्ट्रीय राजमार्ग-8, भैरव गांव, कामरेन, सूरत गुजरात।
* भोमियाजी मंदिर, जैन श्वेतांबर कोठी, मधुबन झारखंड।
* काल भैरवनाथ मंदिर, वर्नेगांव, महाराष्ट्र।

काठमांडु घाटी में भगवान भैरव के अनेक मंदिर हैं। उनमें से कुछ मंदिरों का उल्लेख निम्नलिखित है:

* आकाश भैरव (सवा भाक्कू देवा/वान्गा द्या)
* श्वेत भैरव
* शांत भैरव (माजीपा लखे द्या)
* कीर्ति भैरव
* उन्मुक्त भैरव, पशुपतिनाथ मंदिर
* बाघ भैरव मंदिर, कीर्त्तिपुर

* बटुक भैरव मंदिर, लगन खेल
* काल भैरव नवाने चांगभाले
* काले भैरव मंदिर, हनुमान धोक, काठमांडु दरबार चौराहा: 12 फुट (3.7 मी.) ऊँची पाँचवी या छठी शताब्दी में निर्मित यह भैरव-मूर्ति सतरहवीं शताब्दी में राजा प्रताप मल को धान के खेतों में मिली थी। ऐसा लोकमत है कि इस भैरव-मूर्ति के समक्ष यदि कोई व्यक्ति झूठ बोले तो दुष्परिणामत: उसकी मृत्यु अति निकट भविष्य में हो जाती है। उल्लेखनीय है कि यह मंदिर नेपाल राज्य का सर्वोच्च न्यायालय के रूप में लंबे काल तक कार्य करता रहा।

कुछ पाश्चात्य विद्वानों ने भगवान भैरव को 'मद पान करने वाले देव' और 'सामान्य जनों के देवता' कहा है। उल्लेखनीय है कि काल भैरव एशिया के अनेक देशों में महत्त्वपूर्ण देवता हैं तथा इनके मंदिर व पीठ इन देशों में स्थित हैं।

14

श्रीमहाकाल

श्रीमहाकाल-मङ्गलम्

यो लोकेशादि-विश्वं जनयति सकलं यश्चतुर्वर्ग-बीजं,
सद्भक्तेच्छानुरूपं वितरति कृपया वेदवेद्यं स्वरूपम्।
ज्योतिःशास्त्राधिदेवं स्थितिकरण-भयुग्-वासरार्कादिमूर्ति-
स्तं वन्दे स्कन्द-गौरी-गणपति-सहितं श्रीमहाकालमीशम्।।

स्त्रष्टारोऽपि प्रजानां प्रबल-भव-भयाद् यं नमस्यन्ति देवा,
यो ह्यव्यक्ते प्रविष्टः प्रविहित-मनसां ध्यान-युक्तात्मनां च।
बिभ्राणः सोमलेखामहिवलययुतं व्यक्तलिङ्गं कपालं,
लोकानामदिदेवः स जयतु भगवान् श्रीमहाकाल-नामा।।

क्रीडा-कुण्डलितोरगेश्वरनूकारादि-रूढाम्बरा-
ऽनुस्वारं कलयन्नकार-रूचिराकारः कृपार्द्रः प्रभुः।
विष्णोवि श्वतनोरवन्ति-नगरी-हृत्पुण्डरी के बस-
न्नोङ्काराक्षरमूर्तिरस्यतु सदा कालोऽन्तकालोऽसताम्।।

भर्तुः कण्ठच्छविरिति गणैः सादरं वीक्ष्यमाणः,
पुण्यं यायास्त्रिभुवनगुरोधाम चण्डीश्वरस्य।
धतोद्यानं कुवलयरजोगन्धिभिर्गन्धवत्या-
स्तायक्रडानिरतयुवतिस्नान-सिक्तैर्मरुद्भिः।।

अप्यस्मिञ्जलधर! महाकालमासाद्य काले,
स्थातव्यं ते नयनविषयं यावदत्येति भानुः।
कुर्वन् सन्ध्यावबलि-पटहतां शूलिनः श्लाघनीया-
मामन्द्राणां फलमविकलं लप्स्यसे गर्जितानाम्।।

ओम महाकाल महाकाय, महाकाल जगत्पते।
महाकाले महायोत्री, महाकाल नमोस्तुते।।

ओम त्रयम्बकम् यजामाहे सुगंधिम् पुष्टीवर्द्धनम्।
उर्वारू बंधनम् मृत्युर्मक्षियमामृताम्।।

श्रीमहाकाल

इस महासृष्टि के महाविशाल तीन महालोकों में जिन तीन महा शिवलिंगों को सर्वपूज्य माना गया है, उनमें पृथ्वी पर भगवान श्रीमहाकाल सर्व प्रधान हैं। आकाश में तारक-लिंग, पाताल में हाटकेश्वर तथा भू-लोक पर श्रीमहाकाल के रूप में विराजमान लिंगत्रय को सदैव ही नमस्कार है। विशाल महा भूलोक में श्रीमहाकाल शिवलिंग को 'वराहपुराण' के 'तैत्तरीय श्रुति' में पृथ्वी के नाभिदेश में स्थापित कहा गया है।

यह नाभिदेश भारतवर्ष का प्राचीन नगर उज्जैन है यहाँ विराजमान भगवान श्रीमहाकाल महाभूलोक के प्रधान पूज्य देव हैं। सृष्टि का प्रारंभ श्रीमहाकाल से हुआ। कालचक्र के प्रवर्तक श्रीमहाकाल प्रतापी हैं। कालचक्र की प्रवर्तना के कारण ही भगवान शिव श्रीमहाकाल के रूप में सर्वपूजनीय पद को प्राप्त हुए।

उज्जैन श्रीमहाकाल के गौरव से गौरवान्वित है और उज्जैन के युग्म में श्रीमहाकाल की महिमा अभूत पूर्ण है। शिवपुराण (ज्ञान संहिता) में द्वादश ज्योतिर्लिंगों की सूची में उज्जैन के श्रीमहाकाल का वर्णन

विपुलता में मिलता है। श्रीमहाकाल के उल्लेख महाभारत, स्कंदपुराण सहित विविध पुराणों में भी प्राप्त होते हैं।

महाकाल-वन पुराणों में एक योजन विस्तृत बताया गया है। यह पाप नाशक होने के कारण 'क्षेत्र', मातृदेवियों का स्थान होने से 'पीठ', मृत्यु के बाद उत्पन्न न होने से 'ऊषर', शिवप्रिय होने से 'गुह्य' तथा भूतों का प्रिय स्थान होने से 'श्मशान' कहलाता है। ऐसा बार-बार उलिक्तीवत है कि भूमि की महाकाल-वन के सिवाय ये पांच विशेषताएं एकत्र कहीं और नहीं पायी जाती। श्रद्धा-भक्ति से यहाँ किया गया वास मोक्षदायी माना गया है। ऐसी भी मान्यता है कि यहाँ असंख्य शिवलिंग हैं। यह पौराणिक मान्यता भी है कि यहाँ उत्पन्न प्रत्येक जीव को सादर शिवलोक तो मिलता ही है। महाकाल-वन में अधिक मास में निवास का विशेष महत्त्व बताया गया है। यह श्रीमहाकाल-मंदिर वास्तव में देवकुल पीठ है। इस मंदिर के परिसर में अनेक देवी-देवता, सरोवर, शक्तिपीठ, सभी साधना-उपासना के उपकरण हैं।

श्रीमहाकाल विश्व के इस नाभिदेश में सर्वत्र उपास्य हैं। मालवा और निमाड़ के विभिन्न स्थानों पर श्रीमहाकाल ज्योतिर्लिंग के अनुरूप अनेक मंदिर बन गये। स्वयं श्रीमहाकाल के परिसर में ज्योतिर्लिङ्ग के अतिरिक्त 'वृद्‌ध महाकाल' भी हैं। 'गूढ़-महाकाल' और 'कालेश्वर' आज अज्ञात हैं।

निमाड़ के प्रसिद्ध ज्योतिर्लिङ्ग 'ओङ्कारेश्वर' के ऊपरी तल पर श्री महाकाल का मंदिर है, जिस प्रकार उज्जैन के श्रीमहाकाल मंदिर में ऊपरी तल पर ओङ्कारेश्वर का विग्रह है। ऊना में श्रीमहाकाल के परमार-कालीन दो मंदिर हैं। शिवना नदी के उद्‌गम-स्थल पर भी श्रीमहाकाल का प्राचीन मंदिर है।

रतलाम जिले के सुखेड़ा तथा देवास जिले के सुंदरसी में श्री

महाकाल की प्रतिस्थापनाएँ हैं। उज्जैन के पास मकिला में तथा सागर के पास श्रीमहाकाल के मंदिर हैं।

धार जिले में श्रीमहाकाल का परमारकालीन मन्दिर है। नेपाल देश में श्री महाकाल की मुखसहित मूर्त्ति या चित्र प्राप्त होते हैं। अगाध आस्था के कारण नित्य पूजा के लिए आस्थावानों ने जगह-जगह श्रीमहाकाल के मंदिर बनवाए हैं। श्रीमहाकाल की एक विशाल खड्गधारी साकाट विग्रह जकार्ग के प्राचीन संग्रहातय में संरक्षित है।

भगवान श्रीमहाकाल के उज्जैन में आविर्भूत होने के बाद परिकर रूप में अन्य अनेक देव स्वयमेव यहाँ पधारे एवं अधिवासी हो गये। पद्मपुराण में महाकालवन के प्रधान श्री महेश्वर और प्रधान देवी श्री महेश्वरी हैं। ब्रह्मपुराण के अनुसार भगवान विष्णु का उज्जैन में अधि वास रहा है। श्रीमहाकाल हर प्रकार की कामना सिद्ध करने वाले देव हैं और भगवती महाकाली यहाँ सबका कल्याण करने वाली महादेवी हैं (ब्रह्मपुराण)।

बृहद् धर्मपुराण में देवी को 'अवंतिका' भी कहा गया है। भारतवर्ष के बारह प्रधान सिद्ध शक्तिपीठों में मालवा की महाकालिका का छठा स्थान है। उज्जैन में गढ़कालिका के रूप में यही मालवा की महाकालिका हैं। शक्ति-सङ्गम तंत्र में उल्लेख है कि अवंती नामक देश में महाकालिका विराजमान हैं।

स्कंदपुराण में उज्जैन के देवताओं की विस्तृत चर्चा की गयी है। भद्रकाली के मंदिर के सामने क्षेत्रपाल-भैरव (लंगड़े भैरव), इंद्रतीर्थ स्थित चंद्रशेखर महादेव, गोपतीर्थ स्थित गोपेश्वर, चिपिटा तीर्थ स्थित अनंदेश्वर, सौभाग्य तीर्थ स्थित सौभाग्येश्वर, पुष्पकरंड स्थित पुष्पकरंडेश्वर, प्रयाग स्थित प्रयागेश्वर, सूर्य, भद्रजट में स्कन्द देवतीर्थ, कोटितीर्थ, शंखोद्धार, चतुर्मुखीलिङ्ग, रामजननार्दन, बलकेशव, पशुपति, विश्वरूप,

अजागंध स्थित ब्रह्मेश्वर तथा चक्रतीर्थ स्थित चक्रस्वामी आदि देवों के पवित्र मंदिर हैं।

श्री ओमकारेश्वर महादेव की अभिस्थापना श्रीमहाकाल गर्भगृह में ही है। श्री गणेश, पार्वती और कार्तिकेय के विग्रह श्रीमहाकाल क्रमशः वेदी के पश्चिम, उत्तर और पूर्व में तथा दक्षिण में श्री शिव के वाहन महावृषभ नदी की अभिस्थापनाएं हैं। मंदिर के तीसरे तल पर प्रस्थापित नागचन्द्रेश्वर का दर्शन केवल नागपंचमी के दिन ही किया जाता है।

उज्जैन में नवग्रहों शिवों की पूजा प्रतिस्थापनाएँ भी स्थापित हैं। नरादित्य, सोमेश्वर, मङ्गलेश्वर, बुधेश्वर, बृहस्पतेश्वर, शुक्रेश्वर, स्थावरेश्वर, राहु तथा केतु के मन्दिर और तीर्थ की प्राचीन काल में प्रतिस्थापना कर अर्चना-उपासना की परंपरा रही हैं।

उज्जैन में 84 महादेवों की पुराण-सम्मत एवं वार्णित अतिरिक्त प्रतिस्थापनाएँ भी हैं जो सहसा इस धार्मिक आवेग पर आश्चर्य उपस्थित करता है:

अगस्त्येश्वर (हरसिद्धि समीप), गुहेश्वर (पिशाचमोचन के समीप), ढुंढेश्वर (रामसीढ़ी), डमरुकेश्वर (रामसीढ़ी), अनादिकल्पेश्वर (श्रीमहाकाल मंदिर से दक्षिण), स्वर्णजालेश्वर (श्री महाकाल मंदिर), त्रिविष्टपेश्वर (श्रीमहाकाल मंदिर), कपालेश्वर (ब्रह्मपुरी), स्वर्गद्वारेश्वर (नलिया बाखल), कर्कोटेश्वर (हरसिद्धि मन्दिर), सिद्धेश्वर (सिद्ध -वट), लोकपालेश्वर (हरसिद्धि), कामेश्वर (गंधवती घाट), कुटुम्बकेश्वर (सिंहपुरी), इंद्रद्युनेश्वर (बोखीमाता), ईशानेश्वर, अप्सरेश्वर, कलकलेश्वर, नागचंडेश्वर (पटनी बाजार), प्रतीरारेश्वर (पटनी बाजार), कुक्कुटेश्वर (ज्वालेश्वर से पूर्व), कर्करेश्वर (दानी दरवाजा), मेघनादेश्वर (सर्राफा), महालयेश्वर (खत्रीवाड़ा), मुक्तेश्वर (खत्रीवाड़ा), सोमेश्वर, अनरकेश्वर जटेश्वर (गया के कोठ पर), रामेश्वर (सतीद्वार के पास), च्यवनेश्वर

खण्डेश्वर (खिलचीपुर के पास), पत्तनेश्वर (खंडेश्वर समीप), आनंदेश्वर (असामपुरा), कंथडेश्वर (सिद्धवट), शिवेश्वर (अंकपात दरवाजा), कुंडेश्वर (गोमती कुंड), लुपेश्वर (कालभैरव), गंगेश्वर (खगर्ता संगम), अंगारकेश्वर (मंगलनाथ), उत्तरेश्वर (मंगलनाथ के दक्षिण में), प्रभुकेश्वर (केदार मंदिर), स्थावरेश्वर (सरवरवाड़ी), भूलेश्वर, ओंकारेश्वर, विश्वेश्वर (भूलेश्वर के पास), कंटेश्वर, सिहेश्वर (गढ़कालिका के गणपति के पास), रेवंतेश्वर (कार्तिक चौक), घंटेश्वर कार्तिक चौक, प्रयागेश्वर (प्रयाग), सिद्धेश्वर (खत्रीवाड़ा), मातगेश्वर, सौभाग्येश्वर, रूपेश्वर, धनु:साहिस्त्रेश्वर (वृंदावनपुरा), पशुपतीश्वर (जानसापुरा), ब्रह्मेश्वर (दानी दरवाजा), जल्पेश्वर (सोमतीर्थ), केदारेश्वर (केदारतीर्थ), पिशाचेश्वर (पिशाचमोचन घाट), संगमेश्वर (नीलगंगा तीर्थ), दुर्धर्षेश्वर (गंधवती तीर्थ), प्रयागेश्वर (पातालवाड़ी), चंद्रादित्येश्वर (कोटितीर्थ), करभेश्वर (कालभैरव), राजस्थलेश्वर (भागसीपुरा), वडलेश्वर (सिद्वट), अरुणेश्वर (पिशाच-मोचन), पुष्पदंतेश्वर (सिंहपुरी), अविमुक्तेश्वर (सिंहपुरी), हनुमत्केश्वर (गढ़ के उत्तर में), सर्वश्बर (अज्ञात), स्वप्नेश्वर (श्री महाकाल), पिङ्गलेश्वर (पगिलेश्वर ग्राम), कायावरोहणेश्वर (करोहन ग्राम), बिल्वेश्वर (अम्बोदिया ग्राम) और उत्तरेश्वर

शिवलिंङ्गों की बहु-प्रतिस्थापनाओं में शुमार ऋणमुक्तेश्वर स्थान क्षिप्रा-तट हे, शुकेश्वर या शुक्लेश्वर, गर्गेश्वर, भीमेश्वर, कामेश्वर, चंडीश्वर तथा, चूड़ामणीश्वर जैसे गुह्यलिङ्ग भी हैं।

श्रीमहाकाल की गुरुता में वृद्धि के लिए भगवान शिव के अवतारों प्रतिस्थापनाएँ भी प्रतिस्थापित हैं। अष्टभैरव के दंडपाणि, विक्रान्त महाभैरव, सितासित, बटुक, आनंद, बाल तथा कालभैरव बहुउपास्य हैं। कपर्दी, कपाली, कलानाथ, वृषासन, त्र्यम्बक, शूलपाणि, दिगंबर, चीरवासा, कामधारी तथा शर्व नामक एकादश रूद्र के मंदिर श्रीमहाकाल के श्रीयंत्र के महाप्रभाषित महास्फटिक हैं।

अरूण, सूर्य , वेदांग, भानु, रूद्र, रवि, अंशुमान्, सुवर्णरेता, अहस्कर्ता,

मित्र, विष्णु और सनातन नामक द्वादश आदित्य की उपासना-परंपरा अति प्राचीन है। मोद, प्रमोद, सुमख-दुमुर्ख, अविध्न तथा विध्न छह विनायकों की उपासना भी अत्यंत पुरानी है। चार मारुति-हनुमान्, कुमार, ब्रह्मचारी और वायुसुत तथा दस विष्णु-वासुदेव, अनंत, जनार्दन, हलधर, ऋषिकेश, नारायण, धरणीधर, वराह, शेषशयी तथा वामन श्री महाकाल तंत्र के प्राचीन संपूर्ण स्थापत्य विस्तार के महाउपासना यंत्र-तंत्र थे।

शैलपुत्री, ब्रह्मचारिणी, चंद्रघण्टा, कूष्माण्डा, स्कंदमाता, कात्यायनी, कालरात्रि, महागौरी, सिद्धिदा आदि नवदुर्गाओं के साथ ही, उमा, चण्डी, ईश्वरी, गौरी, हरसिद्धि, वटयक्षिणी, वीरभद्रा, रौद्री, दुरितहारिणी, एकानशा, महादुर्गा, तैलमातृका, विंध्यवासिनी, नगरकोट की कोट्टवी देवी, चौसठयोगिनी आदि मातृदेवियों के सुविचारित शक्तिपीठ श्री महाकाल नामक महातांत्रिक आयोजना के महाआयोजन थे। यों तो उज्जैन में कितने ही देवी-देवताओं के स्थान हैं, पर शिवलिङ्ग की तो गिनती ही नहीं है।

श्री महाकालेश्वर का विग्रह दक्षिणामूर्ति हैं-दक्षिण दिशा के उन्मुख। बारह ज्योतिर्लिंगों में श्री महाकालेश्वर की यह उल्लेखनीय विशेषता, शिवनेत्र तांत्रिक परंपरा से प्रभावित एवं स्थापित है। हिंदू मत के अनुसार, यह संपूर्ण ब्रह्मांड तीन महा क्षेत्रों -अंतरिक्ष, पृथ्वी और पाताललोक का समिल्लित निर्माण है। बारह ज्योतिर्लिंगों में श्रीमहाकाल ही पृथ्वी और मृत्यु (काल) के महास्वामी हैं।

श्री ज्योतिलिङ्गों में महादेव श्रीमहाकाल बहुचर्चित एवं बहुवार्णित हैं। अज्ञात काल से यह देव स्थान आस्था का केंद्र है। पुरातनकाल से श्रीमहाकाल की अर्चना होती आ रही है। शैवों, कापालिकों तथा पाशुपतों का यह प्राचीनकाल से आराधना-स्थल रहे हैं।

श्रीमहाकाल को संपूर्ण आस्था का देव कहते हैं। यह उल्लेख आज

भी उतना ही मनोहारी है जितना प्राचीन काल में था। सभी राजाओं ने एक श्रीमहाकाल धर्म सभा कर सर्पसम्मति से श्रीमहाकाल को राजाधिणा की पदवी की धोषपा का प्रस्ताव पारित किया एवं उसका अवलोकन किया। प्रत्येक व्यापरी, यात्री, श्रद्धालु या अन्य राजा या आक्रमणकारी-श्रीमहाकाल के प्रताप एवं विशिष्टता के आगे सप्रेम सादर नत होते थे। यह श्रद्धा की विशिष्ट परंपरा आज भी है।

श्रीमहाकाल के प्रति जन-आस्था ने उज्जैन को नानाविधि राजनीतिक, आर्थिक एवं धार्मिक महानता का लाभ दिया। संपूर्ण उज्जैन ने इस महाआस्था के प्रभाव में अपने कण-कण की विशेष महत्ता से स्वयं को भर लिया। इस महत्त्व के कारण ही आश्चर्य नहीं यदि धार्मिक यात्रियों तथा पर्यटकों ने श्रीमहाकाल की आस्था में उज्जैन के कण-कण को श्रीमहाकाल का प्रतिष्ठान मान पूजा-अर्चन किया हो। जैनों तथा बौद्धों ने भी इस नगर को अपने मन्दिरों, मठों उपाश्रयों, संधरामों और चैत्यों-स्तूपों से भर दिया। विभिन्न मतावलंबियों के समन्वय का केंद्र होने के कारण उज्जैन व्यापार का भी केंद्र बड़ा बना। देश-विदेश में व्यापार करने वाले व्यापारियों तथा उनकी श्रेणियाँ उज्जैन में अपनी प्रधान कार्यालयों की स्थापना की।

अतिशय क्षेत्र सदा खुशहाल रहा, इस कारण आप्रवासी विभिन्न जातियाँ अनेक रूप में आकर यहाँ बसती रहीं। आज इस क्षेत्र में स्थापित अधिकांश आप्रवासी जातियों के पूर्वज गुजरात, राजस्थान या अन्य स्थानों से आये थे।

स्कंदपुराण के अनुसार विविध पर्वों पर होने वाली यात्राओं, मेलों और सिंहस्थ आदि के कारण श्रीमहाकाल ही हैं।

स्कंदपुराण में श्रीमहाकाल की कथा प्राप्त होती है। 'प्रलयकाल में न अग्नि थी, न वायु, न आदित्य, न ज्योति, न अंतरिक्ष, न दुर्ग्रह, न ही

देव, असुर, गंधर्व, पिशाच, नाग, राक्षस, तालाब, पर्वत, नदी और समुद्र थे, और सब ओर के उस महाअंधकार में कुछ भी दिखाई नहीं देता था, तब लोककल्याण से द्रवित इस महाघन में केवलमात्र उपस्थित श्री महाकाल ही थे। सृजन को श्रीमहाकाल प्रवृत्त हुए। उन्होंने उस गोलाकार महाघन के दो टुकड़े कर धरती और अंतरिक्ष बनाया। तत्पश्चात् जगत्पिता ब्रह्मा को उत्पन्न कर महेश्वर ने उन्हें सृष्टि-निर्माण के लिए नियुक्त कर दिया। भगवान शिव ने श्री ब्रह्मा को वेद आदि प्रदान किये। श्री ब्रह्मा की प्रार्थना पर भगवान शिव ने महाकाल-वन में अधिवास शुरू किया।

अपने महाप्रिय भक्त ब्राह्मण वेदप्रिय की दूषण नामक महादैत्य से रक्षा करने के लिए उज्जैन में श्रीमहाकाल प्रकट हुए। ऐसा शिवपुराण में वर्णन मिलता है। श्रीमहाकाल के हुंकार से दैत्य भस्म हो जाने के बाद चारों पुत्रों-सहित वेदप्रिय ने शिव भगवान से प्रार्थना की कि महादैत्य दूषण संसार का शत्रु था जिसे आपने नष्ट कर दिया, अतः श्री 'महाकाल' महानाम धारण कर यहीं निवास करें तथा अपने भक्तों की समस्त प्रकार से रक्षा करें। प्रार्थना स्वीकार कर शिवजी वेदप्रिय द्वारा स्थापित लिंग-विग्रह में स्थानापन्न हो गये। ब्राह्मण ने पुत्रों सहित उन महाज्योतिर्लिङ्ग का पूजन किया। देवताओं ने करतल तथा दुदुंभि की महाध्वनियों में प्रचुर पुष्प-वर्षा कर पूजा की।

इन महाज्योतिर्लिङ्ग पर अपने पुत्र की विशेष भक्ति देख एक गोपी ने राजा चन्द्रसेन के युग में वहाँ एक मंदिर बनवाया था।

शनिवार एवं प्रदोष संध्या में श्री महाकाल-पूजन की विशेष महत्ता का विधान निर्दिष्ट है। द्वापर में श्रीकृष्ण से नौ पीढ़ी पहले श्रीमहाकाल की स्वयंभू ज्योतिर्लिंग की स्थापना हुई थी। इन कथाओं की विस्तृत चर्चा इस प्रकार है।

शिवमहापुराण में श्री महाकाल की कथा का वर्णन निम्नलिखित है-

समस्त देहधारियों को मोक्ष प्रदान करने वाली एक प्रसिद्ध और अत्यन्त रमणीय अवन्ति नाम की नगरी है। लोकपावनी परम पुण्यदायिनी और कल्याणकारिणी वह नगरी भगवान शिवजी को अत्यन्त प्रिय है। उसी पवित्र पुरी में शुभ कर्मपरायण तथा सदा वेदों के स्वाध्याय में लगे रहने वाले एक उत्तम ब्राह्मण शिवजी की अर्चना-वन्दना में तत्पर रहा करते थे। वे प्रतिदिन पार्थिव लिंग का निर्माण कर शास्त्रविधि से उसकी पूजा करते थे। हमेशा उत्तम ज्ञान को प्राप्त करने में तत्पर उस ब्राह्मण देवता का नाम 'वेदप्रिय' था।

वेदप्रिय शिवजी के अनन्य भक्त थे, जिसके संस्कार के फलस्वरूप उनके शिवपूजा-परायण चार पुत्र हुए। वे चारों तेजस्वी तथा माता-पिता के सद्गुणों के अनुरूप थे। उन चारों पुत्रों के नाम देवप्रिय, प्रियमेधा, सुकृत और सुव्रत थे।

उन दिनों रत्नमाल पर्वत पर 'दूषण' नामक धर्मविरोधी एक असुर ने वेद, धर्म तथा धर्मात्माओं पर आक्रमण कर दिया। उस असुर को ब्रह्मा से अजेयता का वर मिला था। सबको सताने के बाद अन्त में उस असुर ने भारी सेना लेकर अवन्ति (उज्जैन) के उन पवित्र और कर्मनिष्ठ ब्राह्मणों पर भी चढ़ाई कर दी।

उस असुर की आज्ञा से चार भयानक दैत्य चारों दिशाओं में प्रलयकाल की आग के समान प्रकट हो गये। उनके भयंकर उपद्रव से शिवाजी में विश्वास करने वाले वे ब्राह्मण भयभीत नहीं हुए। अवन्ति नगर के सभी ब्राह्मण जब उस संकट में घबराने लगे, तब उन चारों शिवभक्त भाइयों ने उन्हें आश्वासन देते हुए भगवान शिव में भरोसा रखने को कहा। उसके बाद वे चारों ब्राह्मण-बन्धु शिवजी का पूजन कर उनके ही ध्यान में तल्लीन हो गये। सेनासहित दूषण ध्यानमग्न उन

ब्राह्मणों के पास पहुँच गया।

उन ब्राह्मणों को देखते ही ललकारते हुए उनपर उनकी हत्या कर देने के लिए क्रूर काल की तरह झपट पड़ा। वेदप्रिय के उन ब्राह्मणपुत्रों ने उस दैत्य के द्वारा कही गई बातों पर ध्यान नहीं दिया और भगवान शिव के ध्यान में मग्न रहे। जब उस दुष्ट दैत्य ने जल्दी ही यह समझ लिया कि उसके डाँट-डपट से कुछ भी परिणाम निकलने वाला नहीं है, तब उसने ब्राह्मणों को मार डालने का निश्चय किया। उसने ज्योंहि उन शिवभक्तों के प्राण लेने हेतु शस्त्र उठाया, त्योंहि उनके द्वारा पूजित उस पार्थिव लिंग की जगह गम्भीर आवाज के साथ एक गड्ढा प्रकट हो गया और तत्काल उस गड्ढे से विकट और भयंकररूपधारी भगवान शिव प्रकट हो गये। दुष्टों का विनाश करने वाले तथा सज्जन पुरुषों के कल्याणकर्त्ता वे भगवान ज्योति-शिव ही महाकाल के रूप में इस पृथ्वी पर विख्यात हुए।

उन्होंने दैत्यों से कहा-'अरे दुष्टों! तुझ जैसे हत्यारों और खलों के लिए ही मैं 'महाकाल' प्रकट हुआ हूँ। जल्दी इन ब्राह्मणों के समीप से दूर भाग जाओ।' इस प्रकार धमकाते हुए महाकाल भगवान शिव ने अपने हुँकार मात्र से ही उन दैत्यों को भस्म कर डाला। दूषण की कुछ सेना को भी उन्होंने मार गिराया और कुछ स्वयं ही भाग खड़ी हुई। परमात्मा शिव ने दूषण नामक महादैत्य का वध कर दिया।

जिस प्रकार सूर्य के निकलते ही अन्धकार छँट जाता है उसी प्रकार भगवान आशुतोष शिव को देखते ही सभी दैत्य सैनिक पलायन कर गये। देवताओं ने प्रसन्नतापूर्वक अपनी दुन्दुभियाँ बजायीं और आकाश से फूलों की वर्षा कीं। उन शिवभक्त ब्राह्मणों पर अति प्रसन्न भगवान शंकर ने उन्हें आश्वस्त करते हुए कहा कि 'मैं महाकाल महेश्वर तुम लोगों पर प्रसन्न हूँ, तुम लोग वर माँगो।'

महाकालेश्वर की महावाणी सुनकर महाभक्तिभाव से पूर्ण उन ब्राह्मणों ने हाथ जोड़कर महाविनम्रतापूर्वक कहा-'दुष्टों को दण्ड देने वाले श्रीमहाकाल! शम्भो! आप हम सबको इस संसार-सागर से मुक्त कर दें। हे भगवान महाशिव! आप आम जनों के महाकल्याण तथा उनकी महा रक्षा करने के लिए यहीं हमेशा के लिए विराजिए। प्रभो! आप अपने दर्शनार्थी मनुष्यों का सदा उद्धार करते रहें।'

भगवान शंकर ने उन ब्राह्मणों को सद्गति प्रदान की और अपने भक्तों की सुरक्षा के लिए उस गड्ढे में स्थित हो गये। उस गड्ढे के चारों ओर की लगभग तीन किलोमीटर भूमि लिंगरूपी भगवान शिव की स्थली बन गई। ऐसे भगवान महाशिव इस पृथ्वी पर श्री महाकालेश्वर के नाम से प्रसिद्ध हुए।

श्री महाकालेश्वर ज्योतिर्लिंग का दर्शन करने से स्वप्न में भी किसी प्रकार का दुःख अथवा संकट नहीं आता है। जो कोई सच्चे मन से श्री महाकालेश्वर लिंग की उपासना करता है, उसकी सारी मनोकामनाएँ पूर्ण हो जाती हैं और वह परलोक में मोक्षपद को प्राप्त करता है- ऐसा खिवमहापुराण में वर्णित है।

श्री महाकालेश्वर ज्योतिर्लिंग की महिमा का वर्णन करते हुए शिवमहापुराण में एक कथानक इस प्रकार भी है-

उज्जैन नगर में महान शिवभक्त तथा जितेन्द्रिय चन्द्रसेन नामक एक राजा थे। उन्होंने शास्त्रों का गम्भीर अध्ययन कर उनके रहस्यों का ज्ञान प्राप्त किया था। उनके सदाचरण से प्रभावित होकर शिवजी के पार्षदों में अग्रणी मणिभद्र जी राजा चन्द्रसेन के मित्र बन गये।

मणिभद्र जी ने एक बार राजा पर अतिशय प्रसन्न होकर राजा चन्द्रसेन को चिन्तामणि नामक एक महामणि प्रदान की। वह महामणि कौस्तुभमणि और सूर्य के समान देदीप्यमान थी।

वह महामणि देखने, सुनने तथा ध्यान करने, उसका दर्शन करने से या उसका यशोगान सुनने से अथवा उसके स्वरूप का ध्यान करने मात्र से भी, मनुष्यों को निश्चित ही मंगल प्रदान करती थी। राजा चन्द्रसेन के गले में अमूल्य चिन्तामणि शोभा पा रही है, यह जानकर सभी राजाओं में उस मणि के प्रति लोभ बढ़ गया।

चिन्तामणि के लोभ से सभी राजा क्षुभित होने लगे। उन राजाओं ने अपनी चतुरंगिणी सेना तैयार की और उस चिन्तामणि के लोभ में वहाँ आ धमके। चन्द्रसेन के विरुद्ध वे सभी राजा एक साथ मिलकर एकत्रित हुए थे और उनके साथ भारी सैन्यबल भी था।

उन सभी राजाओं ने आपस में परामर्श करके रणनीति तैयार की और राजा चन्द्रसेन पर आक्रमण कर दिया। सैनिकों सहित उन राजाओं ने चारों ओर से उज्जैन के चारों द्वारों को घेर लिया। अपनी पुरी को चारों ओर सैनिकों द्वारा घिरी हुई देखकर राजा चन्द्रसेन श्री महाकालेश्वर भगवान शिव की शरण में पहुँच गये।

वे निश्छल मन से दृढ़ निश्चय के साथ उपवास-व्रत लेकर भगवान श्री महाकाल की आराधना में जुट गये। उन दिनों उज्जैन में एक विधवा ग्वालिन रहती थी, उसके इकलौता पुत्र था। वह इस नगर में बहुत दिनों से रहती थी। वह अपने उस पाँच वर्ष के बालक को लेकर श्री महाकालेश्वर का दर्शन करने हेतु गई।

उसने देखा कि राजा चन्द्रसेन वहाँ बड़ी श्रद्धाभक्ति से श्री महाकाल की पूजा कर रहे हैं। राजा के शिवपूजन का महोत्सव उसे बहुत ही आश्चर्यमय लगा। उसने पूजन को निहारते हुए भक्ति-भावपूर्वक श्री महाकाल को प्रणाम किया और अपने निवास स्थान लौट गयी। उस ग्वालिन माता के साथ उसके बालक ने भी श्री महाकाल की पूजा का कौतूहलपूर्वक अवलोकन किया था। इसलिए घर वापस आकर उसने भी

शिवजी का पूजन करने का विचार किया।

वह एक सुन्दर-सा पत्थर ढूँढ़कर लाया और अपने निवास से कुछ दूरी पर एकान्त में रख दिया। उसने अपने मन में निश्चय करके उस पत्थर को ही शिवलिंग मान लिया। वह शुद्ध मन से भक्ति-भावपूर्वक मानसिक रूप से गन्ध, धूप, दीप, नैवेद्य और अलंकार आदि जुटाकर, उनसे उस शिवलिंग की पूजा की। वह सुन्दर-सुन्दर पत्तों तथा फूलों को बार-बार उस शिवलिंग पर चढ़ाता और नृत्य करता था। सम्पूर्ण पूजन पूरा करने के बाद उस बालक ने बार-बार भगवान के चरणों में अपना मस्तक लगाया।

बालक का चित्त भगवान के चरणों में आसक्त था और वह विह्वल होकर उनको दण्डवत कर रहा था। उसी समय ग्वालिन ने भोजन के लिए अपने पुत्र को प्रेम से बुलाया। उधर उस बालक का मन शिवजी की पूजा में रमा हुआ था। माता द्वारा बार-बार बुलाने पर भी जब बालक भोजन करने नहीं गया, तब माँ स्वयं ही वहाँ पहुँची।

उसने देखा कि उसका बालक एक पत्थर के सामने आँखें बन्द करके ध्यान लगाए बैठा था। उसका हाथ पकड़कर खींचने पर भी वह बालक वहाँ से नहीं उठा, जिससे उसकी माँ को क्रोध आया और उसने उसे खूब पीटा।

इस प्रकार खींचने और मारने-पीटने पर भी जब वह बालक वहाँ से नहीं हटा, तो माँ ने उस पत्थर को उठाकर दूर फेंक दिया। बालक द्वारा उस शिवलिंग पर चढ़ाई गई सामग्री को भी उसने नष्ट कर दिया। शिवजी का अनादर देखकर बालक 'हाय-हाय' करके रो पड़ा। क्रोध में आग-बबूला हुई वह ग्वालिन अपने बेटे को डाँट-फटकार कर पुन: अपने घर में चली गई।

जब उस बालक ने देखा कि भगवान शिवजी की पूजा को उसकी

माता ने नष्ट कर दिया, तब वह बिलख-बिलख कर रोने लगा। देव! देव! पुकारता वह सहसा बेहोश होकर पृथ्वी पर गिर पड़ा।

उसकी आँखों से आँसुओं की झड़ी लग गई। कुछ देर बाद जब उसे चेतना आयी, तो उसने आँखें खोल दीं। उस बालक ने जो दृश्य देखा, उससे वह आश्चर्य में पड़ गया। भगवान शिव की कृपा से उस स्थान पर श्री महाकाल का दिव्य महा मन्दिर खड़ा हो गया था।

महामणियों के चमकीले महाखम्भे उस महामन्दिर की महाशोभा बढ़ा रहे थे। वहाँ के भूतल पर महा स्फटिक मणि जड़ दी गयी थी। तपाये गये दमकते हुए महास्वर्ण-शिखर उस महाशिवालय को महासुशोभित कर रहे थे। उस महामन्दिर के महाविशालद्वार, महामुख्यद्वार तथा उनके महाकपाट सुवर्ण-निर्मित थे।

उस महामंदिर के सामने महानीलमणि तथा हीरे जड़े बहुत से बड़े चबूतरे बने थे। उस महाभव्य महाशिवालय के भीतर महागर्भगृह में महाकरुणाकर, महाभूतभावन, भोलानाथ भगवान महाशिव का महारत्नमय महालिंग प्रतिष्ठित हुआ था। ग्वालिन के उस बालक ने शिवलिंग को बड़े ध्यानपूर्वक देखा। उसके द्वारा चढ़ाई गई सभी पूजन-सामग्री उस शिवलिंग पर सुसज्जित थी।

उस शिवलिंग को तथा उस पर चढ़ाई गई पूजन-सामग्री को देखते-देखते वह बालक उठ खड़ा हुआ। उसे मन ही मन आश्चर्य तो बहुत हुआ किन्तु वह परमानन्द में गोते लगाने लगा था। उसके बाद तो उसने शिवजी की ढेर-सारी स्तुतियाँ कीं और बार-बार अपने मस्तक को उनके चरणों में लगाया।

सूर्यास्त होने पर वह बालक शिवालय से निकल कर बाहर आया और अपने निवास स्थल को देखने लगा। उसका निवास देवताओं के राजा इन्द्र के समान शोभा पा रहा था। वहां सब कुछ शीघ्र ही सुवर्णमय

हो गया था, जिससे वहाँ की शोभा विचित्र हो गई थी।

परम उज्ज्वल वैभव से सर्वत्र प्रकाश हो रहा था। वह बालक सब प्रकार की शोभाओं से सम्पन्न उस महागृह के भीतर प्रविष्ट हुआ। उसने देखा कि उसकी माता एक महामनोहर महाप्रलंग पर सो रही है। उसके महाअंगों में बहुमूल्य महारत्नों के महाअलंकार महाशोभा पा रहे हैं। महाआश्चर्य और महाप्रेम में महाविह्वल उस महाबालक ने अपनी महामाता को बड़े जोर से आवाज देकर उठाया। उसकी माता भी भगवान शिव की कृपा प्राप्त कर चुकी थी।

जब उस ग्वालिन ने उठकर देखा, तो उसे सब कुछ अपूर्व देखने को मिला। उसके आनन्द का ठिकाना न रहा। उसने भावविभोर होकर अपने पुत्र को अंकों से लगा लिया। अपने बेटे के महामुख से महाभूतेश शिव के कृपाप्रसाद का सम्पूर्ण महावर्णन सुनकर उस ग्वालिन ने राजा चन्द्रसेन को सूचित किया। निरन्तर भगवान शिव के भजन-पूजन में लगे रहने वाले राजा चन्द्रसेन अपना नित्य-नियम पूरा कर रात्रि के समय पहुँचे।

उन्होंने भगवान शंकर को सन्तुष्ट करने वाले ग्वालिन के पुत्र का प्रभाव देखा। उज्जैन को चारों ओर से घेर कर युद्ध के लिए खड़े उन राजाओं ने भी गुप्तचरों के मुख से प्रातःकाल उस अद्‌भुत वृत्तान्त को सुना। इस विलक्षण घटना को सुनकर सभी नरेश आश्चर्यचकित हो उठे। उन राजाओं ने आपस में मिलकर पुनः विचार-विमर्श किया।

परस्पर बातचीत में उन्होंने कहा कि राजा चन्द्रसेन महान शिवभक्त हैं, इसलिए इनपर विजय प्राप्त करना अत्यन्त कठिन है। ये सभी प्रकार से निर्भय होकर श्री महाकाल की नगर उज्जैन का पालन-पोषण करते हैं। जब इस नगर का एक छोटा बालक भी ऐसा शिवभक्त है, तो राजा चन्द्रसेन का महान शिवभक्त होना स्वाभाविक ही है। ऐसे राजा के साथ

विरोध करने पर निश्चय ही भगवान शिव क्रोधित हो जाएँगे।

शिव के क्रोध करने पर तो हम सभी नष्ट हो जाएँगे। इसलिए हमें इस नरेश से दुश्मनी न करके मेल-मिलाप ही कर लेना चाहिए, जिससे भगवान महेश्वर की कृपा हमें भी प्राप्त होगी।

युद्ध के लिए उज्जैन को घेरे उन राजाओं का मन भगवान शिव के प्रभाव से महानिर्मल हो गया और महाशुद्ध महाहृदय से सभी ने हथियार डाल दिये। उनके मन से राजा चन्द्रसेन के प्रति वैर भाव निकल गया और उन भूपालों ने राजा चन्द्रसेन से अनुमति प्राप्त कर श्रीमहाकाल की नगरी में प्रवेश किया और श्री महाकालेश्वर का विधिवत् पूजन किया।

उसी समय परम तेजस्वी श्री हनुमान वहाँ प्रकट हो गये। उन्होंने गोप-बालक को अपने हृदय से लगाया और राजाओं की ओर देख़ते हुए कहा- 'राजाओं! आप सब लोग तथा अन्य देहधारीगण भी ध्यानपूर्वक हमारी बातें सुनें। मैं जो बात कहूँगा उससे आप सब लोगों का कल्याण होगा।

'उन्होंने बताया कि 'शरीरधारियों के लिए भगवान शिव से बढ़कर अन्य कोई गति नहीं है अर्थात् महेश्वर की कृपा-प्राप्ति ही मोक्ष का सबसे उत्तम साधन है। यह परम सौभाग्य का विषय है कि इस गोपकुमार ने शिवलिंग का दर्शन किया और उससे प्रेरणा लेकर स्वयं शिव की पूजा में प्रवृत्त हुआ।

'यह बालक किसी भी प्रकार का लौकिक अथवा वैदिक मन्त्र नहीं जानता, किन्तु इसने बिना मन्त्र का प्रयोग किये ही अपनी भक्ति-निष्ठा के द्वारा भगवान शिव की आराधना की और उन्हें प्राप्त कर लिया। यह बालक अब गोपवंश की कीर्ति को बढ़ाने वाला तथा उत्तम शिवभक्त है। भगवान शिव की कृपा से यह इस लोक के सम्पूर्ण भोगों का उपभोग करेगा और अन्त में मोक्ष को प्राप्त कर लेगा।

'इसी बालक के कुल में इससे आठवीं पीढ़ी में महायशस्वी नन्द उत्पन्न होंगे और उनके यहाँ ही साक्षात् नारायण का प्रादुर्भाव होगा। वे भगवान नारायण ही नन्द के पुत्र रूप में प्रकट होकर श्रीकृष्ण के नाम से जगत में विख्यात होंगे। यह गोप बालक भी 'श्रीकर' गोप के नाम से विशेष ख्याति-लाभ करेगा।

शिव के प्रतिनिधि वानरराज हनुमान जी ने समस्त राजाओं सहित राजा चन्द्रसेन को अपनी कृपादृष्टि से देखा। उसके बाद अतीव प्रसन्नता के साथ उन्होंने गोपबालक श्रीकर को शिवजी की उपासना के सम्बन्ध में बताया। पूजा-अर्चना की जो विधि और आचार-व्यवहार भगवान शंकर को विशेष प्रिय है, उसे भी श्री हनुमान जी ने विस्तार से बताया। अपना कार्य पूरा करने के बाद वे समस्त भूपालों तथा राजा चन्द्रसेन से और गोपबालक श्रीकर से विदा लेकर वहीं पर तत्काल अंतर्धान हो गये।

राजा चन्द्रसेन की आज्ञा प्राप्त कर सभी नरेश भी अपनी राजधानियों को वापस हो गये। इस प्रकार श्री 'महाकाल' नामक यह शिवलिंग शिवभक्तों का परम आश्रय है, जिसकी पूजा से भक्तवत्सल महेश्वर शीघ्र प्रसन्न होते हैं। ये भगवान शिव दुष्टों के संहारक हैं, इसलिए इनका नाम श्री 'महाकाल' है। ये काल अर्थात् मृत्यु को भी जीतने वाले हैं, इसलिए इन्हें 'महाकालेश्वर' कहा जाता है।

भगवान शिव भयंकर 'हुँकार' के साथ प्रकट हुए थे, इसलिए भी इनका नाम 'महाकाल' से प्रसिद्ध हुआ है। उज्जैन में स्थित श्री महाकाल ज्योतिर्लिंग का भव्य मंदिर पाँच मंजिल वाला है तथा सिप्रा नदी से कुछ दूर अवस्थित है। मन्दिर के ऊपरी भाग में श्री ओंकारेश्वर विद्यमान हैं। यातायात-व्यवस्था और सुरक्षा-सुविधा की दृष्टि से तीर्थयात्री दर्शनार्थियों को पंक्ति में होकर सरोवर के किनारे से ऊपर की मंजिल में जाना पड़ता है।

वहाँ से संकरी गली की सीढ़ियाँ उतर कर मन्दिर के निचले सतह पर आना पड़ता है जहाँ भूतल पर श्री महाकालेश्वर का ज्योतिर्लिंग स्थापित है। यह शिवलिंग समतल भूमि से भी कुछ नीचे है। यहाँ के रामघाट और कोटितीर्थ नामक कुण्डों में स्नान किया जाता है तथा पितरों यहां को श्राद्ध-दान भी विहित है अर्थात् यहां पितृश्राद्ध करने का भी विधान है।

इन कुण्डों के पास से ही अगस्त्येश्वर, कोढ़ीश्वर, केदारेश्वर तथा हरसिद्धिदेवी आदि के दर्शन करते हुए श्री महाकालेश्वर के दर्शन हेतु जाया जाता है। श्री महाकालेश्वर ज्योतिर्लिंग की प्रातःकालिक पूजा में अनिवार्य रूप से सवा मन चिता की भस्म सम्मिलित की जाती है। चिता की भस्म से विभूषित श्री महाकालेश्वर का दर्शन अत्यन्त पुण्यदायी होता है।

मत्स्यपुराण के अनुसार पार्वती का अपहरण करने का प्रयास करने वाले अंधक महादैत्य से भगवान शिव का युद्ध महाकाल-वन में हुआ था। महादैत्य अंधक का रक्तपान करने के लिए भगवान शिव ने यहीं मात्तृकाओं का आह्वान किया था।

पवित्र पंचलिङ्ग और अष्टलिङ्ग में भी श्रीमहाकाल की गणना की गई। हलायुध रचित मान्धाता-प्रशस्ति में पांच ज्योतिर्लिङ्गों में श्रीमहाकाल भी एक हैं। अविमुक्त-वाराणसी के विश्वनाथ, उत्तराखण्ड में केदारेश्वर, नर्मदा तट पर ओङ्कारेश्वर तथा अमरेश्वर और पाँचवे उज्जैन के श्री महाकालेश्वर-ये पंचलिङ्ग माने गये हैं। स्कंदपुराण के नर्मदा खंड के महिष्मती-माहात्म्य के क्रम में इन पाँच शिवलिङ्ग की गणना की गयी है: प्रभास के शशिभूषण, कुरूक्षेत्र के स्थाणु, मायापुरी के मनोहर, अवंती के श्रीमहाकाल तथा माहेश्वरपुरी के माहेश्वर। देवीभागवत में भी इन पांच शिव-स्थानों की चर्चा है-काशी, केदार, श्री महाकाल, नासिक

और त्र्यंबक। अग्निपुराण के गया-महात्म्य में आठ गुह्यलिङ्गों-सोमनाथ, श्री कालेश, केदार, प्रपितामह, सिद्धेश्वर, रूद्रेश, रामेश और ब्रहमकेशरू; मत्स्यपुराण में भी आठ शिवलिङ्गों में वसुप्रद, रूद्रकोटि, सिद्धश्वेर, गोकर्ण, रूद्रकर्ण, सुवर्णनाथ, श्रीमहाकाल और कायावरोहण की गणना की गई है।

स्पष्टत: श्रीमहाकाल सर्वत्र विराजमान हैं। महाविष्णु को समर्पित वराहपुराण में उज्जैन को मणिपुर-चक्र कहा गया है, जिसके नाभिक में श्रीमहाकाल का प्रतिस्थान है। यहां उज्जैन की विस्तृत तांत्रिक-योजना एक स्पष्ट रहस्य को अनावृत करती है। तंत्र में मणिपुर-चक्र या श्रीपुर 'नाभि' को कहा गया है और तांत्रिक मत की मानवीय शरीर के अध्ययन से प्राप्त तथ्य के अनुसार मानव-शरीर के नाभि-प्रदेश में ही आत्मा की महान ऊर्जा कुण्डलिनी का अधिवास है-जिस तरह सृष्टि के श्रीपुर (नाभि) उज्जैन में श्रीमहाकाल का अधिवास है। श्री महाकाल यहां कुण्डलिनी के पर्याय है। श्रीमहाकाल (कुण्डलिनी) की आराधना महापरिणामों के लिए जरूरी हैं।

काशी आज्ञाचक्र, जो (वेदों-आगमों में बाला), काँची स्वाधिष्ठान, और उज्जैन श्री मणिपूर है। इसी श्रीमणिपुर में भगवान शिव श्री महाकाल का गौरवपूर्ण अधिवास है।

उज्जैन के अन्य नामों में श्रीमहाकाल का वास होने से ही उज्जैन को 'महाकालपुर' भी कहा है। ब्रह्मांडपुराण, अग्निपुराण, गरुड़पुराण, शिवपुराण, भागवत, विष्णुपुराण, ब्रह्मवैवर्तपुराण, लिङ्गपुराण, वामनपुराण, मत्स्यपुराण, भविष्यपुराण तथा सौरभपुराण आदि में श्रीमणिपुर-सहित श्रीमहाकाल की महत्ता का विसद गुणगान उपलब्ध है। लिङ्गपुराण में श्रीमहाकाल की महिमा का विस्तृत वर्णन है।

हरिवंशपुराण में शिव-भक्त महादैत्य बाणासुर ने शिव भगवान से

स्वयं की श्रीमहाकालत्व प्राप्ति की प्रार्थना की है कि गणों के वंश वाले शिवजी का वह पहला गण बन, अनंत वर्षों तक श्रीं महाकाल के रूप में वह ख्याति प्राप्त करता रहे।" महादेव ने उसे इच्छित वर दे दिव्यरूप, अक्षत और नीरोग बना दिया।

शिव-पर्व शिवरात्रि के अवसर पर श्रीमहाकाल को शिव-सहस्रनाम के निर्देशों के अनुसार बिल्वपत्र समर्पित कर 'ॐ श्रीमहाकालाय नमः' का जप-तप का विधान है।

जैन-ग्रंथों में उज्जैन को गुजरात में सागर के तीर पर स्थित बताया गया है और श्रीमहाकाल की इनकी संपूर्ण विशेषताओं की चर्चा की गई है।

श्री शरत्चंद्र ने इण्डियन कल्चर नामक पुस्तक में श्री महाकाल को अरण्यदेव कह इनकी जंगली जातियाँ में पूजा की विस्तृत प्रथा का झूठा अवलोकन किया हैं। वन्य-जातियों में इनकी उपासना फलदायी और सौगंध (शपथ) मृत्युकारक मानी जाती हैं। इस दृष्टि से विविध वन्य-जातियों के श्रीमहाकाल एवं उज्जैन महाकाल-वन स्थित श्रीमहाकाल के मूल में किसी आदिमकाल की सम्भावना बनती है। ऐसा भी कहना यथोच्चित होगा कि श्रीमहाकाल की तांत्रिक विशेषताएँ उन वन्य-जातियों को अत्यंत ही प्रभावित कीं, फलतः वन्य-जातियों ने इन्हें अपनी आस्था का नाभिक बनाया। यहाँ यह कहना अभीष्ट है कि श्रीमहाकाल एक तांत्रिक योजना है एवं उस तांत्रिक-योजना का रहस्य अभी अनावृत नहीं है।

विभिन्न पुराणों में श्रीमहाकाल की उपासना की बार-बार चर्चा हुई है। भारतीय साहित्यिक-परंपरा में भी श्रीमहाकाल का बार-बार उल्लेख मिलता है। नाटककार भास ने अविमारक नाटक में श्रीमहाकाल को प्रणाम किया है। मुरारि के नाटकों में उज्जैन और श्रीमहाकाल के उद्धरण

मिलते है। 'श्रीदामचरित' में श्रीमहाकाल का स्मरण कर कहा गया है कि युवा हृदय उज्जैन में श्रीमहाकाल मणि रूप हैं।

गद्य-पद्य की कृतियाँ विरल ही हैं, जिनमें उज्जैन और श्री महाकाल के उल्लेख न हों। जैन-प्रबन्धों में श्रीमहाकाल के अनेक उल्लेख मिलते हैं। पालि-साहित्य में श्रीमहाकालमणि का उल्लेख है। ओङ्कारेश्वर तथा श्रीमहाकाल के विभिन्न शिलालेखों में श्री महाकाल की अर्चना पूर्वक उल्लेख किया गया है।

महाभारत नामक द्वापर ग्रंथ में श्री महाकाल का उल्लेख मिलता है। महाभारत कहता है कि उज्जैन में आने और श्रीमहाकालेश्वर के दर्शन से भव-बंधनों से छुटकारा व मोक्ष प्राप्त होते हैं। कालिदास ने अपने 'रघुवंश' महाकाव्य में श्रीमहाकाल के मंदिर एवं अन्य निकट के स्थलों में अमावस्था में भी चांदनी की चमक पायी। ऐसी मनोहारी कल्पना श्रीमहाकाल के शीश पर इन्दु के स्थित (श्री इन्दुशेखर) होने से ही संभव हुआ है। श्रीमहाकाल के अर्चन के प्रति महाकवि कालिदास समर्पित थे। मेघदूत को मार्गच्युत कर विदिशा से उज्जैन पहुँचने पर श्रीमहाकाल की अर्चना के लिए कहा।

'हे मेघ! महाकाल के पवित्र मंदिर जा, शिव के गण अपने स्वामी के नीलकंठ-सा पाकर तुम्हें वहां आदर एवं आश्चर्य से निहारेगें। सूर्यास्त से पूर्व पहुँचकर हे मेघ! तुम सूर्यास्त तक अवश्य रूकना। श्रीमहाकाल की सांध्योपासना वहाँ नर्त्तन करती गणिकाएँ, नर्त्तन से उनकी करधनियाँ का रूनझुन, बाजे-गाजे और उपासना महोत्सव अवश्य ही देखने योग्य है। शिवजी की भुजाओं के वन पर तुम मंडलाकार छा जाना और सान्ध्य-गगन के अर्द्ध-सूर्य में अपनी आभा ताजे जवा कुसुम के समान लाल कर लेना। हे मेघ! यह दैवीय संयोग से तुम विरत कभी न होना।'

उज्जैन के वर्णन क्रम में प्रायः सभी कवियों ने श्रीमहाकाल की वाङ्मयी पूजा आयोजित की है। बाणभट्ट ने इनका गणगान किया है।

महाकाल-संहिता नामक आगम ग्रंथ में श्रीमहाकाल स्व-वक्ता हैं। साहित्यकार दंडी ने काली विलासी श्रीमहाकाल श्रीमहेश्वर की अर्चना की चर्चा की है। राजशेखर के बालरामायण नाटक में महाकाल का स्मरण है। कथासरित्सागर में श्रीमहाकाल का उज्जैन में अधिवास अत्यंत ही प्राचीन बतलाया है।

'सृष्टि के प्रारंभ में देव अभियंता श्रीविश्वकर्म्मा ने अतिशय क्षेत्र में श्री महाकाल की नगरी उज्जैन का सर्वप्रथम निर्माण किया।'

पद्मगुप्त ने में उज्जैन तथा श्रीमहाकाल की प्रशंसा की है। श्रीहर्ष ने 'नैषधीयचरित' में उज्जैन और श्रीमहाकाल को स्मृत किया है। कृष्णानंद ने भी अपने काव्यों में उज्जैन और श्री महाकाल की चर्चा की है।

स्कंदपुराण ने श्री महाकाल को प्रजा सर्जक और आदिदेव के रूप में उद्घोषित किया गया है।

श्री नरवर्मा की श्रीमहाकाल-प्रशस्ति में श्रीमहाकाल की अर्चना-प्रशस्ति अत्यंत ही अद्वितीय है।

श्रीमहाकाल की उपासना से मृत्यु की चिंता का निदान हो जाता है। महामृत्युंजय-मंत्र का जप अत्यंत ही लाभकारी है। हम्मीर महाकाव्य में हम्मीर ने शिप्रा स्नान-दान कर श्रीमहाकाल की उपासना की। प्रबंध चिंतामणि में श्री महाकाल तथा गूढ़-महाकाल की चर्चा है। विविध तीर्थकल्प, प्रबंधकोश, सम्यक्त्वसप्तति टीका, विक्रमचरित, भोजचरित इत्यादि विभिन्न जैन-ग्रंथों में भी श्रीमहाकाल का महास्मरण विभिन्न रूपों में हुआ है।

ढोला-मारू चौपाई में श्रीमहाकाल का स्मरण है। गो. तुलसीदास के रामचरित-मानस में श्रीमहाकाल की स्तुति के प्रमाण हैं। श्रीकृष्ण भट्ट रचित पद्यमुक्तावली में श्रीमहाकाल का लालित्य दर्शनीय संक्षिप्रत: श्रीमहाकाले की गौरवगाथा अनंत एवं शोध का विषय है। शैव मत की

जागरूमता श्रीमहाकाल के प्राचीन महास्वरूप को पुनः प्रस्थापित कर सकती है।

श्री महाकाल-मन्दिर

प्राचीन वास्तुशास्त्रों में मंदिर निर्माण के बारे में पर्याप्त निर्देश दिए गए है। सभी-सभ्यताओं में मंदिर-निर्माण की परंपरा अतिप्राचीन है। पूर्वी और पश्चिमी भारत की अनेक जातियों में श्रीमहाकाल की लोकदेवता के रूप पूजा होती रही है। 'शिवपुराण' के अनुसार श्रीकृष्ण के पालक-पिता नंद से आठ पीढ़ी पूर्व पहली बार इन शिवलिङ्ग की स्थापना हुई। पुराणों के अनुसार श्रीमहाकाल मंदिर का निर्माण स्वयं श्री ब्रह्मा ने अपने महाबाहुओं से किया। ज्योतिषीय केंद्र होने से, श्रीमहाकाल की जन-देवता के रूप में पूजित होने से मंदिर का निर्माण भी आस्था के अनुरूप हुआ। शुङ्गकाल के अवशेषों के अवलोकन में पुरातन श्रीमहाकाल मन्दिर की अपूर्ण भव्यता का सहजत्ते पता चलता है। कालिदास ने श्रीमहाकाल मंदिर का उल्लेख 'धाम चंडीश्वरस्य' के रूप में किया है। लोकमत श्रीमहाकाल प्राचीन मंदिर को 121 गज ऊँचा, 121 महा स्तंभ वाला मानता है।

श्रीमहाकाल उज्जैन के प्रमुख देव के रूप में चिरकाल से विख्यात हैं; पर यह ध्यातव्य हो कि वह प्राचीन महामंदिर काल संचरण के कारण या आक्रमण के कारण ध्वंस में विलिन हो अनेक बार जीर्णोद्धार को प्राप्त हुआ। जीर्णोद्धार को बार -बार प्राप्त होना श्री महाकालेश्वर के प्रति स्वत:स्फूर्त जन-आस्था का परिचय देता है परन्तु यह अत्यंत ही खेदजनक है कि संपूर्ण श्रीमहाकाल तांत्रिक-योजना का जीर्णोद्धार शायद कभी नहीं हुआ, परन्तु जीर्णोद्धारित श्रीमहाकाल उस महातंत्र योजना के बीज रूप में सुरक्षित हैं जिससे पुनः महातंत्र-व्युह की रचना की जा सकती है।

सन् 1234-35 ई. में दिल्ली के सुलतान इल्तुतमिश ने उज्जैन पर आक्रमण कर श्री महाकाल का मन्दिर क्षतिग्रस्त किया था। उसकी सेना ने उज्जैन पर आक्रमण कर विक्रमादित्य की पीतल की और श्रीमहाकाल की पत्थर की मूर्ति को दिल्ली ले आयी थी। वर्तमान मन्दिर 18वीं सदी के उत्तरार्द्ध में राणोजी सिन्धिया की महारानी के अधिकारी रामचन्द्र शेणवी ने किया।

श्रीमहाकाल उज्जैन से अनेक फारसी संनदे पायी गयी हैं। स्व० प० सूर्यनारायण व्यास ने 'विक्रम-स्मृतिग्रन्थ' में ऐसी फारसी सनदों के उल्लेख किए है, जो श्रीमहाकाल के प्रति धार्मिक सहिष्णुता को व्यक्त करती हैं।

मुगल शासकों ने श्रीमहाकाल की अर्चना के लिये धन देकर धार्मिक सहिष्णुता प्रकट की। मुगलकाल में यह आदेश जारी किया गया कि श्रीमहाकाल परिसर में सेना के घोड़े न बाँधे जाएँ, वहाँ की पवित्रता और शान्ति खण्डित होती है। श्रीमहाकाल मन्दिर में दीपकों के लिए प्रतिदिन चार सेर घी दिए जाने का। निर्देश शाहजहाँ के कनिष्ठ पुत्र मुहम्मद मुरादबख्श ने अक्टूबर 1651 ई० में दिया था। पूर्व-प्रदत्त बिना लगान की भूमि को यथावत् रहने के आदेश औरंगजेब ने अपने शासनकाल के अन्तिम वर्षों में दिये। औरंगजेब के पौत्र जहाँदरशाह ने दिसम्बर 30, 1712 ई० को इसी आदेश को पुनः मुकर्रर किया। इसी जमीन की यथावत रहने की सनद मुगल सम्राट मुहम्मद शाह ने 1733 ई. में जारी किए।

विध्वंसों में भी श्री ज्योतिर्लिंग का मूल सुरक्षित रहा। धर्म-विशेषज्ञों ने मंदिर के मूल की सदैव रक्षा के लिए अनेक पूरक-ज्योतिर्लिंगों की प्रतिस्थापना की थी। संस्थापकों की वृहद् तंत्र-योजना की स्थापना में सुरक्षा का प्रबंध अवश्य ही किया गया था। राजनैतिक अनिश्चितता एवं

प्रताप में उत्थान-पतन की कठोर सच्चाई के आलोक में इस महातंत्र योजना की अखण्डित एवं सुरक्षित संचालन एवं प्रचलन के लिए बहुल पूरक-विग्रहों की स्थापना भारतीय धर्म-स्थापत्यों की विशेष परंपरा रही है।

इसलिए आश्चर्य नहीं यदि श्रीमहाकाल मंदिर के परिसर में अनेक श्रीमहाकाल की चर्चा प्राप्त होती है। स्कन्दपुराण में श्रीमहाकाल-प्रदक्षिणा का विधान है। श्रीमहाकाल के दर्शन से पूर्व अनेक देवी-देवताओं के दर्शन का विधान है। प्रत्येक के दर्शन के अलग-अलग फल निर्दिष्ट हैं। श्रीमहाकाल मंदिर परिसर में स्थापित 'वयोवृद्ध-महाकाल' का दर्शन रोग, जरा, और व्याधि का नाशक है।

श्रीमहाकाल परिसर स्थित गूढ़-महाकाल की चर्चा 'प्रबन्ध चिन्तामणि' नामक ग्रंथ में है। गुह्य-महाकाल की चर्चा भी आती है। श्री कालेश्वर एवं गुप्तेश्वर की चर्चा भी आती है। इन महादेव-विग्रहों एवं अन्य देवी-देवताओं के दर्शन के पश्चात् श्रीमहाकाल के दर्शन का महत्त्व निर्दिष्ट है। इसलिए इन विभिन्न श्रीमहाकालों में मुख्य-अमुख्य की पहचान कर उनका ध्वंस विधर्मियों एवं आक्रांताओं के लिए आसान नहीं था।

ऐसे विकट अवसरों पर लोकमान्यता है कि श्री महाकाल का लिङ्ग कोटितीर्थ कुण्ड में छिपाकर पूरक शिवलिङ्ग की प्रतिष्ठा कर दी जाती थी। एक लोकमत के अनुसार, इस विपरीत स्थिति में मङ्गलनाथ की श्री महाकाल के रूप में पूजा होती थी और सामान्य काल में यथावत् श्री महाकाल के प्राचीन लिङ्ग स्थापत्य की पूजा होती थी।

श्रीमहाकाल एक महातंत्र योजना थी, जो हजारों शैवों के एकत्रित प्रयास की सुपरिणाम थी। वह एक वैभवशाली स्मारक एवं महासमृद्ध संस्था थी। श्री महाकाल की आस्था के अतिरेक में अनेक राजाओं ने

श्री महाकाले की मुद्राएँ समय-समय पर जारी किए। श्री महाकाल स्वयं भी राजाधिराज उद्‌धोषित किए गए थे। ऐसी प्राचीन मुद्राएँ बहुतायत में मिली हैं जो श्रीमहाकाल (शिव) की आकृति से मिलती-जुलती है।

कुछ मुद्राओं पर 'कुण्ड' लिखा है। कुछ मुद्रा पर हाथ में हाथ डाले शिव-पार्वती का युग्ल मुद्रित है। उनपर मुद्रित 'म' श्रीमहाकाल बोधक है। कुछ मुद्राओं पर स्वस्तिक के चारों भुजाओं पर 'म' मुद्रित है। कुछ पर उल्टा स्वस्तिक मुद्रित है जो वहाँ की एक खास प्रचलित स्थानीय लोक-मान्यता की प्रतीक-भूत है। उज्जैन के सिद्धवट पर नि:सन्तान नारियाँ उल्टा स्वस्तिक बनाकर सन्तान की कामना करती हैं। सन्तान होने के पश्चात् में माताएँ स्वस्तिक को सीधा करती है। कुछ सिक्कों पर त्रिमुखी शिव मुद्रित हैं। त्रिशूलधारिणी देवी तथा श्री इन्दुशेखर शिव की मुद्रा वाली मुद्राएँ भी पायी गयी हैं।

मुद्राओं पर मत्स्य का विपुल मुद्रण है। उसी परम्परा में शिव-पार्वती का मैथुन वर्णन है। सिक्कों पर पार्वती से रति करते और महाश्मशान में नृत्य करते महानट श्रीमहाकाल की अन्य लोक-प्रचलित अनेक भंगिनाओं का मुद्रण-भार भी देखने को मिलता है।

सभी पुराण श्रीमहाकाल की उपासना-मान्यताओं एवं विधिओं से परिपूर्ण हैं। इन पुराणों में श्रीमहाकाल के स्थापत्य का भी वर्णन मिलता है। एक मान्यता के अनुसार श्रीमहाकाल का प्राचीन विग्रह लगभग एक सौ फिट ऊँचा था। वर्तमान महाकाल का पाषाण विग्रह द्वादश ज्योतिर्लिङ्गों में अधिक समुन्नत है।

पुराणोक्त रूद्रसागर में स्नान तथा काटेश्वर के दर्शन के बाद क्रमश: विभिन्न देवताओं के दर्शन के पश्चात् श्रीमहाकाल के दर्शन फलदायी विधान निर्दिष्ट किया गया है। ये सभी विग्रह श्रीमहाकाल मंदिर परिसर में ही थे। यह खेदजनक है कि समय के अखण्डित प्रवाह

ने परिसर के अन्य विग्रहों को अपनी धारा में समेट लिया। आज अनेक विग्रह विध्वंस और निर्माण के क्रमाक्रम में शेष नहीं रहे।

श्री महाकाल का दर्शन विधान स्कण्द पुराण में प्रोक्त है। सर्वप्रथम रूद्रसागर में स्नान कर कोटेश्वर के दर्शन, के पश्चात् कपालमोचन, कपिलेश्वर, हनुमत्केश्वर, पैप्पल स्वप्नेश्वर, विश्वतोमुख पंचमुख, ईश्वर, सोमनाथ, वैश्वानरेश्वर, लकुलीश, गणेश्वर, वयोवृद्ध महाकाल, विघ्ननाश, दण्डपाणि, पुष्पदंत, गुह्यमहाकाल, दर्वासेश्वर, गौरे महादुर्गा और विधीश के दर्शनों के पश्चात् ही श्री महाकाल के दर्शन का फलदायी होना प्रोक्त है।

कहा गया है कि सविधि श्रीमहाकाल की उपासना से श्रद्धालु मृत्यु की चिन्ता से मुक्त हो जाता है। श्रीमहाकाल को काल के भी विनाशक माना बताया गया है। कालों में काल को ही तो 'श्री महाकाल' (कालों के स्वामी) कहा गया है।

उज्जैन की सनातनतांत्रिक परंपरा अत्यंत समृद्ध रही है जो आज भी अक्षुण है। पौराणिक शिवरात्रि की पर्व-परंपरा में इस दिन द्वादश ज्योर्तिलिंगों मे एक श्रीमहाकाल का भी असीम उत्साह से जनों और पुजारियों द्वारा पूजन-अर्चन किया जाता है। यह पौराणिक पर्व अज्ञात काल से मनाया जाता है।

शिवरात्रि के अवसर पर रात्रि में चार पूजाएं, अभिषेक एवं आरतियाँ होती है, घंटे-घड़ियाल की ध्वनि के मध्य दर्शनार्थियों की अपार अनियंत्रित भीड़, श्री दर्शन के लिए प्रहरों प्रतीक्षा करता महासमुदाय श्रीमहाकाल के प्रत्यक्ष दर्शन से भाव-विभोर हो जाता है। वर्तमान में संचार के विद्युत-माध्यमों एवं दूरदर्शन के माध्यम से श्रीमहाकाल के दर्शन की सुविधा का विस्तार किया गया है पर आस्था अतिरेक से मदांध महाकाल-भक्तों का चित्त तो श्रीमहाकाल के प्रत्यक्ष दर्शन से ही संतुष्ट होता है।

महाशिवरात्रि मुहुर्त्त में श्रीमहाकाल का नित्य भस्म-शृंगार होने के साथ-साथ ताजे सुगंधित पुष्पों से 'सेहरा-शृंगार' भी होता है। श्रीमहाकाल को 'भांग-शृंगार' भी प्रिय है। यह सर्वलोक विदित तो है ही कि भगवान शिव को यौगिक भांग-धतूरा प्रिय है। श्रीमहाकाल के विशाल विग्रह को ताजे पीसे भंग के उबटन से ढककर विभूषित किया जाता है। पूजा तथा दर्शन के पश्चात् विसर्जन पर इच्छुक भक्तगण भाग का प्रसाद भी ग्रहण करते हैं। 'भात-शृंगार', 'मक्खन-शृंगार' और 'श्रीखंड-शृंगार' भी होते है। ये यजमान की कामना-संकल्प से किये जाते हैं।

नवरात्रि में और अन्य पर्व-विशेष पर प्रतिदिन विविध पैंतालिस शृंगार होते हैं। इन शृंगारों के पीछे प्राचीन तंत्र की प्रेरणा आज भी कार्य करती है। मेरू-तंत्र में ऐसे शृंगार को महा दर्शनीय कहा गया है। उल्लेखनीय है कि महाकाल के 45 शृंगार प्रसिद्ध है और नाना पुस्तकों में प्रकाशित हैं। इन शृंगार-विविधा के तांत्रिक माध्यम से हम श्रीमहाकाल के संपूर्ण व्यक्तित्व-विग्रह को जानने की कोशिश करते हैं। ये विविध शृंगार श्री महाकाल के विविध स्वरूपों का दर्शन कराकर उपासकों के सामने स्वयं विशिष्टताओं को प्राप्त करने का प्रेरणादर्श उपस्थित करते है।

इन विस्तृत स्वरूपों की एकलता ही 'योग' है, जो तंत्र के महाफलक पर सूक्ष्म या स्थूल हो उभर आता है।

श्रीमहाकाल की प्रमुख पूजा महाशिवरात्रि के मुहुर्त्त में होती है। बहुचर्चित 'महाकाल-मह' महोत्सव की परंपरा-धारा आज बाधित है। शिवपुराण शनिवार सहित प्रदोष की संध्या के समय श्रीमहाकाल पूजन को विशेष कहता है। ऐसे प्रदोष प्रतिमाह दो बार आते हैं। वन्यजाति भील समुदाय हर त्रयोदशी को शिवरात्रि मानते हैं। फाल्गुन की महाशिवरात्रि सर्वश्रेष्ठ मानी गई है।

श्रीमहाकाल कालचक्र के प्रवर्त्तक कहे गये है। तिब्बती बौद्ध परंपरा में भी बारह वर्ष में एक बार 'महाकाल-चक्र' पूजा उत्सव के अवलोकन की परंपरा है। बारह वर्ष में एक बार उज्जैन सिहस्थ पर्व भी मनाया जाता है। ऐसी मान्यता है कि 12 वर्ष में एक युग पूरा हो जाता है। ध्यातथ्य हो कि श्रीमहाकाल बौद्धमत के भी पूज्य देव है। 'कथासरित्सागर' शिवजी को 'वृहत्कथा' का प्रमथ उद्धोषक एवं उज्जैन के श्मशान में इसकी प्रथम उद्धोषणा के तथ्य से परिचित कराता है। श्मशानों, शवसाधकों और वेतालों की कथाएं वृहत्कथा में प्रचुरता से कही गई हैं। वेतालपच्चीसी उस दिशा में मानदंड है।

श्रीमहाकाल मूलत: लोकदेवता हैं। भारतवर्ष के आदिवासी लोकदेवता श्री महाकाल के प्राचीन भक्त हैं। इन आदि जातियों में तंत्र के विविध कर्मकाण्ड एवं स्वरूप पाए जाते हैं। इनके जादू-टोनों एवं अन्य सभी तांत्रिक व अतांत्रिक क्रिया-कलापों के महागुरू भगवान शिव ही हैं तथा महामातृ महाआराध्या एवं महागुरू कालिका हैं। शिव-गौरा की प्रचलित पूजा-प्रकारों में तरूणियों द्वारा शिव के समान ही वर प्राप्ति के लिए की गई पूजा-अर्चना अपूर्व लोकतांत्रिक है। विद्वानों ने भैरवपूजन को लोकधर्म कहा है। नाथपंथ शिव को आदिनाथ कहता है। बौद्धधर्म ने शिव का समन्वय लोकेश्वर के रूप में किया है। जटा, त्रिशूल, रूद्राक्ष, वाघम्बर, भाल-नेत्र इत्यादि प्रतीक शिव और लोकेश्वर दोनों के एक है। हरिवंशपुराण के 61 गणपतियों में श्रीमहाकाल भी गिने गए हैं।

श्रीमहाकाल लोकव्यापी सामान्य देवताओं में गिने जाने वाले लोकदेवता थे। श्रीमहाकाल की आस्था सर्वत्र समान थी एवं अत्यंत विस्तृत थी। लोकदेव की विशेषताएं और आराधना-पद्धति श्रीमहाकालेश्वर से संबद्ध देखी जाती है। श्मशान, श्मशान-साधना, तांत्रिक परंपरा, लोक उत्सव (महाकाल-मह) इत्यादि श्रीमहाकाल (लोकदेवता) से अति-संबद्ध हैं। बलि, भस्म आरती, गीत-नृत्यों के लोक-आचार श्रीमहाकाल के पूजन की विशेषता थे। श्रीमहाकाल

(शिव) का प्रेमी देव की पहचान इनके लोकदेवता होने के रूप का ही द्योतक है।

भगवान महाकाल के प्रति अगाध भक्ति और श्रद्धा सहित दर्शनार्थी समुदाय ब्रह्ममुहूर्त से मध्यरात्रि तक तांता लगाए रहते हैं। सर्वप्रथम सूर्योदय से पूर्व भस्मारति में भस्म से समग्र शिवलिङ्ग का स्नान कराया जाता है। भस्म- शृङ्गार से सुसज्जित श्री महाकालेश्वर की अत्यन्त धार्मिक एवं भावपरायण आरती होती है। वैदिक मन्त्रोच्चारण एवं स्तोत्र स्तुति की जाती है।

लगभग 11:00 बजे पूर्वाहन में पुन: विशिष्ट पूजा और महानैवेद्य अर्पण के उपरांत आरती की जाती है। सांध्यकाल में भी पूजन, नैवेद्य अर्पण और आरती अर्चन के धर्म-क्रम चलते हैं। श्रद्धालु भक्तगण दर्शन, रूद्राभिषेक, महामृत्युजय जप, स्तोत्राभिषेक आदि विविध पूजन श्री महाकालीय आचार्य-ब्राह्मणों से करवाते हैं।

नवरात्रि, शिवरात्रि, सोमवार, प्रदोष, चतुर्दशी, पूर्णिमा आदि विशिष्ट धार्मिक पर्वों पर शिवभक्त यहाँ पर्याप्त संख्या में अर्चन-दर्शन को आते हैं तथा नवरात्रि के अवसर पर 'साँझी' का, शिवरात्रि के पूर्व-दिनों में सत्सङ्ग-कथा का आयोजन, एवं अन्य तथा मुख्य अवसरों पर विशेष-पूजा के दर्शन की अयोजना की जाती है। मंदिर की वर्तमान व्यवस्था मध्यप्रदेश शासन द्वारा संचालित होती है। परिसर में पहुँचते ही मंदिर की भव्यता से मन आनन्द विभोर हो जाता है 'जय श्रीमहाकाल' के आत्मघोष से उपासक की महाकाया तत्काल परम पवित्र हो जाती है। शरीर के रोमकूपों के गढ्ढ़े सहसा उत्तेजित हो जाते हैं।

श्रीमहाकाल की महिमा अपंरपार है। युगों-युगों से सौन्दर्य, माधुर्य एवं सौहार्द से (तंत्र) उज्जैन-योजना की गरिमा अविरत संचित है। परंतु श्रीमहाकाल महातंत्र-योजना की पुर्नप्राप्ति एवं पुर्नस्थापना शेष है।

श्रीमहाकाल भस्म-आरती

प्राय: प्रत्येक हिन्दू श्रद्धालु की अभिलाषा श्री महाकालेश्वर की भस्म-आरती में उपस्थित होने की होती है। श्रीमहाकाल और भस्म आरती परस्पर पूरक हैं। भस्म का अर्थ राख है। ज्योतिर्लिंगों में मात्र श्री महाकाल की भस्म आरती की परंपरा है। केवल महाशिवरात्रि के दूसरे दिन को छोड़कर, प्रत्येक सुबह 4.00 बजे से 6.00 बजे तक वैदिक मंत्रों, स्तोत्रों, झाल, डमरू और शंख के महानिनादों के मध्य श्रीमहाकाल की भस्म-आरती संपन्न की जाती है। यह भस्म-आरती एक संबद्ध संस्था अखिल भारतीय महानिर्वाण अखाड़ा के महंत या उनके किसी प्रतिनिधि द्वारा की जाती है।

इस भस्म-आरती की अपनी औपचारिक शास्त्रीय निर्देश-व्यवस्था है। भस्म-आरती के दरम्यान, गर्भगृह में अपने नियमित वेश-भूषा या वस्त्रों में किसी का उपस्थित होना महानिषिद्ध है। केवल पुरूष रेशम के कटिवस्त्रों में (धोती में) वहां उपस्थित हो सकते हैं। भस्म-आरती के समय महिलाओं का मंदिर के अंत: गृहों में प्रवेश वर्जित है। श्रद्धालु-गण इस विशेष अर्चन-विधि का दर्शन गर्भगृह के बाहर बने सभागृह में बैठकर करते हैं। महाशिव-रात्रि के अगले दिन श्री महाकाल की भस्म आरती उनके सेहरा (दुल्हे का पुष्प-मुकुट) हटने के बाद अपराह्न काल में की जाती है, और ऐसा वर्ष में केवल एक बार ही होता है।

प्रति सुबह आरती श्रीमहाकाल अर्चन की प्रथम पूजा-विधि है, जिसमें अनेक दीपों, धूप-अगरबत्ती तथा अन्यान्य संबंधित पूजा-सामग्री से श्रीमहाकाल की आरती-अर्चन की जाती है। यह आरती श्रीमहाकाल को सुबह जगाने एवं स्नानादि उपचारों के बाद वस्त्राभूषण आदि के उपचार से पूरे दिन के लिए तैयार करने का प्रतीक है। इसी आरती में एक विशेष प्रयोजन भस्म का जुड़ना है।

इस भस्म को प्राय: ताजी मानवीय चिताओं या गाय के सूखे उपलों से प्राप्त किया जाता है। इस भस्म को श्रीमहाकाल के पूरे लिंग-विग्रह पर लेपन करते हैं। इस भस्म-आरती के पीछे दर्शन यह है कि श्री महाकालेश्वर कालों के काल, यानि समय ओर मृत्यु के स्वामी हैं।

साथ ही, भस्म नश्वरता का पर्याय तथा प्रतीक होने के कारण प्रत्येक आत्मा के अतिसूक्ष्म नाभिकीय वर्तुल-आवर्त्त के बाह्य अनन्त सृष्टि का भौतिक विस्तार के क्षणभंगुर होने का भी बोधक है; अत: जो सत्य है अर्थात् आत्मा एवं उसकी महत्तम शक्तियों की महाविराट महासुंदर महाउत्प्रेरक कलाएँ- उस पर ही संपूर्ण समर्पण की आवश्यकता है। इसलिए इस भस्म के दर्शन को प्रचारित एवं प्रसारित करने के लिए श्रीमहाकाल भस्म-आरती की तांत्रिक, सांस्कृतिक एवं आध्यात्मिक पूजन-समायोजना की गई है। श्रीमहाकाल की उद्‌धोषणा भी इस भस्म-आरती में दृष्टिगोचर होती है। इस उद्‌धोषणा ने श्रीमहाकाल को सर्वजनप्रियता की सर्वश्रेष्ठ पदवी दिलाई एवं प्रतीक रूप इनका (शिव) अधिवास संसार के सबसे ऊँचे स्थान हिमालय पर्वत के कैलाश शिखर को माना। भगवान शिव ने मानव देह की तुलना ब्रहमांड एवं ब्रह्मांड स्थित सर्व देव-देवी तथा उनकी सम्मिलित शक्तियों से की। ऐसे महाश्रेष्ठ अद्‌भूत एवं अलौकिक मानव व उसके शरीर को अंतिम श्रद्धांजलि उसके भस्म को मस्तक से लगाकर देना ही चाहिए। श्री महायोगी, श्री महाज्ञानी, श्री महासमरस, श्री महाकाल, श्री महासुभाष, श्रीमहाशिव, श्री महातांत्रिक ने 'मानव को उसके संपूर्ण अयस्कों सहित' महाविशेष होने की पहचान कराई है।

यह भी गौरतलब है कि बिना ताजे भस्म की व्यवस्था किए आरती शुरू नहीं होती। मान्यता ऐसी भी है कि आजकल चिता-भस्म का प्रयोग नहीं होता, परन्तु यह चितेत्तर भस्म भी उस पौराणिक मानवीय चिता-भस्म की ही प्रतीति व प्रतीक है।

प्रायः शास्त्रों में चिता-भस्म (नर-भस्म) को अपवित्र तथा अशुभ माना जाता है। यदि भूलवश कोई इससे छू जाए या छू ले, अनिवार्यतः उसे पवित्रता के लिए स्नानादि करना पड़ता है। लेकिन यही अपवित्र और अशुभ भस्म श्रीमहाकाल को पवित्र कर पूरे दिन के लिए तैयार करता है। साथ ही, श्रीमहाकाल स्पर्श से वह मानवीय अशुभ भस्म परम पवित्र हो जाता है, क्योंकि भगवान शिव निष्काम या निःवासना हैं। वे पार्थिव व दैहिक अभिप्साओं से परे हैं। इसलिए भगवान शिव मंगलमय और शुभ हैं। ऐसा हम भी हो सकते हैं। यह श्रीमहाकालिय या श्रीमहाकाल-स्पर्श से उपचारित भस्म नाना महाफलों को प्रदान करने वाला महाप्रसाद के रूप में बड़ी ही श्रद्धापूर्वक प्राप्त किया जाता है।

आजकल भस्म-आरती के दर्शन के लिए विशेष शुल्क की भी व्यवस्था है।

पूजन-समय सारणी

मुख्य मंदिर ब्रह्ममुहुर्त्त 3:30 बजे खुल जाता है। प्रातः 4.00 बजे से 6.00 बजे तक भस्म आरती होती है। सुबह 7.30 से 8.30 घण्टे के मध्य नैवेद्य आरती की जाती है। 10.30 से 11.15 पूर्वाहन के मध्य महाभोग-आरती होती है। सांयकाल 6.30 से 7.15 अपराह्न के बीच साध्य-आरती की जाती है। 10.30 बजे रात्रि में शयन-आरती का विधान है। मंदिर 11.00 बजे रात्रि में बंद कर दिया जाता है। यह समय-सारणी वर्ष के प्रत्येक दिन व्यवहार में आता है। प्रतिदिन यहाँ सभी महापूजाएं होती हैं, अतः दर्शनार्थ किसी भी दिन यहाँ आया जा सकता है।

मंदिर प्रबंधन

श्री महाकालेश्वर मंदिर का प्रबंध कार्य श्री महाकालेश्वर मंदिर प्रबंध समिति, उज्जैन द्वारा किया जाता है। इस प्रबन्ध समिति की उल्लेखनीय कोशिशों को श्रद्धालुओं के लिए अन्याय सुविधाओं के साथ

ही मंदिर की स्वच्छता के रूप में देखा जा सकता है। श्री महाकालेश्वर मंदिर में अनेक प्रकार की पूजा शूल्कसह की जाती है।

सामान्य पूजा के लिए यह शूल्क 51.00 रूपये, अभिषेक महिमा स्तोत्र के लिए 101.00 रूपये, रूद्राभिषेक-वैदिक पूजा के लिए 501.00 रूपये, लघुरूद्र पूजा के लिए 1500.00 रूपये, महारूद्र पूजा के लिए 11,00.00 रूपये, महामृत्युंजय पूजा के लिए 15,000.00 रूपये एवं भांग-श्रृंगार पूजा के लिए 101.00 रूपये देय हैं।

जो श्रद्धालु इन उपरोक्त वैकल्पिक पूजन-प्रकार से श्रीमहाकाल को अर्चित करना चाहता है, उसे पहले संबंधित पूजा-शूल्क मंदिर-न्यास के कार्यालय में अदा करनी पड़ती है एवं शुल्क-रसीद के साथ नियोजित पंडित से संपर्क करने पर पूजा अर्पण की व्यवस्था उस पंडित के द्वारा की जाती है। ये विद्वान पंडित-गण प्राय: गर्भगृह के बाहर बैठते हैं और रसीद प्राप्ति के बाद श्रद्धालु के साथ पूजा अर्पण करते हैं। ये श्री महाकालीय पंडित-गण निर्लोभी एवं हर प्रकार से सहायक होते हैं।

15

श्रीमहाकाल पूजन साहित्य

श्रीमहाकाल-सहस्त्रनाम स्तोत्र

श्रीमहाकाल-सहस्त्रनाम स्तोत्र की श्री सूतजी ने अपने शिष्यों के लिए पुन: प्रवचन किया। उन्होंने बताया कि इस स्तोत्र का श्री मद्‌भागवत गीता की भाँति भगवान श्रीकृष्ण ही प्रवक्ता हैं। महाब्राह्मण सुदामा और गोपाल श्रीकृष्ण ने सांदीपनि महर्षि के महाआश्रम उज्जैन में विद्याभ्यास कर चौदह महाविद्याओं तथा चौसठ महाकलाओं की शिक्षा प्राप्त की। एक बार श्री सुदामा ने श्रीकृष्ण से श्रीमहाकाल के पूजा विधान के बारे मे जानने की जिज्ञासा प्रकट की। श्रीकृष्ण ने अपने मित्र को स्नेह से नाना विधि संबोधित कर कालों के काल श्रीमहाकाल का सहस्रनाम कहना प्रारंभ किया।

श्रीमहाकाल-सहस्रनाम स्तोत्र का कवि मैं ही हूँ, उन्होंने ऐसा कह इस स्तोत्र के पाठ-जप से सर्वार्थ की प्राप्ति की योजना को पल्लवित किया। संपूर्ण स्तोत्र वर्णन कर पाठ का फल भी विस्तार से बताया। स्तोत्र के पठन-पाठ से शीध्र ही पाप से मुक्ति मिलती है और आत्मा अपनी अनावृत महाशक्तियों को पा सौंदर्य और आनंद से भर जाती है। प्रत्येक बुराईयाँ महापाप हैं, जिसके स्पर्शमात्र से लाजवंती पौधे के पत्तों की तरह आत्मा की महाशक्तियों की महापंखुड़ियाँ लज्जित हो सिकुड़ जाती हैं।

एक बार पाठ से कथित फल की प्राप्ति, दो बार पाठ से पूर्ण जगद्वशीकरण एवं तीन बार पाठ करने से धन-धान्य प्राप्ति के बारे में बताया।

विशेष लाभों का प्रवचन करते हुए महाकृष्ण ने आगे कहा कि वट के नीचे तीन दिन तीन-तीन बार पाठ करने से सर्वाधिक सिद्धि प्राप्त होती है। पीपल और तुलसी तीर्थ में, विष्णु अथवा शिव मंदिर में पवित्रता पूर्वक किए गए पाठा से मनुष्य मनोवांछित फल को प्राप्त करता है। तीर्थ में स्थित पीपल अथवा वट वृक्ष सभी पाठ-कर्ताओं के लिए विशेष सिद्धिप्रद है। ऐसे तीर्थ में किया गया पाठ निश्चित ही सभी कामनाओं को पूरा करता है। इसके श्रवण से भी श्रीमहाकाल की कृपा सभी मनोरथों की पूर्ति के लिए शीघ्र प्राप्त हो जाती है।

उन्नीस दिन प्रतिदिन इस स्तोत्र के एक सौ पाठ करने से दुःसाध्य सुसाध्य हो जाता है। महाशिवरात्रि की रात्रि में व्रत रखकर जितेंद्रिय मनुष्य एक सौ पाठ कर अपने सभी मनोरथ पूर्ण कर सकते हैं। तीर्थस्थल में, पीपल के नीचे अथवा पास में बैठकर एक हजार पाठ करने से कलियुग में भोग तथा मोक्ष प्राप्त होता है। पाठ के पश्चात् हवन, तर्पण और ब्राह्मण भोजन का आयोजन करने से सर्वसिद्धि की प्राप्ति होती है। व्यक्ति राजा बन जाता हैं, वंध्या माता पद प्राप्त करती हैं, कुष्ठ रोगी स्वर्ण-देह प्राप्त कर लेता है तथा अन्य अनेक दिव्यताओं के दर्शन होते है। श्री महाकाल के उस प्रिय उपासक में शाप तथा अनुग्रह की दैवी शक्तियाँ आ जाती हैं।

उज्जैन स्थित तीर्थों में पाठ करना शीघ्र कल्याणप्रद बताया गया है। कोटितीर्थ में पाठ से श्रीमहाकाल शीघ्र प्रसन्न होते हैं। रूद्र-सरोवर स्थित पाठ कुष्ठ रोग को नष्ट कर देता है। सिद्धपीठ में पाठ से वशीकरण शक्ति प्राप्त होती है। शिप्रा तट पाठ से धन-धान्य प्राप्ति और त्रिकाल पाठ से शत्रुनाश होता है।

भैरव मंदिर में पाठ से अपमृत्यु निवारण तथा सिद्धवट की छाया में पाठ से पुत्र प्राप्ति होती है। इसके पठन से भूतबाधा नाश, गया कूप स्थित पाठ करने से पितरों को शांति प्राप्ति तथा गोमती स्थित पाठ करने से विष्णुलोक प्राप्ति आदि अभीष्ट सिद्ध होते हैं। पाठ के समय साधक को प्रतिदिन घृत-दीप जलाने के साथ ही यथाशक्ति ब्राह्ममणों को आदरपूर्वक भोजन के लिए आमंत्रित करना चाहिए और ब्राह्मण को सुविधानुसार भोजन करवाना चाहिए।

साधक को सर्वप्रथम आसन पर बैठकर आचमन और प्राणायाम करना चाहिए। तत्पश्चात् गुरु और गणपति का स्मरण कर दीपक जलाना चाहिए। अपनी कामनानुसार संकल्प कर भगवान श्रीमहाकाल की पूजा करनी चाहिए। सहस्रनाम स्तोत्र के सर्व प्रोक्तं विधानों को अध्यावसायपूर्वक पूरा करना चाहिए।

विनियोग-

ॐ अस्य श्रीमहाकाल-सहस्रनाम-स्तोत्रमालामन्त्रस्य
श्रीकृष्ण ऋषिः, अनुष्टुप् छन्दः श्रीमहाकालो देवता
ॐ बीज नमः शक्तिः महाकालायेति कीलकं
सर्वार्थसिद्धये पाठे विनियोगः।

ऋष्यादि न्यास - **श्रीकृष्णर्षये नमः (शिरसि)।**
अनुष्टुप् छन्दसे नमः (मुखे)।
श्रीमहाकालदेवतायै नमः (हृदये)।
ॐ बीजाय नमः (गुह्ये)।
नमः शक्तये नमः (पादयोः)
महाकालायेति कीलकाय नमः (नाभौ)।
श्रीमहाकालप्रीतये सहस्रनाम-स्तोत्रपाठे विनियोगाय नमः (सर्वांगे)।

करन्यास एवं हृदयादिन्यास-	पहलीबार	दूसरीबार
ॐ	(अङ्गुष्ठाभ्यां नमः)	(हृदयाय नमः)
महाकालाय	(तर्जनीभ्यां नमः)	(शिरसे स्वाहा)
नमः	(मध्यमाभ्यां नमः)	(शिखायै वषट्)
ॐ	(अनामिकाभ्यां नमः)	कवचाय हूं
महाकालाय	(कनिष्ठिकाभ्यां नमः)	(नेत्र-त्रयाय वौषट्)
नमः	(करतल-करपृष्ठाभ्यां नमः)	(अस्त्राय फट्)

व्यापकम्- ॐ महाकालाय नमः।

ध्यान- कुङ्कुमागरू-कस्तुरी-केशरेण विचर्चितम्।
नानापुष्पस्रजालङ्कृद् बिल्वमौलिदलान्वितम्॥

पुरो नन्दी स्थितों वामे गिरिराज-कुमारिका।
ब्राह्मणैरावृतं नित्यं महाकालमहं भजे॥

इसके पश्चात् पूजन करके पाठ आरंभ करें।

॥श्रीगणेशाय नमः॥

महाकाल-सहस्रनामस्तोत्रम्

* * *

महाकाल-सहस्र तु श्रीतुमिच्छामि सुव्रत।
कथयस्व प्रसादेन शिष्याय वक्तुमर्हसि॥१॥

सूतउवाच

सुधामयः सुतः श्रहमान् सुदामा नाम वै द्विजः।
तेन गोपीपतिः कृष्णों विद्यामभ्यसितुंतः॥२॥

सान्दीपनान्तिकेऽवन्त्यां गतौ परूनार्थिनौ।
चतुःषठिटः कलाः सर्वाः कृता विद्याश्चतुर्दश॥३॥

एकदा प्राह कृष्णं स सुदाम द्विजसत्तमः।

सुदामोवाच

महाकालं प्रतिबिल्वं केन मन्त्रेण वाऽपेणम्॥४॥
करोमि बद में कृष्ण! कृपया सात्वताम्पते।

श्रीकृष्ण उवाच

श्रृणृ मित्र! महाप्राज्ञ! कथयामि तवाग्रतः॥५॥

सहस्रं कालकालस्य महाकालस्य वै द्विज।
सुगोप्यं सर्वदा विप्र! भक्तायाभाषितं मया॥६॥

कुरू बिल्वाषर्पण तेन येन त्वं विन्दसे सुखम्।
सहस्रस्यास्य ऋष्योऽहं छन्दोऽनुष्टुप् तथैव च॥७॥

देवः प्रोक्तो महाकाली विनियोगच सिद्धये।
सकल्यैवं ततो ध्यायेन्महाकालविभुंमुदा॥८॥

अथध्यानम्

कुड. कुमागरू कस्तूरी केशरेण विचर्चितम्।
नानापुष्पस्रजालङ्.कृद्बिल्वमौलिदलान्वितम्॥९॥

पुरो नन्दी स्थितो वामे गिरिराजकुमारिका।
ब्राह्मणैरावृतं नित्यं महाकालमहं भजे॥१०॥

इतिध्यानम्

ॐ महाकालो महारूपों महादेवो महेश्वरः।
महाप्राज्ञों महाशम्भुर्महेशी भोहभञ्जनः॥११॥

मान्यदों मन्मथहन्ता च मोहनों मृत्युनाशनः।
मान्यदों माधवों मोक्षो मोक्षदों मरणापहा॥१२॥

मुहूर्तो मुनिवन्द्यश्च मनुरूपों मनुर्मनुः।
मन्मथारिर्महाप्राज्ञो मनोन्दों ममत्वहा॥१३॥

मुनीशो मुनिकर्ता च महत्व महदाधिपः।
मैना को मैनकावन्द्यो मध्वरिप्राणवल्लभः॥१४॥

मुक्तीश्वरो महामुक्तो मन्त्रज्ञो मंत्रकारकः।
महालयेश्वरो मोक्षों मेघनादेश्वराभिधः॥१५॥

मंगलों मगलाधीशों मन्त्रज्ञो मध्यदेशपतिर्महान्।
मागधो मन्मथो मत्ते मातगों मालतीपति॥१६॥

माथुरो मथुरानाथो मालवाधीश-मन्युपः।
मारूतिर्मीनपो मौनो मार्कण्डो मण्डलो मृडः॥१७॥

मधुप्रियो मधुस्नायी मिष्टभोजी मृणालधृक्।
मञ्जुलो मल्लमोदज्ञो मोदकृन्मोददायकः॥१८॥

मुक्तिदो मुक्तरूपश्च मुक्तामालविभूषितः।
मृकण्डो मोदपो मोदो मोदकाशनकारकः॥१९।

यज्ञो यज्ञपतिर्यज्ञो यज्ञेशी यज्ञनाशनः।
यज्ञतेज्ञा यशो योगी योगीशे योगदायकः॥२०॥

यतिरूपो याज्ञवल्क्यों यज्ञकृद् यज्ञलप्तहा।
यज्ञमृद् यज्ञहा यज्ञो यज्ञभुग् यज्ञसाधकः॥२१॥

यज्ञागों यज्ञहोता च यज्वानो यजनो यतिः।
यशः प्रदो यशः कर्ता यशो यज्ञो पवितधृक्॥२२॥

यशःप्रदो याज्ञिकश्च यशोदावरदायकः।
यमेशो यमकर्ता च यमदूत-निवारण॥२३॥

याचको यमुनाक्रीडो याज्ञसेनी-हितप्रदः।
यवप्रियो यवस्पों यवनान्तो यवी यवः॥२४॥

ऋग्वेदो रोगहनता च रन्तिदेवो रणाग्रणीः।
रैवतो रैवताधीशो रैवतेश्वर-संज्ञकः॥२५॥

रामेश्वरी रकाश्च रामप्रियो रमापियः।
रणी रणहरो रक्षो रक्षको ऋण-हारकः॥२६॥

रक्षिता राजरूपों राट् रबो रूपो रजः प्रदः।
रामचन्द्रप्रियो राजा रक्षोघ्नो राक्षसाधिपः रथि॥२७॥

राक्षसान् वरक्षे रामो राक्षसान्तकरो।
रथप्रियों रथस्थायी रथहा रथहारकः॥२८॥

रावणप्रियकृद् राव-स्वरूपश्च ऋतूरजः।
रति-वरप्रदाता च रन्तिदेव-वरप्रदः॥२९॥

राजधानीप्रदो रेतो रेवाभञ्जो रवी रजी।
ऋत्विजो रसकर्ता च रसज्ञो रसदायकः॥३०॥

रुद्रो रुद्राक्षयृग् रौद्रो रत्नों रत्नैविभूषितः।
रूपेश्वरो रमापूज्यो रूरू-राज्य-स्थलेश्वरः॥३१॥

लक्षो लक्षपतिलिङ्गो लड्डूको लड्डुकप्रियः।
लीलाम्बरधरो लाभो लाभदो लाभकृत् सदा॥३२॥

लज्जारक्षो लघुरूपो लेखको लेखकप्रियः।
लाङ्गलो लवणाब्धीशी लक्ष्मीपूजितलक्षकः॥३३॥

लोकपालेश्वरो लम्पो लङ्केशी लम्पकेश्वरः।
बहिनेत्रो बराङ्गश्च वसुरूपों वसुप्रदः॥३४॥

वरेण्यो वरदो वेदो वेदवेदाङ्ग-परागः।
वृद्धकालेश्वरो वृद्धो विभवो विभवप्रद॥३५॥

वेणुगीतप्रियो वैद्यो वाराणसीस्थितः सदा।
विश्वेशो विश्वकर्ता च विश्वनाथो विनायकः॥३६॥

वेदज्ञो वर्णकृद् वर्णो वर्णाश्रम-फलप्रदः।
विश्ववन्द्यो विश्ववेत्ता विश्वासुर्विभावसुः॥३७॥

वितरूपो वित्तकर्ता वित्तदो विश्वभावनः।
विश्वात्मा वैश्वदेश्च वनेशो वनपालकः॥३८॥

वनवासी वृषस्थायी वृषभो वृषभप्रियः।
विल्वीदलप्रियो विल्वो विशालनेत्रसंस्थितः॥३९॥

वृषध्वजो वृषाद्यीशो वृषभेशो वृषप्रियः।
विल्लेश्वारो वरो वीरो वीरेशश्च वनेश्वरः॥४०॥

विभूति-भूषितो वेण्यो व्यालयज्ञोपवीतकः।
विश्वेश्वरो वरानन्दों वटरूपो वटेश्वरः॥४१॥

सर्वेशः सत्त्वः सारङ्गो सत्वरूपः सनातनः।
सद्वन्द्यः सच्चिदानन्दः सदानन्दः शिवप्रियः॥४२॥

शिवदः शिवकृत् साम्बः शशिशेखर-शोभनः।
शरण्यः सुखदः सेव्यः शतानन्दवरप्रदः॥४३॥

सात्त्विकः सात्त्वतः शम्भुः शङ्करः सर्वगः शिवः।
सेवाफल-प्रदाता च सेवक-प्रतिपालक ॥४४॥

शत्रुघ्नः सामगः शौरिः सेनानीः शर्वरीप्रियः।
श्मशानी स्कन्दसद्वदेः सदा सुरसरित्प्रियः॥४५॥

सुदर्शनधरः शुद्धः सर्वसौभाग्यदायकः।
सौभाग्यः सुभगःसूरःसूर्यः सारङ्गमुक्तिदः॥४६॥

सप्तस्वरश्च सप्ताश्वः सप्तः सप्तर्षिपूजितः।
शितिकण्ठः शिवाधीशः संगमःसंगमेश्वरः॥४७॥

सोमेशः सोमतीर्थेशः सर्पधृक् स्वर्णकारकः।
स्वर्णजालेश्वरः सिद्धः सिद्धेशः सिद्धिदायकः॥४८॥

सर्वसाक्षी सर्वरूपः सर्वज्ञः शास्त्र-संस्कृतः।
सौभाग्येश्वरः सिंहस्थः शिवेशः सिंहकेश्वरः॥४९॥

शूलेश्वरः शुकानन्दः सहस्त्र-धेनुकेश्वरः।
स्यन्दनस्थः सुराधीशः सनकाद्यर्चितः सुधीः॥५०॥

षडूर्मि षट्-सुचक्रज्ञः षट्चक्रक-विभेदकः।
षडाननः षडङ्गज्ञः षड्रसज्ञः षडाननः॥५१॥

हरो हंसो हतारातेर्हिरणयो हाटकेश्वरः।
हेरम्बो हवनो होता हयरूपो हयप्रदः॥५२॥

हस्तिदो हस्तित्वग्धारी हाहा-हूह-वरप्रदः।
हिदण्यरेता हंसज्ञो हिरण्यो हविःप्रियः॥५३॥

हिरण्यरेता हंसज्ञो हिरण्यो हाटकेश्वरः।
हनुमदीशो हरो हर्षो हरसिद्धिपीठगः॥५४॥

हैमो हैमालयो हूहू-हाहाहेतुर्हठो हठी।
क्षत्रः क्षत्रप्रवः क्षत्री क्षेत्रज्ञः क्षेत्रनायकः॥५५॥

क्षेमः क्षेमप्रदाता च क्षान्तिकृत् क्षान्तिवर्धनः।
क्षीरार्णवः क्षीरभोक्ता क्षिप्राकूलक्षितेः पतिः॥५६॥

क्षौद्ररसप्रियः क्षीरः क्षिप्रसिद्धिप्रदः सदा।
ज्ञानो ज्ञानप्रदो ज्ञेयो ज्ञानातीतो ज्ञपो ज्ञयः॥५७॥

ज्ञानरूयो ज्ञानगम्यो ज्ञानी ज्ञानवतांवरः।
अजो ह्यनन्तश्चाव्यक्त् आद्य आनन्ददायकः॥५८॥

अकथा आत्मा ह्यनन्दश्चजियो ह्यज आत्मभूः।
आव्यरूपो ह्यरिच्छेत्ताऽनामचश्चाप्यलौकिकः॥५९॥

आद्यरूपो ह्यखण्डात्मा चात्मज्ञानरतः सदा।
आत्मवेता ह्यात्मसाक्षी अनादिश्चान्तरात्मगः॥६०॥

आनन्देशोऽविमुक्तेशश्चालर्केशोऽसरेवरः।
आदिकल्पेश्वरोऽगस्त्यश्चाक्रू रेशोऽरूणेश्वरः॥६१॥

इडारूप इभच्छेता ईश्वरश्चेन्दिरार्चितः।
इन्दुरिन्दीवरश्चेश ईशानेश्वर ईर्षहा॥६२॥

इज्य इन्दीवरश्चेभ इक्षुरिक्षुरस-प्रिय।
उमाकान्त उमास्वामी तथोमायाः प्रमोदकृत्॥६३॥

उर्वशी-वरद उच्चैरूरुङ्गधारकः।
एकरूप एकस्वामी ह्यकेात्मा चैकरूपवान्॥६४॥

ऐरावत ऐस्थिरात्मा चैकारैश्यर्अदायकः।
ओकार ओजस्वाँश्चैव हयौखरश्चौखराधिवः॥६५॥

औषध्य औषधिज्ञाता हयोजोद औषधोश्वरः।
अनन्तो हयन्तकश्चान्तो हयन्धकासुरसूदनः॥६६॥

अच्युतश्चाप्रमेश्यत्मा अक्षरश्चाश्वदायकः।
अरिहन्ता हयवन्तीशश्चाहिभूषणभृत् सदा॥६७॥

अवन्तीपुरवासी चाप्यवन्तीपुर-पालकः।
अमरश्चामराधीशों हयमरारिविहिंसकः॥६८॥

कामहा कामकामश्य कामदः करुणाकरः।
कारुण्यः कमलापूज्यः कपाली कलिनाशनः॥६९॥

कामारिकृत् कल्लोलः कालिजकेशश्च कालजित्।
कपिलः कोटितीर्थेशः कल्पान्तः कालहा कविः॥७०॥

कालेश्वरः कालकर्त्ता कल्पाब्धिः कल्पवृक्षकः।
कोटीशः कामधेन्वीशः कुशलः कुशलप्रदः॥७१॥

किरीटी कुण्डली कुन्ती कवची कर्परप्रियः।
कूर्परामः कलादशः कलाज्ञः किल्विषापहा॥७२॥

कुक्कुटेशः कर्कटेशः कुलदः कुलपालकः।
कञ्जाभिलाषी केदारः कुड्.कुमार्चितविग्रह॥७३॥

कुन्दपुष्पप्रिय कञ्जः कामारिः कामदाहकः।
कृष्णरूपः कृपारूपश्चाय कृष्णार्चिताड्‌घ्रिकः॥७४॥

कुण्डः कुण्डेश्वरः काण्वः केश्वैः परिपूजितः।
कामेश्वरः कलानाथः कण्ठेशः कुड्कुमेश्वरः॥७५॥

कन्थडेशः कपालेशः कायाबरोहणेश्वरः।
करभेशः कुटुम्बेशः कर्केशः कौशलेश्वरः॥७६॥

कोशदः कोशभृज् कोशः कौशेयः कौशिकप्रियः।
खचरः खचराधीशः खचरेशः खरान्तकः॥७७॥

खेचरैः पूजितपदः खेचरीसेवकप्रियः।
खण्डेश्वरः खड्गरूपः खड्गरूपः खड्ग्राही खगेश्वर॥७८॥

खेटः खेटप्रियः खण्डः खण्डपालः खलान्तकः।
खाण्डक खाण्डवाधीशः खड्गता-सड्गमस्थितः॥७९॥

गिरिशो गिरिजाधीशों गजारित्वग्विभूषित।
गौतमो गिरिराजश्व गड्गाधरो गुणाकर॥८०॥

गौतमीतटवासी च गालवों गोपतीश्वरः।
गोकर्णो गोपतिर्गवों गजारिर्गरूडप्रियः॥८१॥

गड्गामोलिर्गुणग्राही गारूडीविद्यया युतः।
गुरोर्गुरूर्गजारातिर्गोपालो गोमतीप्रियः॥८२॥

गुणदो गुणकर्ता च गणेशो गणपूजितः।
गणको गौरवों गर्गो गन्धर्वेण प्रयूजितः॥८३॥

गोरक्षो गुर्विणीत्राता गेहो गेहप्रदायकः।
गीताध्यायी गयाधीशों गोपतिर्गीतमोहितः॥८४॥

गिरातीतो गुणातीतो गड्गेशो गुहयकेश्वरः।
ग्रहो ग्रहपतिर्गम्यों ग्रहपीडानिवारणः॥८५॥

घटनादिर्घनाधारों घनेश्वरों घनाकर।
घुश्मेश्वरी घनाकारों घनरूपो घनाग्रणीः॥८६॥

घण्टेवरो घटाद्यीशो घर्घरो घस्मरापहा।
घुष्मेशो घोषकृद् घोषी घोषाघोषो घनध्वनिः॥८७॥

धृतप्रियो धृताब्धीशों घण्टों घण्टघटोत्कचः।
घटोत्कचाय वरदो घटजन्मा घटेश्वरः॥८८॥

घकारी ङकृती ङश्च ङकारो ङकृताङ्गजः।
चराचरश्चिदानन्दश्चिन्मश्चन्द्रशेखरः॥८९॥

चन्द्रशेवरश्चामरेशश्चामरेण विभूषित।
चामरश्चामराधीशश्चराचरपतिश्चिरः॥९०॥

चमत्कृतश्चन्द्रवर्णश्चर्मभृच्चर्म चामरी।
चाणक्यश्चर्मधारी च चिरचामरदायक॥९१॥

च्यवनेशश्चरुश्चारुश्चन्द्रादित्येश्वराभिधः।
चन्द्रभागाप्रियश्चण्डश्चामरैः परिवीजितः॥९२॥

छत्रेश्वरश्छत्रधारी छत्रदश्छलहा छली।
छत्रेशश्छत्रकृच्छत्री छन्दविच्छन्ददायकः॥९३॥

जगन्नाथो जनाधारो जगदीशो जनार्दनः।
जाह्नवीधृग् जगत्कर्ता जगन्मयो जनाधिपः॥९४॥

जीवो जीवप्रदाता च जेताऽथो जीवनप्रदः।
जगमश्च जगद्धाता जगत्केन-प्रयूजितः॥९५॥

जटाधरो जटाजूटी जटिलो जलरूपधृक्।
जालन्धर-शिरश्छेत्ता जलजाङ्घ्रिर्जगत्पतिः॥९६॥

जनत्राता जगन्निधिर्जटेश्वरी जलेश्वरः।
झर्झरी झरणाकारी झूञ्झकृ झूझहा झरः॥९७॥

ञकारश्च ञमुवासी अजनप्रियकारकः।
टकारश्च ठकारश्च डामरो डमरूप्रियः॥९८॥

डण्डधृग् डमरूहस्तो डाकिहृड्डमकेश्वरः।
ढुण्ढो ढुण्ढेश्वरी ढक्को ढक्कनादप्रियःसदा॥९९॥

णकारो णस्वरूपश्च णुणो-णिणी-णकारणः।
तन्त्रज्ञस्त्र्यम्बकस्तन्त्रीतुम्बुरूस्तुलसीप्रियः॥१००॥

तूणीरधृक् तदाकारस्ताण्डवी ताण्डवेश्चरः।
तत्त्वज्ञस्तत्त्वरूपी च तात्त्विकस्तरणिप्रभः॥१०१॥

त्रिनेत्रस्तरूणस्तत्त्वस्तकारस्तलवासकृत्
तेजस्वी तेजोरूपी च तेजःपुञ्जप्रकाशकः॥१०२॥

तान्त्रिकस्तन्त्रकर्त्ता च तन्त्रविद्या-प्रकाशकः।
ताम्ररूपस्तदाकारस्तत्त्वदस्तरणिप्रियः॥१०३॥

तान्त्रेयस्तमोहा तन्वी तामसस्तामसापहा।
ताम्रस्ताम्रप्रदाता च ताम्रवर्णस्तरूप्रियः॥१०४॥

तपस्वी तापसी तेजस्तेजीरूप्रस्तलप्रियः।
तिस्तिलप्रदाता च तूलस्तूलप्रदायकः॥१०५॥

तापीशस्ताम्रपर्णीशस्तिलकस्त्राणकारकः।
त्रिपुरघ्नस्त्रयातीतस्त्रिलोचनस्त्रिलोकपः॥१०५॥

त्रिविष्टपेश्वरस्तेजस्त्रिपुर-पुरदाहकः।
तीर्थस्तारापतिस्त्राता ताडिकेशस्तडिज्जवः॥१०६॥

थकारश्च स्थुलाकारः स्थूलः स्थविरः स्थानदः।
स्थाणुः स्थायी सथावरेशः स्थम्भः स्थावरपीडहा॥१०७॥

स्थूलरूपस्थितेः कर्ता स्थूलदुःखविनाशनः।
थन्विलस्थदलः स्थाल्यस्थलकृत् थलभृत् स्थली॥१०८॥

थलेश्वरस्थलाकारस्थलाग्रजस्थलेश्वरः।
दक्षो दक्षहरो द्रव्यो दुन्दुभिवरदायकः॥१०९॥

देवो देवाग्रजो दानों दानवारिर्दिनेश्वरः।
देवकृद् देवभृद् दाता दयारूपी दिवस्पतिः॥१११॥

दामोदरो दलाधारो दुग्धस्नायी दधिप्रियः।
देवराजो दिवानाथों देवज्ञो देवताप्रियः॥११२॥

देवदेवो दानरूपों दूर्वादलप्रियः सदा।
दिग्वासा दरभो दन्तो दरिद्रघ्नो दिगम्बरः॥११३॥

दीनबन्धुर्दुराराहयो दुरन्तो दुष्टदर्पहा।
दक्षघ्नो दक्षहन्ता च दक्षजामा देवजित्॥११४॥

द्वन्द्वहा दुःखहा दोग्धा दुर्धरो दुर्धरेश्वरः।
दानाप्तो दानभृद् दीप्तदीप्तिर्दिव्यो दिवाकरः॥११५॥

दम्भहा दम्भकृद् दम्भी दक्षजापतिर्दीप्तिमान्।
धन्वी धर्तुहरी धीरो धान्यकृद् धान्यदायकः॥११६॥

धर्माधर्मभृतो धन्यो धर्ममूतिर्धनेश्वरः।
धनदो धूर्जटिर्धान्यी धामदो धार्मिको धनी॥११७॥

धर्मराजो धनाधारो धराधर-धरापतिः।
धनुर्विद्याधरो धूर्तो धूलिधूसरविग्रहः॥११८॥

धनुषो धनुषाकारो धनुर्धरभृतांवरः।
धरानाथो धराधीशो धनेशो धनदाग्रजः॥११९॥

धर्मभृद् धर्मसन्त्राता धर्मरक्षो धनाकरः।
नर्मदो नर्मदाजातो नर्मदेशो नृपेश्वरः॥१२०॥

नागभृन्नागलोकेशो नागभूषणभूषितः।
नागयज्ञोपवीतेयो नगी नागारिपूजितः॥१२१॥

नान्यो नरवरो नेमो नूपुरो नूपुरेश्वरः।
नागचण्डेश्वरो नागो नगनाथों नगेश्वरः॥१२२॥

नीलगडाप्रियो नादो नवनाथो नगाधिपः।
पृथुकेशः प्रयागेशः पत्तनेशः पराशरः॥१२३॥

पुष्पदन्तेश्वरः पुष्पः पिगलेश्वरपूर्वजः।
पिशाचेशः पन्नगेणः पशुपतीश्वरः प्रियः॥१२४॥

पार्वतीपूजितः प्राणः प्राणेशः पापनाशनः।
पार्वतीप्राणनाथश्च प्राणभृत् प्राणजीवनः॥१२५॥

पुराणपुरूषः प्राज्ञः प्रेमज्ञः पार्वतीपतिः।
पुष्करः पुष्कराधीशः पात्रः पात्रैः प्रपूजितः॥१२६॥

पुत्रदः पुण्यदः पूर्णः पाटाम्बरविभूषितः।
पद्माक्षः पद्मस्रग्धारी पद्मेन परिशोभितः॥१२७॥

फणिभृत् फणिनाथश्च फेनिकाभक्षकारकः।
स्फटिकः फर्शुधारी च स्फटिकाभः फलप्रदः॥१२८॥

बद्रीशो बलरूपश्च बहुभोजी बटुर्बटुः।
बालखिल्यार्चितो बालो ब्रह्मेशी ब्राह्मणर्चितः॥१२९॥

ब्राह्मणो ब्रह्महा ब्रह्मा ब्रह्मज्ञो ब्राह्मणप्रियः।
ब्राह्मणस्थी ब्रह्मरूपो ब्राह्मण-परिपालकः॥१३०॥

ब्रह्ममुर्त्तिब्रह्मस्वामी ब्राह्मणैः परिशोभितः।
ब्रह्ममूर्तिर्ब्रह्मस्वामी ब्रह्म ब्राह्मणास्यैः प्रतर्पितः॥१३१॥

भूतेशो भूतनाथश्च भस्माङ्गो भीमविक्रमः.
भीमो भवहरो भव्यो भैरवो भयभञ्जनः॥१३२॥

भूतिदो भुवनाधारो भुवनेशो भृगुर्भवः।
भारतीशो भुजगेशोभास्करी भिन्दिपालधृक्॥१३३॥

भूतो भयहरो भानुभविनी भवनाशनः।
सहस्रनामनिश्चैतैर्महाकालः प्रसीदतु॥१३४॥

* * *

महाकाल-सहस्रनाम-माहात्म्यम्

* * *

सूत उवाच

इतीदं कीर्तितं तेभ्यो महाकालसहस्रकम्।
पठनात् श्रवणात् सद्यो धूतपापी भवेश्नर॥१३५॥

एकवार पठेन्नित्यं सर्वसत्य प्रजायते।
द्विवारं यः पठेत् सत्यं तस्य वश्यं भवेज्जगत्॥१३६॥

त्रिवारं पठनान्मत्यों धनधान्ययुती भवेत्।
अतः स्थान-विशेषस्येदानी पाठफलंश्रृणु॥१३७॥

वटमूले

'वटमूले' पठेन्नित्यमेकाकी मनुजो यदि।
त्रिवारण दिनत्रिशत् सिद्धिर्भवति सर्वथा॥१३८॥

मनोरथसिद्धी

अश्वत्थे तुलसीमूले तीथे वा हरिहरालये।
शुचिर्भूत्व पठेद्यो हि मनसा चिन्तित लभेत्॥१३९॥

सिद्धिदतीर्थे

यत्र तीर्थेऽस्ति चाश्वत्यो वटो वा द्विजसत्तम।
स तीर्थः सिद्धिदः सर्वपाठकस्य न संशयः॥१४०॥

तत्रैकाग्रमता भूत्वा यः पठेच्छुभमानसः।
यं यं काममभिध्यायेत् तं तं प्राप्नोति निश्चितम्॥१४१॥

मनसा चिन्तित सर्व महाकालप्रसादतः।
लभते सकवान्कामान् पठनाच्छ वणात्नरः॥१४२॥

शतावर्तपाठफलम्

शतावर्त पठेद् यत्र चिन्तितं लभते ध्रुवम्।
दु:साध्यः सोऽपि साध्यः स्याद् दिनायेकोनविंशतेः॥१४३॥

महाशिवरात्री पाठफलम्

शिवरात्रिदिने मर्त्य उपवासी जितेन्द्रियः।
निशामध्ये शतावर्तपठनाच्चिन्तिततं लभेत्॥१४४॥

सहस्रावर्तनं तत्र तीर्थे ह्यश्वत्थसन्निधौ।
पठनाद् भुक्तिमुश्चि भवतीह कलौ युगे॥१४५॥

तद्-दशांशः क्रियाद्धोमं तद्दशांश च तर्पणम्।
दशांशं र्मायेन्मर्त्यः सर्वसिद्धिः प्रजायते॥१४६॥

गतं राज्यभवाप्नोति वन्ध्या पुत्रवती भवेत्।
कुष्ठरोगाः प्रणश्यन्ति दिव्यदेहो भवेन्नरः॥१४७॥

सहस्रावर्तपाठेन महाकालप्रियो नरः।
महाकाल-प्रसादेन सर्वसिद्धि प्रजायते॥१४८॥

शापानुग्रहसामर्थ्यं भवतीह कलौ युगे।
सत्यं सत्यं न संदेहः सत्यञ्च एद्धितं मम॥१४९॥

:अवन्तिकास्थितीर्थेषु पाठफलम्-

-कोटितीर्थे-

कोटितीर्थे पठेद् विप्र! महाकालः प्रसीद्दति।

-रूद्रसरोवरे-

पाठाच्च रूद्रसरसि कुष्ठपीडा निवर्तते॥१५०॥

-सिद्धपीठे-

सिद्धपीठे पठेद्यो हि तस्य वश्यं भवेज्जगत्।

-शिप्राकूले-

शिप्राकूले पठेत् प्राज्ञो धनधान्ययुतो भवेत्॥१५१॥

कालत्रयं पठेद् यश्च शत्रु-निर्मूलनं भवेत्।

-भैरवालये-

अपमृत्युमपाकुर्यात् पठनाद् भैरवालये॥१५२॥

-सिद्धवटस्याधः-

सिद्धवटस्य च्छायायां पठते मनुजो यदि।
वन्ध्यायां जायते पुत्रश्चिरञ्जीवी न संशयः॥१५३॥

-औखरे-

औखरे पठनात् सद्यो भूतपीडा निवर्तते।

-गयाकूपे-

गयाकूपे पठेद् यो हि तुष्टाः स्युः पितरस्ततः॥१५४॥

-गोमत्याम्-

गोमत्याञ्च पठेन्नित्यं विष्णुलोकमवाप्नुयात्।

-अंकपाते-

अंकपाते पठेद् यो हि धूतपापः प्रमुच्यते॥१५५॥

-खड्गतासंगमे-

खड्गतासगमे सद्यः खड्गसिद्धिमवाप्नुयात्।

-यमतडागे-

पठेद् यमतडागे यो यमदुःखं न पश्यति॥१५६॥

-नवनद्याम्-

नवनद्यां पठेद् यो हि ऋध्धिसिपतिर्भवेत्।

-योतगिनी-पुरतः-

योगिनीपुरतः पाठे महामारीभयं न हि॥१५७॥

-वृद्धकालेश्वरान्तिके-

पुत्रपौत्रयुतो मर्त्यो वृद्धकालेश्वरान्तिके।
पाठस्थाने घृतं दीपं नित्यं ब्राह्मणभोजनम्॥१५८॥

एकादशायवा पञ्च त्रयो वाऽप्येकेब्राह्मणः।
भोजन च यथासाध्यं दद्यात् सिद्धि-समुत्सुकः॥१५९॥

विधिवद् भक्तिमान् श्रद्धायुक्तो भक्तः सदैव हि।
पठन् यजन् स्मरँश्चैव जपन् वापि यथामति॥१६०॥

महाकालस्य कृपया सकलं भद्रमाप्नुयात्।
इति श्री प्रकृष्टनन्दोतगमे श्री कृष्णसुदाम्नः संवादे
महाकाल सहस्रनाम-स्तोत्र सम्पूर्णम्॥

॥ ॐ नमो नमः॥

शिवार्पणमस्तु

* * *

श्री महाकाल स्तोत्र

यह स्तोत्र श्रीमहाकाल भैरव स्तोत्र के नाम से तन्त्र ग्रंथ में लिखित है। इस स्तोत्र का प्रयाण स्वयं भगवान श्रीमहाकाल ने भगवती भैरवी के लिए किया है। श्रीमहाकाल तथा उनके विभिन्न नामों का इसमें स्मरण कर उन्हें नमन किया गया है। अंत में 'ॐ ह्रीं सच्चिदानन्दतेजसे स्वाहा' तथा 'सोऽहं हंसाय नमः' मन्त्रों का स्वरूप भी वर्णित है। इस स्तोत्र पाठ से श्री महाकाल के पूर्ण कृपा उपासकों को प्राप्त होती है।

ॐ महाकाल महाकाय, महाकाल जगत्पते।
महाकाल महायोगिन्, महाकाल नमोऽस्तु ते॥१॥

महाकाल महादेव, महाकाल महाप्रभो।
महाकाल महारूद्र, महाकार नमोऽस्तु ते॥२॥

महाकाल महाज्ञान, महाकाल तमोऽपहन्।
महाकाल महाकाल, महाकाल नमोऽस्तु ते॥३॥

भवाय च नमस्तुभ्यं, शवयि च नमो नमः।
रूद्राय च नमस्तुभ्यं, पशूनां पतये नमः॥४॥

उग्राय च नमस्तुभ्यं महादेवाय वै नमः।
भीमाय च नमस्तुभ्यमीशानाय नमो नमः॥५॥

ईश्वराय नमस्तुभ्यं, तत्पुरूषाय वै नमः।
सद्योजात नमस्तुभ्यं, शुक्लवर्ण नमो नमः॥६॥

अधः कालाग्नि-रूद्राय, रूद्ररूपाय वै नमः।
स्थित्युत्पत्ति लयानां च हेतु रूपाय वै नमः॥७॥

परमेश्वर-रूपस्त्वं नीलकण्ड नमोऽस्तु ते।
पवनाथ नमस्तुभ्यं, हुताशन नमोऽस्तु ते॥८॥

सोमरूप नमस्तुर्भ्यं, सूर्य रूप नमोऽस्त ते।
यजमान नमस्तुभ्यमाकाशाय नमो नमः॥९॥

सर्वरूप नमस्तुभ्यं विश्वरूप नमोऽस्तु ते।
ब्रह्मरूप नमस्तुभ्यं, विष्णुरूप नमोऽस्तु ते॥१०॥

रूद्ररूप नमस्तुभ्यं, महाकाल नमोऽस्तु ते।
स्थावराय नमस्तुभ्यं, जगमाय नमो नमः॥११॥

नम उभय-रूपाभ्यां, शाश्वताय नमो नमः।
हुँ हुकांर! नमस्तुभ्यं, निष्कलाय नमो नमः॥१२॥

अनाद्यन्त महाकाल, निर्गुणाय नमो नमः।
सच्चिदानन्द-रूपाय, महाकालाय ते नमः॥१३॥

प्रसीद में नमो नित्यं, मेघवर्ण! नमोस्तु ते।
प्रसीद में महेशान दिग्वासाय नमो नमः॥१४॥

ॐ ह्रीं माया-स्वरूपाय, सच्चिदानन्द तेजसे।
स्वाहा सम्पूर्णमन्त्राय, सोऽह हंसाय ते नमः॥१५॥

फलश्रुति -

इत्येव देव-देवस्य, महाकालस्य भैरवि।
कीर्तितं पूजनं सम्यक्, साधकानां सुखावहम्॥१६॥

* * *

श्रीभैरवाष्टकम्

स्कन्दपुराण में श्री कालभैरव के माहात्म्य वर्णन में भैरवाष्टक का उल्लेख मिलता है। इस मंत्र-मंजूषा की सहायता से श्री भैरव की महापूजा कर महाअनुग्रह प्राप्त की जाती है। उज्जैन में शिप्रा स्थित 'औखर' स्थित पूर्वाभिमुख स्थापित कालभैरव की आषाढ़ शुक्ल अष्टमी, नवमी अथवा चतुर्दशी एवं रविवार की विशेष रूप से पूजा कर सर्व मंगल की प्राप्ति की जाती है। इस स्तोत्र का पाठ शुद्धता तथा सावधानीपूर्वक करना चाहिए।

सकल-कलुषहारी, धूर्त-दुष्टान्तकारी,
सुचर-चरितचारी, मुण्डमुञ्जी-प्रचारी।
कर-कलित-कपाली कुण्डली दण्डपाणिः,
स भवतु सुखकारी भैरवो भावहारी॥१॥

विवि-रास-विलास-विलासितं,
नववधूरवधूत-पराक्रमम्।
मद-विघूर्णित-गोपद-गोपदं,
भवहरं सततं भवां भजे॥२॥

अमल-कमल-नेत्रं, चारू-चन्द्रावतंसं,
सकल-गुण-वरिष्ठं, कामिनी-कामरूपम्।
परिहृत-परितापं, डाकिनी-नाशहेतुं,
भज जन शिवरूपं, भैरवं भूताथम्॥३॥

सबल-बल-विघातं, क्षेत्रपालैक-पालं,
विकट-कटि-करालं साट्टहासं विशालम्।

करगत-करवालं नाग-यज्ञोपवीतं,
भज जन! शिवरूप भैरवं भूतनाथम्।।४।।

भव-भय-परिहारं योगिनी-त्रासकारं,
सकल-सुरगणेश चारूचन्द्रार्क-नेत्रम्।
मुकुट-रचित-भाल, मुक्तमाल विशालं,
भज जन! शिवरूप भैरवं भूतनाथम्।।५।।

चतुर्भुज शंख-गदाधरायुधं,
पीताम्बरं सान्द्र-पयौद-सौभगम्।
श्रीवत्सलक्ष्मं गलशोभि-कौस्तुभं,
शिवप्रदं शक्कर-रक्षणं भजे।।६।।

लोकाभिराम वचनाभिरामं,
प्रियाभिराम यशसाऽभिस्रमम्।
कीर्त्त्याऽभिरामं तपसाऽभिरामं,
तं भूतनाथं शरणं प्रपद्ये।।७।।

आद्य ब्रह्म सनातनं शुचिपरं सिद्धिप्रदं कामंद,
सेव्यं भक्ति-समन्वितं हरिहरैदृष्ट्या सहंसाधुभिः।
योग्यं योग-विचारित युगधर योग्याननं योगिनं,
वन्देऽहं सकलं काक्करहितं सत्सेवितं भैरवम्।।८।।

इसका प्रातःपाठ दुःस्वप्न का नाशक तथा इच्छित फल प्रदाता है। झगड़े तथा संग्राम में जीत प्राप्ति के लिए भी इसका पाठ लाभकारी है। दारिद्र्य का नाशक इस महाअष्टक का पाठ अति सावधानीपूर्वक गुरू परामर्शानुसार ही करना चाहिए।

।। ॐ श्रीमहाकालाय नमः ।।

* * *

संदर्भ ग्रन्थ-सूची

अवन्तीक्षेत्र-माहात्म्य	स्कन्दपुराणोक्त, राजेश्वरी प्रेस, वाराणसी
आइने अकबरी	अबुल फजल
इण्डियन कल्चर	विक्रम स्मृति ग्रन्थ (हिन्दी, मराठी, अंग्रेजी)
उज्जयिनी और महाकाल	डा. भगवतीलाल राजपुरोहित बृजमोहन बिड़ला रिसर्च सेंटर उज्जैन
कथासरित्सागर	सोमदेव निर्णय सागर प्रेस, बम्बई
कादम्बरी तथा हर्षचरित	बाणभट्ट निर्णय सागर प्रेस, बम्बई
कामधेनु-तन्त्र	चौखम्बा सं०सी० वाराणसी
कुलार्णव-तंत्र	सम्पूर्णानन्द संस्कृत विश्वविद्यालय, वाराणसी
तन्त्र चूडामणि	अग्रवाल बुक डिपो, दिल्ली
दुर्गा-सप्तशती	(मार्कण्डेय पुराणोक्त) गीता प्रेस, गौरखपुर
पुराण	अग्नि, लिङ्ग, शिव, विष्णु

पूराणों एवं वेदों में वर्णित 51 शक्तिपीठ एंव मात्तृशक्तियों- श्री गोपाल जी गुप्त

भगवती-सूत्र	आगमोदय समिति, सूरत

भगवान् शिव और उनके द्वादश ज्योतिर्लिंग डॉ. गिरीशचन्द्र त्रिपाठी,
हिन्दू लॉजी बुक्स, दिल्ली

भैरवतन्त्रशास्त्र मोतीलाल बनारसीदास, दिल्ली

भोजचरित राजवल्लभ, भारतीय विद्याभवन, बम्बई

महाकाल-स्तोत्र भाण्डारकर ओ० रि० इस्टीट्यूट, पुणे

मेघदूत कालिदास संस्कृत पुस्तकालय, वाराणसी

विक्रम चरित चौखन्दा सं० सी० वाराणसी

सवाई जयंसिंह चरित आत्माराम